D0827062

CASSEROLES, AMOUR ET CRISES

DU MÊME AUTEUR

Dans la même collection :

L'Invention de soi. Une théorie de l'identité, 2005.

Chez d'autres éditeurs :

Un corps pour soi, en collaboration avec Christian Bromberger, Pascal Duret *et al.*, PUF, 2005.
Premier matin. Comment naît une histoire d'amour, Pocket, 2004.
Une nouvelle modernité ? Traitements de surface et exploration des profondeurs, en collaboration avec Franck Cochoy, François Ewald *et al.*, Descartes & Cie, 2004.
La Femme seule et le Prince charmant. Enquête sur la vie en solo, Pocket, 2003, Armand Colin, 2005.
La Trame conjugale. Analyse du couple par son linge, Pocket, 2002.
Corps de femmes, regards d'hommes. Sociologie des seins nus, Pocket, 2001.
Sociologie du couple, PUF, 1999.
La Vie HLM, usages et conflits, Éditions de l'Atelier, 1983.

JEAN-CLAUDE KAUFMANN

CASSEROLES, AMOUR ET CRISES

Ce que cuisiner veut dire

HACHETTE
Littératures

Collection fondée par Georges Liébert
et dirigée par Joël Roman

TX
357
K38
2006

*Pour l'intense goût familial
d'un certain pâté de Pâques*

Introduction

S'engager dans une nouvelle enquête est une (modeste) aventure. Le chercheur y part armé de ses hypothèses, instruments indispensables, sortes de paris sur l'avenir scientifique. Mais il a aussi d'autres idées sur ce qui l'attend en cette tranche de vie pas si courte, généralement de plusieurs années. Une ambiance, des intérêts et des styles relationnels particuliers ; tout un univers. Il n'existe pas deux univers d'enquête qui se ressemblent. Les uns propulsent dans une exubérance criarde, les autres dans des non-dits à décrypter ; les uns dans un monde d'opinions brutales, les autres dans un enchantement de généreuse humanité.

Outre mes hypothèses de départ, dont il est encore trop tôt pour parler, j'avais donc, moi aussi, mes petites idées avant d'attaquer cette enquête sur la cuisine familiale. Certes je me disais que le travail ne serait pas simple. Après avoir analysé depuis plus de vingt ans les joies et les peines des divers gestes ménagers – lavage, repassage, astiquage et balayage – ce n'est pas en effet sans raisons que j'avais repoussé à plus tard l'étude de la cuisine. J'étais toutefois secrètement convaincu qu'il s'agissait d'un sujet sans risques, voire très agréable à mener, comme avait pu l'être mon travail sur le *Premier matin*. Bref, je me promettais à moi-même deux années de bonheur laborieux mais tranquille. J'avais tort. J'ignorais un problème de taille : l'acharnement des personnes interrogées à vouloir me faire à tout prix partager leurs jouissances, l'interminable description amoureuse des onctuosités et délices de leurs petits plats si chéris. Hélas, personnellement doté d'un appétit redoutable me menaçant quotidiennement de me faire évoluer vers le surpoids, j'étais donc condamné à souffrir de privation continuelle. L'eau à la bouche et la faim au ventre, jour après jour.

J'avais raison par contre à propos de la complexité, qui allait se révéler telle qu'elle irait bien au-delà de mes pires craintes. Je pense en avoir compris la raison : tout simplement parce que la cuisine et l'alimentation représentent une très grande question pour les sciences sociales. Une très grande question, à entrées multiples, qui ne peut donc être simple à traiter. Grandeur qui contraste avec l'apparente insignifiance de cette activité. La plupart des auteurs spécialisés dans ce domaine se sont trouvés face à cette contradiction, cherchant les mots pour convaincre, désolés malgré ces efforts d'être considérés, gentiment mais de haut, comme des bonimenteurs promotionnant leur pré carré. La liste serait interminable. Michael Symons [2004] par exemple, qui proclame que la cuisine constitue rien moins que le cœur de la civilisation, historiquement à l'origine des religions et des premiers systèmes politiques. Ou James Boswell [Johnson, Boswell, 1984] qui, en 1785, essaye de dégager ce qui distingue l'homme de l'animal. Les bêtes font preuve d'un certain degré de mémoire, de jugement et de sentiments. Mais aucun animal n'a jamais cuisiné. D'où sa définition de l'homme, qui serait un « animal cuisinant ». Inutile de dire que cette définition n'a guère connu la postérité. La cuisine apparaît trop ridicule comparée aux capacités cognitives ou au langage.

Mais n'en allait-il pas de même, avant Freud, pour la sexualité ? Sinon perçue comme ridicule du moins comme sans intérêt scientifique, tout juste bonne à refouler. Or elle s'est imposée depuis au grand jour, surgissant d'une sorte de tiroir secret expliquant bien des choses. Plusieurs chercheurs ont comparé les deux domaines, soulignant que la quête alimentaire a même été de tous temps la préoccupation la plus envahissante de l'humanité [Fischler, 1993a], et que tel est aussi le cas dans le règne animal, loin devant la sexualité : « Qui se passe de sexe (bœuf ou eunuque) ne se passe pas de manger » [Rivière, 1995, p. 189]. Charles Fourier déjà, dans son *Nouveau monde amoureux*, avait remarqué que les plaisirs du palais, dominants dans l'enfance et la vieillesse, encadrent un âge adulte où ils ont davantage partie liée avec l'amour. « Pour le fouriérisme, l'apprentissage de la sagesse dans la gourmandise n'est qu'une étape vers la mise en place des harmonies amoureuses » [Châtelet, 1977, p. 156]. Et surtout, pour ce qui nous concerne (la grandeur de la question), l'ordre des aliments a toujours été plus socialement réglementé que le sexe. Il y a eu dans l'histoire de l'humanité « bien plus de tabous alimentaires que de tabous sexuels » [Rivière, 1995, p. 189]. Car les risques culturels et sociaux étaient plus grands encore. Manger n'a jamais été une petite affaire.

La richesse d'une question pose un piège au chercheur : trop de choses passionnantes lui imposent de savoir canaliser l'érudition. Il est en effet continuellement tenté d'établir de nouveaux liens, d'ouvrir des fenêtres sur des univers de connaissance éblouissants de surprises mais le tirant à hue et à dia, dispersant ainsi le savoir qu'il pensait au contraire accumuler. Or l'accumulation d'informations peut paradoxalement tuer le savoir. Plus une question est importante et complexe, plus la simple accumulation tue. C'est pourquoi je préfère adopter une forme d'exposition évitant ce piège, en suivant autant que possible un fil narratif. Certes il ne s'agit pas de roman, on ne peut raconter pour expliquer comme on raconte pour raconter. La narration est ici entièrement au service de l'argumentation. Et quand il me sera impossible de faire autrement, je n'hésiterai pas à rompre le fil du récit, pour dire ce que j'ai à dire du point de vue scientifique. Mes excuses donc, à l'avance, pour ces ruptures et les lourdeurs de style qu'elles induisent.

Récit qui, d'ailleurs, se heurte d'entrée à une difficulté. Un des premiers éléments importants découverts dans mon enquête est en effet qu'il n'existe pas une, mais deux histoires de l'alimentation et de la cuisine, aussi différentes entre elles (leur seul point commun est d'avoir une origine religieuse) qu'elles sont continuellement croisées. L'une assez connue sur certains aspects, l'autre beaucoup moins. Voici la première.

PREMIÈRE PARTIE

DEUX HISTOIRES

1

Les aliments :
de l'ordre aux désordres

Mangeurs de grenouilles et mangeurs de chiens

N'en déplaise à Obélix, le chien, plus que le sanglier, était une des viandes préférées des Gaulois [Goudineau, 2002], avant que les Romains ne les incitent à y renoncer. Il reste très prisé aujourd'hui dans certains pays, notamment en Asie [Poulain, 1997], comme la tortue, le rat ou les insectes sont appréciés ailleurs [Fischler, 1993a]. Un tour du monde des goûts et des dégoûts propres à chaque culture provoque l'incompréhension sinon l'horreur chez ceux qui ne mangent pas ce que les autres mangent. Et révèle l'immensité des clivages, sans même avoir à comparer des civilisations très éloignées. Les Anglais par exemple, c'est connu, ont bien du mal à considérer sans effroi que leurs voisins français puissent manger des grenouilles. En ce domaine corporellement si intime, la différence culturelle ne tarde pas à soulever le cœur.

Affaire de goûts particuliers est-on amené à penser, de localismes dus aux hasards de l'histoire, d'habitudes ancestrales étonnamment résistantes à la macdonaldisation du monde. Mais comment ces « goûts » si contrastés ont-ils pu se former ? Il faut, pour le comprendre, remonter à l'origine des religions et des sociétés humaines, et même un peu plus loin. La préhistoire animale de l'homme, bien avant que n'apparaissent les premières religions, est relativement limpide du point de vue alimentaire. Chaque espèce animale ne consomme en effet qu'une variété limitée d'aliments, le choix étant régulé biologiquement. Le goût, sens rudimentaire, a essentiellement une fonction défensive, sorte de signal d'alarme indiquant un danger, notamment au contact de l'amer (beaucoup de substances amères sont toxiques). Le doux et le sucré au contraire ne déclenchent pas ces défenses dans la plupart des espèces. Un niveau de complexité s'introduit cependant avec les apprentissages alimentaires dans les espèces les plus évoluées, apprentissages qui se superposent à la régulation biologique en tentant simplement de la prolonger. Cette tendance s'accentue chez les premiers hominidés. Timothy Johns [1999] signale que la sélection et l'apprentissage jouent de façon associée pour élargir la gamme des aliments bénéfiques. Et Christian Boudan explique que l'alimentation a été la première médecine, bien avant que l'homme ne soit pleinement humain. « Le comportement pharmacophage de l'espèce générique *homo* est donc vraisemblablement bien antérieur à la maîtrise du feu, à la cuisson des aliments, à l'arrivée d'*homo sapiens* (200 000 ans ?), et *a fortiori* à la cuisine » [2004, p. 33]. La diététique est peut-être la plus ancienne des connaissances.

André Leroi-Gourhan [1965] a montré comment les civilisations les plus modernes ne parvenaient pas à effacer totalement l'animalité de l'homme. Chaque époque ajoute ses strates de nouveautés culturelles, en reformulant le long passé qui est en nous, mais sans pouvoir en faire table rase. L'animalité est simplement mise à distance et mieux contrôlée. Il nous reste donc quelque chose des anciennes régulations biologiques de l'alimentation. Ainsi n'est-ce pas par hasard que la propension pour le sucré se soit développée si facilement dans les sociétés contemporaines. Ce n'est pas un hasard non plus si les premiers systèmes de prescriptions alimentaires ont insisté avant tout sur les interdits, prolongeant la fonction animale du goût comme signal d'alerte. Mais l'émergence de la culture introduit une rupture décisive pour l'humanité.

Avec les premières sociétés, une mémoire apte à gérer les comportements humains prend corps en dehors du corps des hommes, indépendante, s'imposant à eux de l'extérieur.

Rivale de la régulation biologique et dominant bientôt cette dernière [Kaufmann, 2001]. Avant cette émergence historique du fait social, dans le simple apprentissage individuel, les nouvelles habitudes alimentaires avaient déjà commencé parfois à s'inscrire contre la régulation biologique. Christian Boudan [2004] signale notamment le paradoxe de l'amertume. Malgré les dispositions à s'en défier, génétiquement transmises, d'aventureuses expérimentations improvisées avaient permis de dégager le pouvoir médicinal de certaines plantes amères. Il faut attendre l'installation du fait social toutefois pour que l'ordre des aliments s'impose de façon impérative à chacun, en rupture radicale avec le biologique. Un ordre des aliments pointilleux, exhaustif, contraignant. Détaillant des listes d'interdits et d'agréments explicitement énoncés et même écrits, dictés par la Loi.

Nous verrons au chapitre suivant les tout premiers essais de définition de systèmes alimentaires, encore instables car mélangés aux problèmes de la sexualité et du mariage, articulés à la dynamique des repas, et ne bénéficiant pas encore de la codification précise des religions monothéistes qui vont suivre. C'est d'elles que je traiterai brièvement ici, en m'inspirant des travaux de Mary Douglas sur le Lévitique [1992 ; 2004], qui illustrent parfaitement l'incroyable précision des prescriptions religieuses encadrant les comportements alimentaires. L'anthropologue anglaise s'est rendue célèbre en démontrant que la propreté n'était liée que depuis peu à l'hygiène, et avait en réalité une origine religieuse : la saleté était de la matière considérée comme n'étant pas à sa place et menaçant le sacré. Dans les mentalités, la quête n'était pas la propreté hygiénique mais la pureté. Or l'exigence de pureté religieuse était encore plus forte pour les aliments, qui pénètrent dangereusement le corps. Il fallait absolument éviter les mélanges sacrilèges et les contacts impurs pour communier avec le divin. Respecter les règles permettait aux hommes « d'exprimer matériellement la sainteté à chaque rencontre avec le règne animal et à chaque repas » [Douglas, 1992, p. 76]. La Bible peut être lue comme le premier grand guide alimentaire, détaillant pendant des pages ce qui est bon à manger et ce qui ne l'est pas. Les « bestioles ailées qui marchent sur quatre pattes » sont ainsi interdites. Mais autorisées « celles qui, en plus des pattes, ont des jambes leur permettant de sauter sur la terre ferme. Voici donc celles que vous pouvez manger : les différentes espèces de sauterelles, criquets, grillons et locustes ». Quant aux animaux terrestres, « voici ceux que vous pouvez manger : ceux qui ont le sabot fendu et qui ruminent, ceux-là vous pouvez les manger. Ainsi, parmi les ruminants et parmi les animaux ayant des sabots, vous ne devez pas manger ceux-ci : le chameau, car il rumine, mais n'a pas de sabots : pour vous il est impur ; le daman, car il rumine, mais n'a pas de sabots : pour vous il est impur ; le lièvre, car il rumine, mais n'a pas de sabots : pour vous il est impur ; le porc, car il a le sabot fendu, mais ne rumine pas : pour vous il est impur ».

Pourquoi manger des grillons et pas du porc ? Pourquoi interdire les poissons sans écailles, dont la chair grasse a pourtant un fort pouvoir nutritif ? L'explication n'est ni diététique ni rationnelle, mais résulte d'un imaginaire métaphorique régi par sa propre logique interne [Douglas, 2004]. Le nouvel ordre alimentaire se faisait autant impératif que surgissant d'un ailleurs indiscernable. Ce qui somme toute était cohérent puisqu'il était divin. L'ordre était un commandement de Dieu, qu'il ne s'agissait pas de discuter. Ainsi, pendant des siècles et des siècles, les comportements alimentaires furent-ils encadrés et imposés, dans les moindres détails de la vie quotidienne. Les sensations gustatives étaient devenues secondes. Car ce qui était bon à manger dérivait totalement de ce qui était bon à penser[1], voulu par Dieu. Le caractère de ce qui était bon provenant davantage des codes intellectuels que des perceptions sensibles et personnelles : religieusement correct plus que savoureux.

---

1. La formule devenue célèbre, « pour qu'un aliment soit bon à manger, il faut qu'il soit bon à penser », est bien à l'origine de Claude Lévi-Strauss, exprimée plus exactement en ces termes : « On comprend enfin que les espèces naturelles ne sont pas choisies parce que « bonnes à manger » mais parce que « bonnes à penser » [1962, p. 128], idée en réalité très peu développée par l'auteur, ni reprise dans ses écrits ultérieurs sur la cuisine [Santich, 1999]. Il n'est pas rare que des citations, coupées de leur contexte et reproduites à l'infini par le jeu croisé des références rapides, connaissent ainsi une sorte de vie autonome (quoi que pense leur auteur), et une gloire indépendante des raisons de leur énonciation première. Car elle correspondent à quelque chose de fort, qui se devait alors, d'une manière ou d'une autre, d'être dit.

Un tel ordonnancement du monde fondé sur l'ordre des aliments se retrouve dans toutes les grandes religions, comme dans l'hindouisme. Christian Boudan [2004, p. 343] détaille sa force maintenue dans l'Inde contemporaine. Car cuisiner et manger « sont des pratiques qui expriment l'unité de l'homme et de l'univers ». Les intrications très précisément codifiées du feu et de l'eau confirment quotidiennement, par les gestes alimentaires, la place de chacun dans la société. « Ne pas respecter cet ordre, c'est rejeter l'ensemble des valeurs qui le fondent et l'idée même de divin. »

La découverte des plaisirs

Les sociétés occidentales modernes sont encore imprégnées de ces classifications premières, beaucoup plus qu'elles ne le pensent. Bien que nous ayons oublié l'origine religieuse des interdits formant les goûts et dégoûts qui constituent le socle de notre culture, ils n'en continuent pas moins à opérer, expliquant les incompréhensions dont j'ai parlé entre mangeurs de chiens et de grenouilles. Toute culture fixe encore aujourd'hui un « ordre du mangeable » [Poulain, 2002a, p. 176], canalisant les comportements alimentaires, cependant que le mangeur, en respectant quotidiennement cet ordre, participe à sa reproduction et s'inscrit lui-même dans la culture qui le porte [Poulain, 1997]. Certes, d'autres séries de prescriptions (médicales, scientifiques, gastronomiques ou culturelles) se sont substituées sur le devant de la scène aux anciennes consignes religieuses, provoquant une relative cacophonie qui rend l'ordre moins impératif. Mais elles n'en sont pas moins imbriquées dans un « modèle alimentaire » d'ensemble, qui maintient une cohérence et une force de prescription à une époque et dans un pays donnés [Poulain, 2002b]. Nous verrons par ailleurs bientôt comment les idées scientifiques sont reconverties en croyances personnelles, chacun se forgeant sa petite religion de ce qui est bien et de ce qui est mal. Car, pas plus qu'hier, ce qui est bon à manger aujourd'hui ne peut être mauvais à penser. Il doit d'abord entrer dans les catégories de l'intellectuellement acceptable, qui reposent fondamentalement sur des jugements moraux. Comme le dit Carolina, jeune suédoise interrogée par Magdalena Jarvin [2002, p. 352], dans un raccourci qui se passe de commentaire : les pizzas, les saucisses et les frites, « Non ça c'est pas bien ».

Le problème est que certains, nombreux, aiment les frites. Les catégories intellectuelles et morales entrent en divergence avec une tout autre gamme de perception : l'envie, le plaisir, le goût. J'ai signalé que sous une forme rudimentaire (signaler le risque) le goût était déjà opératoire chez les animaux évolués et s'était développé comme instrument sanitaire et nutritionnel chez les premiers hommes. Avant d'être officiellement refoulé par les grandes catégorisations religieuses du pur et de l'impur. Officiellement, car même si les textes religieux n'en parlent guère (sauf pour condamner la gourmandise), la découverte des plaisirs alimentaires faisait secrètement son œuvre.

L'histoire de cette découverte progressive est difficile à reconstituer. Si nous connaissons assez bien l'art des plaisirs qui se manifeste dans les banquets de l'antiquité grecque, et même les rudiments d'une réflexion gastronomique chez les Romains à propos des huîtres et du vin [Tchernia, 2000], la suite est plus problématique. Les plaisirs étant vécus sur un mode clandestin, ils ont en effet laissé peu de traces dans les livres. Parfois les grandes religions ont tenté de les faire entrer dans les catégories du pur. Le Coran par exemple établit un lien entre ce qui est « licite » et « excellent » [Urvoy, Urvoy, 2004, p. 59], le bien et le bon. Mais la plupart du temps, les plaisirs gustatifs sont apparus comme profondément subversifs, sortes de passions individuelles incontrôlées et incontrôlables, menaçant l'ordre sacré des aliments. Ils s'inscrivaient en effet dans un premier axe de révolution des comportements alimentaires, libérant les individus des prescriptions normatives en laissant jouer les sensations intimement ressenties. L'histoire du Moyen Âge est traversée par les tensions entre condamnation de la goinfrerie et excès orgiaques dans les classes aisées [Verdon, 2002]. Peu à peu les plaisirs sortent de la clandestinité, avant de s'offrir une vitrine de légitimité avec les écrits gastronomiques. Très anciens en Chine [Boudan, 2004], il faudra attendre le XIXᵉ siècle en Europe pour qu'ils se distinguent vraiment des traités de diététique. « La grande cuisine du XIXᵉ siècle, art de l'accommodement et de la transformations extrêmes, a fait *grosso modo* son deuil de la santé et laisse les médecins tempêter contre ses excès » [Fischler, 1993a, p. 237]. Au restaurant comme sur les tables bourgeoises, les sensations du palais et du ventre, bravant les interdits, entraînent irrésistiblement les mangeurs [Aron, 1973].

Une telle montée des plaisirs sur le devant de la scène alimentaire a été rendue possible parce qu'ils devenaient moins menaçants pour l'ordre social, qui perdait de son emprise globale (au profit d'une autonomisation de ses composantes [Gauchet, 1985] et d'une découverte de l'univers sensible par les individus [Corbin, 1987]). Mais parallèlement, un nouvel impératif se faisait jour avec de plus en plus d'insistance, l'ordre individuel. L'ordre individuel remplaçait l'ordre social. Avant que, dans la seconde partie du XXᵉ siècle, l'équilibre psychologique de chacun ne se manifeste comme une question de société majeure [Ehrenberg, 1 998], l'équilibre sanitaire individuel avait déjà commencé à être sérieusement menacé par la subversion des plaisirs. Paradoxe de la modernité : la culture doit désormais reconstituer les harmonies naturelles (ou supposées telles). Ni la biologie ni la religion n'assurant plus la régulation des comportements, la libération des désirs (combinée à une offre toujours grandissante de nouveaux produits plus délicieux les uns que les autres), risquait de déboucher sur un vide normatif annonciateur de catastrophes. C'est pour combler ce vide que la pensée médicale et scientifique fut mobilisée [Csergo, 2004]. En 1865, le docteur Fonssagrives résume : « On est en droit de se préoccuper des problèmes chimiques très complexes que la gourmandise pose tous les jours à l'estomac »[1]. Il ignorait toutefois que le travail scientifique allait sortir des murs

---

1. *Dictionnaire des sciences médicales*, cité par Julia Csergo, 2004.

des laboratoires de chimie, et diffuser progressivement à l'ensemble de la population un nouveau mode de pensée. Déclenchant ainsi le second axe de la révolution des comportements : la réflexivité permanente.

La santé par l'alimentation

La réflexion diététique est sans doute un des plus vieux savoirs humains. Elle prend une dimension nouvelle avec les débuts de l'agriculture, il y a environ 10 000 ans, qui augmenta les quantités alimentaires mais réduisit la variété des espèces consommées, impliquant le développement de maladies devant dès lors être traitées par une nouvelle connaissance des effets thérapeutique des aliments. Ceci ne signifie pas que cette connaissance ait arboré dès le début les caractères d'une pensée scientifique telle que nous la connaissons aujourd'hui. Christian Boudan distingue trois pôles de rayonnement, la Chine, la Grèce et l'Inde. Les grandes diététiques traditionnelles croisent les prescriptions sacrées avec les acquis de l'expérience, transmis de généra-tion en génération [Boudan, 2004]. Elles prennent la forme de savoirs fermés et impératifs, subordonnés aux croyances qui tiennent la société dans son ensemble, et fondés sur les liens entre saveurs et sensations. Dans le système indien par exemple, nombre de maladies sont vues comme provenant d'une « faiblesse du feu digestif » [*Idem*, p. 302], le ventre étant conçu comme une sorte de marmite. D'où la fréquente recommandation des épices, qui augmentent la chaleur de combustion.

En Grèce aussi, la conception intuitive et métaphorique domine. Dans la théorie d'Hippocrate, le froid et le chaud, l'humide et le sec, sont des données centrales. Les aliments entrant dans la marmite humaine doivent respecter une harmonie cosmologique. Après des siècles de semi-oubli, où la pensée diététique grecque avait transité par l'Iran, puis s'était diffusée dans l'Orient islamisé à partir de Bagdad, elle revient dans l'Europe du Moyen Âge, traduite des textes arabes [*Idem*]. Les sensations restent centrales pour construire et prescrire un code des comportements alimentaires. Jean-Louis Flandrin [1992] raconte l'histoire du melon. L'idée s'était imposée qu'il entrait dans la catégorie des aliments « froids », intéressants quand la vertu nécessitait de calmer les ardeurs du sexe, mais susceptibles d'entraver dangereusement la combustion digestive. Il convenait donc de ne pas le manger seul, et de l'associer à un autre aliment, perçu comme apportant une forte chaleur : des épices, du vin ou de la charcuterie. D'où ces pratiques qui perdurent encore aujourd'hui (le melon au porto, en France ou le *melone e prosciutto,* en Italie) bien que nous en ayons oublié l'origine. Les prescriptions d'Hippocrate (après de longs détours géographiques et des oublis apparents) opèrent encore.

Parallèlement à cette transmission d'une longue mémoire souterraine, une rupture décisive avait toutefois commencé à opérer avec les Lumières, qui ouvraient la voie à la véritable pensée scientifique, mettant à distance tout autant le sensible que le divin. Le sacre de la Raison allait fonder les conditions de nos sociétés modernes-démocratiques. Mais aussi entraîner la science dans quelques errements.

L'erreur de la science

La science nouvelle devient triomphante au XIXᵉ siècle. Elle impose rapidement de nouvelles visions. Les succès de la mécanique produisent ainsi l'image d'un homme fonctionnant comme une machine. « Les aliments sont destinés à entretenir les combustions tout comme la houille entretient la chaleur du foyer [1]. » Image qui introduira aux calculs des calories, aujourd'hui à la base de tout régime qui se respecte. Mais c'est la chimie qui va changer radicalement le savoir diététique. Loin du chaud et du froid, de l'humide et du sec des perceptions sensibles, les aliments se révèlent être composés d'éléments précis (sodium, fer, carbone, azote, etc.) dont on découvre continuellement les fonctions dans l'organisme. Quoi de plus tentant alors pour un

---

1. Louis Figuier, *L'Année scientifique,* 1865, cité par Julia Csergo, 2004.

chimiste que de s'improviser médecin ? La diététique devient une annexe de la chimie.

Les scientifiques avaient commis une erreur. Erreur logique dans le contexte de la science triomphante, mais dont nous n'avons pas fini de payer le prix. Ils avaient cru que parce qu'une idée est juste et rigoureusement prouvée par l'expérience elle a une portée générale. Or les découvertes, comme toutes les découvertes, s'inscrivaient dans une zone de savoir limitée et provisoire. Si les idées étaient justes, elles ne permettaient pas d'établir un comportement alimentaire pour la population, en rupture avec des habitudes ancestrales qui sur bien des points nous apparaissent aujourd'hui plus judicieuses que les prescriptions scientifiques. Lire aujourd'hui la liste des conseils promulgués au peuple ignorant n'est guère à l'honneur de la science, et provoque une stupéfaction où l'envie de rire est vite étouffée par la pensée du nombre de personnes envoyées à la mort. Les légumes verts sont relégués au rang d'aliments « insuffisants pour soutenir la vie [1] » et les fruits présentent « des inconvénients réels [2] ». Pendant longtemps, un des aliments les plus prescrits pour ses vertus médicinales est le sucre [3], bientôt détrôné par la viande, digne de louanges tout au long du siècle. Surtout si elle est bien grasse, ou encore mieux, « concentrée » par le moyen de tablettes d'extraits inventées par des chimistes [Csergo, 2004]. « Pour être mieux intensifiée, la force doit être ramassée. Ce que ne permettait pas le volume fibreux et encombrant des végétaux » [Vigarello, 1993, p. 151]. Le régime alimentaire

---

1. Eugène Lefebvre, *Les Aliments*, Paris, Hachette, 1882, cité par Christian Boudan, 2004.
2. *Idem.*
3. L'utilisation du sucre comme médicament remonte à loin. Pour Sidney Mintz [1991], il constitue même une des drogues essentielles des apothicaires, du XIIIᵉ à la fin du XVIIIᵉ siècle dans l'ensemble de l'Europe. « Il est excellent pour atténuer et humidifier les aspérités et le dessèchement de la langue, de la bouche, de la gorge et de la trachée artère ; il est très bon pour soigner la toux sèche et autres maladies des poumons » [Tobias Venner, *Via recta ad vitam longam*, Londres, 1620, cité par Sidney Mintz]. Mais la science du XIXᵉ siècle trouve de nouveaux arguments chimiques pour continuer à le prescrire, notamment sous l'angle nutritionnel. Au début du XXᵉ siècle, des régimes hyper-sucrés (allant jusqu'à supprimer parfois tout autre aliment) sont administrés aux sportifs et aux militaires, avant que ces excès ne déclenchent une polémique sur les effets secondaires du sucre [Fischler, 1993a ; 1993b].

des campagnes (pauvre, légumineux et céréalier), était
particulièrement dénoncé. Détailler une sorte de bêtisier des
horreurs proclamées les plus criantes serait toutefois injuste
et n'aurait pas de sens. Car si le dérapage eut lieu avec tant
d'ampleur, c'est que les scientifiques n'étaient pas seuls en
cause. La nouvelle science apportait en effet son savoir au
moment même où s'effritaient les régulations traditionnelles. La société dans son ensemble était en quête de
normes pour tenter de guider des comportements aliment-
taires menacés de dérives, notamment en ce temps de la
gastronomie ostentatoire. La nutrition était « chaque jour
davantage mise en demeure de situer les périls, de prescrire
les bons choix, de dire où sont le bien et le mal
alimentaires » [Fischler, 1993a p. 10]. La science fut
happée par une demande normative bien davantage qu'elle
ne s'imposa d'elle-même. Nous ne sommes toujours pas
sortis de ce piège.

Ce que nous apprend
le « régime crétois »

Il est facile de croire que tout ceci soit du passé, que désormais la science est solidement installée sur ses acquis.
Qu'elle sait. Et peut donc dire le bien et le mal alimentaires.
Ce serait une erreur. Car la démarche scientifique est
l'inverse d'une simple accumulation d'informations positives, telles ces briques que le maçon ajoute une à une pour
construire son mur. Elle fonctionne par déconstructions/
reconstructions des architectures d'hypothèses. Un mur de
savoir doit parfois être abattu, non qu'il était mal construit
mais parce qu'il ne se situe plus au bon endroit. Ce qui est
vrai aujourd'hui ne le sera peut-être plus demain ou le sera
d'une autre manière. En outre, cette démarche est moins
« scientifiquement pure » que le public ne l'imagine, elle a
du mal à s'abstraire des représentations circonstancielles, y
compris dans les sciences dites dures [Latour, 1989]. En
médecine nutritionnelle tout particulièrement, où il est frappant de constater à quel point, dans les dernières années

encore, les publications scientifiques épousent en les suivant les mouvements de l'opinion [Fischler, 1993a], qui classe les aliments sur une échelle du bien et du mal. De véritables mouvements de mode propulsent tel aliment tantôt vers le haut, tantôt vers le bas. L'huile d'olive par exemple se situe depuis un certain temps au top de cette sorte de hit-parade (en attendant sans doute qu'on ne lui découvre quelque effet secondaire), alors que le sucre ne trouve plus aucun défenseur (excepté pour les très à la mode « sucres lents »), cependant que le vin, qui était au plus bas, se révélerait posséder des vertus cachées, pour le cœur ou les neurones. Les effets d'annonce se succèdent, et les revirements d'opinion s'accélèrent par rapport au XIXe siècle. Les vérités scientifiques d'aujourd'hui, qui prétendent gouverner les comportements, ont des durées de vie encore plus courtes que celles d'hier. Le ton péremptoire ne devrait donc pas être de mise. Christian Boudan [2004] nous invite à réfléchir à la portée épistémologique de la découverte des bienfaits nutritionnels du « régime crétois ». Ainsi donc, après que la chimie et la biologie mondiales aient déployé pendant deux siècles leurs bataillons de chercheurs, il s'avérait qu'une culture paysanne locale, par la simple transmission de son savoir traditionnel, se trouvait être à la pointe de l'innovation. De quoi tirer pour le moins une leçon de modestie.

Est-ce à dire qu'il faille systématiquement douter des recommandations nutritionnelles qui nous sont prodiguées ? Non. Car même s'il est provisoire et incertain, le savoir scientifique dont nous disposons aujourd'hui est supérieur aux travaux plus anciens, dont il a dressé le bilan critique. Il n'a aujourd'hui aucun concurrent pour nous permettre de définir nos comportements alimentaires ; il est ce qui se dit de mieux pour le moment. Par ailleurs, après avoir remplacé la biologie et la religion, il régule désormais centralement les pratiques, se faisant donc omniprésent et incontournable. Et si l'on ajoute que les menaces sanitaires provoquées par la malbouffe se précisent, esquissant l'éventualité d'un avenir catastrophique, on comprendra que ce savoir est plus impérativement nécessaire que jamais. Il faut simplement savoir l'utiliser. Quelques grandes idées se sont progressivement installées comme des évidences communément partagées, traçant quelques repères utiles pour guider chacun dans ses choix. L'essentiel tient en ceci : certains d'entre nous mangent trop (surtout de graisse et de sucre), tout en ne consommant pas assez de légumes verts et de fruits frais. Les avis sont déjà plus partagés concernant les laitages ou les céréales. Et ne tardent pas à s'engager dans la polémique à propos de tel ou tel produit plus précis. Sous l'apparent consensus qui semble pouvoir le conduire vers l'alimentaire-ment correct, le mangeur ne cesse en réalité d'être troublé par des contradictions sans fin.

Cacophonie

Ces contradictions proviennent d'abord de la démarche de recherche (fondamentalement contradictoire en elle-même puisque reposant sur la réfutation). Elles sont toutefois fortement accentuées par la façon dont les informations scientifiques sont médiatisées. Les médias mettent en scène le nouveau savoir dans une « forme incantatoire », où les conseils sont proclamés entre des listes de fétiches et tabous [Defrance, 1994, p. 110]. Certes le sensationnel fait vendre. Mais là n'est pas l'unique raison. Car plus profondément, c'est le public lui-même, affamé de repères et de certitudes, qui le demande. Les articles de presse et émissions télévi-sées prennent donc volontiers un ton moralisateur, délivrant des ordonnances de comportement avec une assurance d'autant plus surprenante que les conseils des uns contredi-sent les conseils des autres ou ce qui avait été dit le mois précédent. Au-delà de quelques idées consensuelles (moins de sucre, moins de gras), il en résulte une véritable cacophonie du discours alimentaire ambiant, accentuée encore par le fait que nombre d'informations scientifiques sont au préalables filtrées par de grandes institutions ayant chacune leurs intérêts et points de vue particuliers : services sanitaires de l'État, mouvement consumériste, industriels, etc. [Fischler, 1993a]. Sans compter l'influence sur le régime alimentaire d'autres dynamiques sociales, comme le modèle idéal de minceur, qui s'impose avec violence aux femmes [Hubert, 2004]. Le pauvre mangeur ne sait plus à quel sain se vouer.

Il y a pire encore. L'adoration du dieu santé qui le conduit à vénérer le pamplemousse ou le riz complet ne représente qu'un des deux temps de sa pensée. Plus les croyances se multiplient et se succèdent, plus elles accentuent en réalité la réflexivité des individus, conduits qu'ils le veuillent ou non à faire le point sur leurs changements d'orientations et l'instabilité de leurs cultes. Ils pensent uniquement réformer une attitude, l'améliorer sur la base d'une information intéressante. Mais ce faisant, ils quittent des régulations acquises pour établir leurs nouvelles manières de faire sur quelques informations associées à leur pensée critique. Autrement dit, ils construisent leur action sur du sable ; le sable mouvant des idées. La cacophonie médiatique n'est rien comparée à la déstabilisation provoquée par ce changement du régime d'action.

À mesure que la réflexivité se développe, l'individu est condamné à multiplier et durcir ses croyances alimentaires pour que sa vie quotidienne ne devienne pas un enfer de fatigue mentale et de désorganisation. Claude Fischler [1994] a souligné à quel point le mangeur d'aujourd'hui, comme dans les premières sociétés, continuait à développer des conceptions magiques. La présente enquête le confirme. Chacun a ses petites idées et rituels, ses credo et gris-gris : la magie est partout dans les choix alimentaires. Avec, en secret, le rêve fou de la toute-puissance sanitaire, même contre la mort, l'espoir inconscient que « l'alimentation mène à l'immortalité occidentale ou au nirvana extrême-oriental, *via* l'huile vierge et les légumes sans pesticides » [Diasio, 2002, p. 250]. L'essor moderne de la magie alimentaire est en lien direct avec la cacophonie. Plus les comportements sont fondés sur la réflexivité, plus les points de vue se dispersent, plus des croyances opératoires sont en effet à l'inverse nécessaires. La magie sous toutes ses formes qui se manifeste aujourd'hui n'est nullement un reliquat des vieilles sociétés, voué à disparaître. Elle est produite au contraire par les tendances les plus avancées de l'hypermodernité [Kaufmann, 2004]. Inéluctablement. Le mangeur contemporain ne peut vivre sans fétiches ni tabous, et le pourra sans doute encore moins dans l'avenir. En infiltrant la pensée critique dans le corps social, c'est la science elle-même qui engendre les magies alimentaires.

Les petits arrangements

Ce qui est bon à manger doit d'abord être bon à penser, de façon simple et rapide, analogique et morale [Hubert, 2000] : les frites c'est mal, les légumes verts c'est bien. Chaque mangeur parvient à établir son petit classement personnel, plus ou moins respectueux des grandes consignes de la société, qui, au travers de la cacophonie, impose la liste centrale des péchés capitaux : le gras et le sucre. L'enquête montre que ces petits classements personnels sont relativement stables et opératoires (bien que souvent multiples et changeants selon les contextes). Mais elle montre aussi la faiblesse et la confusion de l'argumentation qui est censée les fonder. Un indice du problème fut immédiatement donné par l'évident manque d'enthousiasme des personnes interrogées quand l'enquêteur leur demanda de s'expliquer plus longuement sur les raisons qui justifiaient leurs choix alimentaires. Elles avaient commencé à répondre avec assurance, sûres de leurs catégorisations et de leur morale d'ensemble, partant de leur pratique concrète pour remonter à une théorie qu'elles pensaient pouvoir trouver et exprimer simplement. Elles réalisaient non sans un certain désarroi (très passager) qu'il n'y avait pas de théorie.

Si la pensée scientifique mène la danse au niveau de la société, il n'en va pas de même au niveau du mangeur individuel. Car, bien qu'il s'adonne à une réflexion très informée sur ses pratiques quotidiennes, il doit d'abord et avant tout fixer les évidences qui guident et rendent possible son action. Par des croyances opératoires, ou encore mieux, en se contentant de reproduire les habitudes alimentaires acquises. Excepté quand le sociologue l'interroge, il n'a pas vraiment besoin de grande théorie bien constituée. Naïvement, il pense cependant en avoir une. L'individu est le premier à croire qu'il fonctionne couramment de façon rationnelle.

Le caractère exceptionnel de la situation d'entretien, en poussant le mangeur à donner ses raisons, apporte paradoxalement des éléments de compréhension de son fonctionnement ordinaire. Dans la vie de tous les jours en effet, il est obligatoirement conduit à pratiquer des bricolages cognitifs fugaces. Bien qu'il n'ait pas besoin d'une grande théorie ayant pignon sur rue, des bribes lui sont pourtant nécessaires. Leur usage est si furtif qu'il l'oublie ensuite, continuant à penser qu'en arrière-plan la théorie existe, forte et cohérente. Avoir à l'exprimer dans le détail lui révèle au contraire qu'elle est approximative et confuse, opportuniste et manipulatoire, dominée par un art des petits arrangements. Ceci non pas pour mentir au chercheur. Mais parce que le mangeur doit, obligatoirement, se mentir à lui-même, se cacher le fait que n'existe pas de vraie théorie ou qu'elle est manipulatoire. Voyez l'exemple de Prune. Cas inhabituel, elle n'est guère embarrassée pour trouver ses arguments et ne tarde pas à s'enflammer pour dénoncer les modes alimentaires opposées à sa manière de faire. « Je reste très traditionnelle parce que pour moi la nourriture elle existe depuis la nuit des temps, et les petits plats existent depuis la nuit des temps. Tout ça c'est un phénomène de la société : *light*, tout *light* ! Et puis, l'huile d'olive, parce que soi-disant c'est plus sain ! ». Elle préfère le beurre et le lard, abondants. Ses vitupérations cachent mal cependant un malaise : elle sent que ce refus trop affiché de la modernité diététique la stigmatise. Aussi a-t-elle trouvé une parade : traduire son enracinement traditionaliste dans le langage du « naturel », à la pointe de la modernité diététique tout autant que le « *light*, tout *light* ». Elle cuisine donc « naturel ». « Moi, j'essaie de faire un maximum naturel : les saucisses, c'est de la boucherie. » L'interlocuteur pressé et intimidé par son ton passionné peut se contenter de la démonstration. Le chercheur qui décrypte mot à mot se doit par contre de remarquer que la chute n'est manifestement pas à la hauteur de l'envolée oratoire. Passe encore que la tradition soit reconvertie en nature. Mais que celle-ci soit réduite à l'unique saucisse sous le prétexte qu'elle provient d'une boucherie plutôt que d'une grande surface apparaît pour le moins limité. Or cette fameuse saucisse est censée fonctionner comme preuve des démonstrations abstraites qui précèdent. Il aurait sans doute suffi de quelques questions supplémentaires pour que Prune perde son assurance. Qu'a donc de « naturel » sa saucisse, très précisément ? Les mots sont souvent lancés, à la volée, pour la supposée excellence de leur classement moral. Prune ignore sans doute – ou veut ignorer – que de ce point de vue, la saucisse est au plus bas. Elle est convaincue que la seule évocation de la « boucherie » sauve le tout. Acheter la saucisse chez son boucher plutôt qu'en grande surface prouve que sa cuisine est naturelle et qu'elle peut donc traiter par le mépris le « *light* tout *light* ». Amandine développe exactement la même structure argumentative. « Avant je prenais ma viande à l'hypermarché, maintenant non, je fais attention à la qualité, je la prends chez mon boucher. » Renseignement pris, le « boucher » en question occupe en réalité un stand de supermarché. Pas n'importe lequel, un « petit supermarché », à taille humaine ; « c'est pas pareil ». Les catégories sont manipulables à souhait pour qui veut ignorer les failles de sa théorie de référence.

Le « naturel » ou le « biologique » ont actuellement un tel pouvoir d'attirance magique qu'ils poussent chacun à les mettre en avant bien au-delà des pratiques réelles (dans l'enquête, les courses à l'hypermarché sont sous-déclarées et les marchés traditionnels à l'inverse systématiquement mis en scène), et en décalage avec les normes nutritionnelles, qui insistent davantage sur les risques de la suralimentation grasse et sucrée que sur le naturel. Or si l'on prend l'exemple des produits allégés, ils sont par définition moins « naturels » (puisque de la graisse a été retirée), et par ailleurs généralement produits par des procédés chimiques [Jarvin, 2002]. Les registres argumentatifs sont distincts, se croisant parfois (les légumes verts frais) mais divergeant la plupart du temps. *Light* ou naturel : il faudrait en pure théorie choisir. Cependant que le mangeur ordinaire, influencé par les idées dans l'air du temps, croit se ranger dans une catégorie simple et évidente, bonne à penser, en se déclarant globalement favorable au naturel et léger. Il ne fait en réalité que jouer avec des notions élastiques, utilisées de manière opportuniste.

La règle pour lui est de se fonder sur ce qu'il fait, ce qu'il mange. Puis de mitonner une vague justification quand celle-ci est nécessaire. Prune cuisine souvent des saucisses. Elle se légitime en développant un discours sur le naturel, discours qui trouve pour preuve ultime la saucisse en elle-même (« de la boucherie »). Hortense se réfère aussi au « naturel », dans une tonalité encore plus radicale et militante que Prune. Elle s'insurge contre « toutes les saloperies qu'il y a maintenant, les OGM et tout ça », cuisine des légumes frais qu'elle achète dans des magasins bios, et traverse toute la ville pour acheter son poulet à une « petite fermière ». Elle n'a pas de mots assez durs contre les surgelés… avant d'entonner soudain un surprenant éloge des conserves. « Les conserves, ah ben si. Il y a de très bons haricots verts, y a de bonnes conserves. Les conserves en général sont bien faites. Surtout les bocaux. » Explication. Elle avait autrefois un grand potager, où elle cultivait d'énormes quantités de haricots, qu'elle mettait en bocaux pour l'hiver. Bien que cette époque soit lointaine et révolue, elle a conservé le goût pour les haricots en conserve et l'habitude de les consommer de cette manière. « Ce matin, j'ai acheté deux bocaux d'haricots verts. » Elle les aime ainsi. Renvoyant au souvenir du jardin familial, il est compréhensible qu'ils puissent être vaguement associés à l'idée du naturel. Mais Hortense veut ignorer tous les glissements successifs (du jardin aux bocaux, et des conserves domestiques aux conserves industrielles) qui l'éloignent en fait du naturel. Elle veut ignorer le caractère contradictoire de ses références, qui la font traverser la ville pour acheter son poulet chez la petite fermière tout en l'accompagnant de haricots en conserve. Elle veut ignorer les failles de sa théorie, mais ne les ressent pas moins sourdement face à l'enquêteur. Moins à l'aise désormais, elle n'ose plus critiquer avec autant de violence les surgelés, se repliant sur la diversité des goûts. « Mais je fais attention souvent à prendre de bonnes conserves quand même, des bocaux. Les congelés hein, c'est vrai qu'il y en a qui disent… Moi, j'aime pas, c'est tout, j'aime pas. »

Le pauvre mangeur amené à se justifier se trouve vite confronté à ses contradictions. Sa pratique de tous les jours s'inscrit beaucoup moins dans une théorie cohérente qu'il ne le pense. Il est de plus irrésistiblement attiré par les mots magiques de l'époque, quels que soient ses comportements réels, le piégeant dans un décalage entre son discours et son action. Ainsi achète-t-il toujours davantage de produits industrialisés alors qu'il ne cesse officiellement de les maudire et de rêver à un improbable âge d'or de la ruralité perdue [de Labarre, 2001]. Les mamans romaines interrogées par Nicoletta Diasio [2002] rêvent avec nostalgie de leurs goûters de petites filles, faits d'aliments simples comme le bon pain, et dénoncent l'américanisation des nouveaux produits… qu'elles donnent pourtant massivement à leurs enfants. Concernant les commerces, tout ce qui est « petit » classe automatiquement le mangeur (pense-t-il) du côté du Bien. Contre tout ce qui est « grand », du côté du Mal. Le seul qualificatif de « petit » suffit à Hortense (« petite fermière ») ou à Amandine (« petit supermarché ») pour se sentir positivement évaluées. Pourtant les grandes surfaces continuent à élargir leur emprise, se déclinant même en hangars et entrepôts périurbains de *hard-discount* [Péron, 2004]. Le geste ne suit pas la parole.

Il ne la suit pas non plus à propos des surgelés, régulièrement critiqués bien qu'ils soient tout aussi régulièrement consommés. Tony est un des rares à ne jamais en acheter. Passionné de cuisine et réellement amoureux des légumes frais, il peut se permettre de clamer haut son opinion, cohérente avec ses pratiques. « Déjà les congelés, je vais jamais au rayon congelés, par principe. » Auréolé de la gloire que procure une telle radicalité, il peut masquer que ses légumes ne sont peut-être pas toujours aussi frais qu'il le prétend (il ne fait ses courses qu'une fois par semaine et les salades ou autres radis commencent sérieusement à flétrir après quelques jours). Paule-Dauphine semble entonner le même chant. « Ce qui compte, c'est que ce soit frais et sain. » Idéologie irréprochable à la conclusion mille fois entendue : « Les congelés, j'évite. » Mais peu à peu la discussion révèle combien la vie quotidienne peut se faire pénible quand on se refuse d'utiliser des produits commodes. Elle se sent libérée quand elle finit par lâcher un aveu : « J'ai quand même un congélateur ». Chacun est continuellement en lutte pour construire sa cohérence identitaire. Contre cette dynamique unificatrice, les idées dans l'air du temps peuvent induire des écarts schizophréniques. Il faut donc les travailler au corps pour qu'elles s'articulent à des catégories acceptables. Nous avons suivi Hortense dans son éloge des haricots en conserve et ses vitupérations contre les surgelés. Et bien, nous apprenons au détour d'une phrase qu'elle mange en fait du poisson surgelé (et même assez souvent !). Contradiction ? Est-elle prise en flagrant délit de mensonge ? Que nenni ! Le poisson, oui, mais les légumes, non ! Ce n'est pas du tout la même chose. « Parce que je pense, le poisson il est congelé directement sur le bateau, en principe c'est bien fait. » Les catégories n'en finissent plus de se tarabiscoter. Ainsi les volailles, bien qu'achetées chez la « petite fermière », sont elles aussi congelées (nous apprenons aussi qu'elle a donc un congélateur), mais par ses propres soins. Pour rien au monde elle n'achètera jamais un poulet surgelé (comme elle achète son poisson). Alors que congelé par elle-même « c'est très bon, c'est comme s'il était frais ». Concernant les haricots à l'inverse, elle rejette cette supériorité du domestique sur l'industriel : ne pouvant plus cuisiner ses propres bocaux, elle trouve excellentes les conserves du commerce. À ce point de l'entretien, Hortense se sent un peu fatiguée. Elle souhaiterait que nous parlions maintenant d'autre chose.

La mauvaise conscience

Les idées dans l'air du temps sont manipulées pour coller aux pratiques. Ce qui n'est pas très compliqué pour des notions aussi floues que celle de « naturel ». Une saucisse provenant de la boucherie, et le tour est joué. Il en va autrement pour l'information nutritionnelle quotidiennement propagée par les médias ou par des institutions (éducatives ou médicales) ayant un pouvoir d'autorité. On ne manœuvre pas aussi facilement la science, qui désormais donne le la de la musique à suivre. Certes, elle est beaucoup moins unifiée qu'il n'y paraît, les fausses notes sont légion et les débats font rage. Il n'empêche que quelques idées centrales sont solidement installées, et souvent désagréables à entendre : manger moins, moins gras, moins sucré.

Les nutritionnistes sont régulièrement surpris de constater le décalage entre l'opinion des consommateurs se déclarant bien informés et les pratiques réelles pourtant éloignées de leurs consignes [Guilbert, Perrin-Escalon, 2004]. Ils les suspectent volontiers d'être moins bien informés qu'ils ne le disent. Or tel n'est pas le cas. Les consommateurs sont relativement bien informés, et très attentifs à ce qui se dit de nouveau sur l'alimentation. Mais il ne suffit pas qu'une information soit considérée comme juste pour pouvoir rectifier les comportements alimentaires. Ce sera un des leitmotiv de ce livre : nous comprendrons page après page à quel point l'univers du mangeur est d'une complexité inouïe, produisant du lien social et de la culture tout autant qu'il assouvit la faim. Une idée, aussi forte et juste soit-elle, n'a – habituellement – qu'un pouvoir d'influence limité sur une telle densité anthropologique. Provenant de l'extérieur, elle s'installe dans une strate mentale séparée, active ou dormante, restant en regard des pratiques réelles. Elle est incapable de bousculer aussitôt le profond mécanisme de ces dernières, quotidiennement refondateur de ce qui fait que l'individu est ce qu'il est. La personnalité se divise en deux : l'être concret et agissant d'un côté, et de l'autre une sorte de cognition parallèle en forme de conscience morale, scientifiquement informée ; et aujourd'hui de plus en plus malheureuse. Car le mangeur sait bien qu'il n'absorbe pas exactement ce qu'il faudrait. Tant que sa mauvaise conscience ne le travaille pas trop, il tente de faire la sourde oreille, se contentant pour apaiser sa culpabilité latente, ici d'un geste culinaire d'allègement, là du refus d'une petite gourmandise. Tony limite les ingrédients trop riches dans ses créations gastronomiques. Anneth se rassure en diminuant (très légèrement) les proportions de graisse ou de

sucre. « Pour retrouver un petit aspect diététique. »
Clémentine se sent très mal à l'aise face aux questions sur
le gras ou les calories. Elle se considère en phase
d'apprentissage culinaire, fière des diverses améliorations
qu'elle vient d'accomplir (moins de conserves). « À partir
du moment où je fais avec des produits frais, je me dis que
c'est sain quand même ! ». La faille est dans le domaine
du gras. Cela commence d'ailleurs sournoisement à
l'obséder un peu. Le beurre ? « Oui c'est vrai j'en mets
beaucoup, c'est meilleur, y a pas de doute. C'est vrai que
là-dessus, j'ai des progrès à faire. » L'objectif du mangeur
n'est pas de définir des catégories intellectuellement
parfaites. Au contraire, il cherche continuellement à réfléchir le moins possible sur son quotidien basique, à diminuer la pression mentale, pour que la vie soit facile. Et,
quand son interlocuteur lui semble moins exigeant que ne
l'est le chercheur armé d'un magnétophone, il n'hésite pas
s'il doit vraiment penser à le faire d'une façon approximative voire magique. Eugénie est très vigilante. « Je ne
vais pas acheter des trucs gras. » Comme Clémentine
toutefois, elle ne sait pas résister au beurre. « Du beurre,
si, mais je le mets frais. Par exemple, sur la viande
grillée. » Puisqu'il est de bonne origine (beurre artisanal),
non cuit et accompagnant une viande grillée, il ne saurait
être mauvais comme une vulgaire graisse. Eugénie se sent
rassurée.

Hélas, le petit rituel conjuratoire du beurre frais ne suffit
pas pour effacer les doutes récurrents qui remontent à sa
conscience. Elle a 62 ans. Et l'enquête montre que l'intérêt
pour les informations nutritionnelles se fait beaucoup plus
vif avec l'âge. « Ah je fais attention ! Quand on vieillit faut
faire attention. » Avec une insistance particulière pour les
risques sanitaires. « On sait que les problèmes cardio-
vasculaires actuels sont dus à une mauvaise alimentation :
trop de graisse, trop de sucre. On sait qu'il faut corriger ça
pour éviter les inconvénients » (Anneth). Un degré supplémentaire est franchi quand l'alerte est plus directe (maladie
ou conseil d'un médecin). Généralement, ce qui n'était
encore qu'une pensée parallèle se fait soudainement impé-

rative. La science, armée de ses directives, s'installe au cœur de la vie ordinaire. Voyez ce qui est arrivé à Hortense. Son médecin, après avoir diagnostiqué un léger excès de cholestérol, lui proposa l'alternative suivante : soit des médicaments soit aller voir un diététicien (« Mais il faudra bien faire ce qu'il va vous dire. ») Elle choisit le diététicien. « J'ai mis du temps avant d'y aller. Et il m'a expliqué tout ça : de prendre des fruits et du fromage blanc en dehors des repas. Donc j'ai changé de manière de faire. Mon mari, lui, a encore un peu de mal. » Car le mari, bien que ne souffrant pas lui-même d'excès de cholestérol, a dû suivre. À vrai dire, ils n'ont rien changé à leurs manières anciennes. Mêmes repas, mêmes haricots en conserve, même poulet de la petite fermière. Ils ont simplement ajouté un « goûter », où ils dégustent religieusement les fruits et le fromage blanc. La mauvaise conscience totalement apaisée, ils se sentent mâcher pour leur santé. Comme le dit Tony à propos de ses légumes frais : « Je sais que mon corps va apprécier, c'est pur. » Olivia, elle, ne pensait pas qu'un jour elle obéirait à de telles consignes médicales. Dans son univers, cuisiner et bien manger ne riment et ne peuvent rimer qu'avec plaisir. Intense, sans restriction. « Je ne regarde pas à tout ça, si j'ai envie de crème fraîche, j'ai envie de crème fraîche ! ». Jusqu'au jour où, les flots de crème fraîche ayant produit quelques effets pervers, son mari dut consulter un médecin : régime alimentaire strict. « Il a dit, "sinon c'est l'hôpital !". » La mort dans l'âme, elle s'ingénia à inventer une autre cuisine, plus légère. Olivia essaya le pot-au-feu à la viande maigre, et trouva qu'il était affreusement insipide. Elle ajouta donc dans la marmite un morceau de viande bien grasse pour elle-même. Malgré ces tentations à portée de bouche, son mari parvint à résister, respectant à la lettre les consignes médicales, et perdant les kilos excédentaires. Le relâchement qui suit actuellement la réalisation de l'exploit rouvre l'horizon de ses repères alimentaires. Un temps refoulées, de profondes envies réapparaissent, avec plus d'excitation que jamais, comme il en va pour les plaisirs devenus rares. Le jour de l'entretien il a fait part à Olivia de son rêve pour le lendemain (jour ordinaire de semaine) : sa magistrale recette de crevettes à la crème fraîche flambées au whisky.

Les consignes médicales rédigées de façon stricte ne font pas trop problème au mangeur, au contraire. Car son système habituel étant perturbé par cette réforme de l'ordre des aliments, il a besoin de guides pour canaliser ses conduites nouvelles et dompter ses envies. C'est pourquoi il se plie avec autant de docilité aux règles édictées, y compris quand elles sont tatillonnes. Il s'y plie pour un temps. Après quoi la sortie du régime peut s'avérer risquée. L'ancien système d'habitudes alimentaires n'est plus opératoire et a été critiqué. Le mangeur est face à l'incertitude et navigue au jugé, par des coups de barre entraînant de Charybe en Scylla sur un océan de désirs trop longtemps contenus. La dualité de ce rapport au régime (acceptation de son caractère strict voire tatillon, puis sortie problématique) se retrouve au-delà des régimes prescrits pour raisons médicales. Notamment chez les femmes soucieuses de leur silhouette et cherchant à correspondre au modèle de minceur. Entrer dans le régime nécessite de suivre des instructions détaillées, pour constituer une discipline de comportement sous un contrôle réflexif permanent. C'est le cerveau qui mène la danse. Puis la sortie du régime se heurte à la même difficulté d'avoir à reconstituer un système d'habitudes.

Pour éviter ce chambardement des cadres de l'action, le « régime » se limite souvent à une pensée parallèle (imprégnée de mauvaise conscience) incitant à quelques petits efforts et fondée sur une catégorisation des aliments approximative. Paule-Dauphine est persuadée de suivre un régime. « J'ai toujours eu tendance à l'embonpoint, donc je fais attention à ça : des produits allégés, pas trop de féculents, des poulets d'élevage, des légumes verts. » Belle liste, incontestablement. Mais l'intrusion des poulets d'élevage (remarquables par leur caractère « naturel » plus que diététique) montre qu'elle est plus idéologique que vraiment opératoire. La suite de l'entretien va d'ailleurs le prouver : Paule-Dauphine fonctionne beaucoup à la catégorisation magique. Avant d'acheter ses œufs, elle fait par exemple le tour du marché pour trouver le vendeur qui en a le plus petit nombre, persuadée qu'il s'agit là du critère décisif de qualité. « Je ne vais pas acheter des œufs à quelqu'un qui a un gros panier ! ». Les œufs justement, est-ce bon pour la santé et contre le surpoids qu'elle combat, en n'importe quelle quantité, cuisinés de toutes les façons ? « Bien, s'ils sont sains, achetés chez un petit marchand… Ce qui compte c'est cuisiner sain. »

Les goûts du plaisir

Tout ce qui est bon à manger peut-il d'abord être bon à penser ? Impossible aujourd'hui. Malgré les approximations, manipulations et pensées magiques bricolées par le pauvre mangeur, la société ne cesse d'exposer à portée de ses narines et papilles une farandole de produits indubitablement mauvais à penser (gras, sucrés, chimiques) mais tout aussi indubitablement délicieux à manger. L'ordre cognitif des aliments, péniblement constitué, précaire et peu cohérent, est de plus menacé à chaque instant par les assauts du désir. Comment le mangeur peut-il se représenter celui-ci ? Deux solutions sont possibles. Soit limiter strictement la théorie personnelle au « bon à penser », et renvoyer les perturbations du désir dans un autre registre. Soit continuer à tenter de s'inscrire dans une seule théorie d'ensemble, incluant un désir domestiqué. D'un individu à l'autre, le choix est différent. Les variations sont également notables entre cultures, y compris entre deux pays géographiquement et culturellement aussi proches que la France et l'Allemagne. Jean-Vincent Pfirsch [1997] le note à partir d'une enquête comparative portant sur des jeunes. Alors que les Français associent aliments sains et plaisir de manger, les Allemands les renvoient à deux ordres de jugement distincts, pouvant même devenir antagoniques. En conséquence, les jeunes Allemands ont une définition beaucoup plus réaliste et précise des produits naturels (ils ne sont pas gênés pour expliquer leur certification institutionnelle ou leur commercialisation par de grandes chaînes spécialisées), cependant que les Français doivent la conserver plus floue pour protéger sa fonction d'opérateur magique. Pour les Allemands, il y a le diététiquement bon et le gustativement bon. Pour les Français, tous les plaisirs devraient pouvoir entrer dans les catégories du moralement correct. Ou bien en trichant sur les catégorisations (le naturel mis à toutes les sauces) ; ou bien en travaillant les désirs pour qu'ils se conforment aux catégories intellectuelles.

Tous les Allemands ne choisissent pas la dualité explicative ni tous les Français la théorie unique. La divergence ne porte que sur des moyennes statistiques. Mais elle est intéressante en ce qu'elle dégage des types de construction des ordres alimentaires, et souligne l'alternative entre deux possibilités. L'une plus rationnelle et respectueuse des faits, l'autre impliquant davantage un travail sur les goûts et les plaisirs, un travail sur les goûts du plaisir. Il n'est donc pas étonnant de trouver ce second aspect très présent dans l'enquête puisqu'elle a été menée en France. « C'est bon pour mon corps » ne cesse de répéter Tony tout au long de l'interview. Il s'agit d'abord et avant tout pour lui d'une catégorie intellectuelle et morale. Mais il nous explique aussi combien l'adhésion à cette croyance lui a permis découvrir des sensations gustatives positives. Il a pris goût, et éprouve du plaisir, à ce qui au début était uniquement pensé comme diététiquement sain. Même évolution pour Hortense. « Au début ce qui m'a poussé, c'est l'aspect santé. Et puis à la longue on se rend compte que les aliments n'ont pas le même goût. » La plupart des sensations résultent d'un construction, individuelle et interactive ; il faut d'abord être convaincu que le caviar ou le Martini dry sont des produits délicieux avant de pouvoir ressentir le plaisir [Becker, 1985]. Avant de pouvoir ensuite intérioriser un « goût » qui une fois fixé deviendra lui-même un opérateur guidant les pratiques. Le goût générateur de plaisir est beaucoup plus plastique qu'on ne le pense. Sa reformulation peut même atteindre des extrêmes surprenants. Comme dans ces régimes très durs, qui après avoir engendré frustrations et souffrance, transforment la sensation négative en gage de réalisation de l'idéal de minceur rêvé. Mais lorsque la douleur et la privation deviennent « ivresse des premières sensations de la faim » [Tonnac,

2005, p. 16] et se reconvertissent en véritable plaisir, la dérive comportementale menace. Jusqu'à pousser dans une trajectoire menant à l'anorexie, dont il devient ensuite difficile de se dégager [Darmon, 2003].

Ces goûts qui nous gouvernent

L'histoire politique du goût est des plus passionnantes qui soient. Elle peut se résumer en trois épisodes. Dans le premier, seul compte l'ordre (religieux) des aliments. Les sensations que chacun est amené à ressentir doivent strictement s'y conformer, et elles sont rarement exprimées. Le deuxième épisode est marqué au contraire par le surgissement subversif des plaisirs qui, rudiments annonciateurs de la modernité, arrachent les individus au poids des institutions, ouvrant les possibles et transformant le destin social en mouvement. Cette dynamique s'amplifie à la fin du Moyen Âge et débouche aux environs du XVIIe siècle sur une interrogation ouverte de la société à propos du goût [Flandrin, 1986], « sujet de réflexion et de discussions légitimes, tout en devenant un enjeu social » [Pfirsch, 1997, p. 30]. Face à l'explosion un peu anarchique des plaisirs, ce vaste débat enraciné dans le concret des pratiques, définit des codes et des hiérarchies, établissant le concept de « bon goût », qui devient l'instrument du classement et de la distinction sociale. « Le goût alimentaire se trouve donc régulé selon des principes généraux qui déterminent les règles et les normes du jugement ou de l'appréciation des œuvres ou des comportements » [*Idem*, p. 31]. Les plaisirs sont alors canalisés, non plus dans un ordre fixe comme autrefois, mais dans un ordre mouvant, où il convient de manifester qu'on les ressent (tout autant qu'on les contrôle) pour percevoir les bénéfices en termes de distinction sociale. C'est très précisément en pointant sur cette époque que Norbert Elias a développé ses célèbres thèses sur l'émergence du processus de civilisation. Le bon goût y apparaît comme un opérateur central.

Un aspect néanmoins a peut-être été insuffisamment souligné : le retournement historique qui se produit autour

du goût lui-même. Socialement fabriqué par le vaste
processus de distinction sociale, il ne se réduit pas en effet
à un système de normes s'imposant de l'extérieur aux individus. Mais se transforme en « une forme d'autrocontrôle
individuel, essentiellement inconsciente, résultant de
l'incorporation d'éléments culturels collectifs et de
réponses à des contraintes sociales externes » [*Idem*, 1997,
p. 18]. Tout en étant socialement régulé, dans un champ
définissant des positions contrastées [Bourdieu, 1979], le
goût devient en lui-même un régulateur des comportement
alimentaires individuels quand le contexte n'impose plus de
repères. Un guide du sens de la vie par les sens.

Le troisième épisode est celui que nous vivons aujourd'hui.
Au mouvement social de définition du bon goût se sont
ajoutés quantités d'autres dynamiques, multipliant les
univers de choix. Pour conjurer l'indécision qui le menace,
le mangeur doit donc encore plus fixer ses goûts et se
convaincre de cette fixité, se laisser guider par leur évidence
répétitive, qui le protège et le rassure, en se devant d'ignorer
qu'ils résultent en fait d'une construction aléatoire. Plus les
alternatives d'action se diversifient, plus la fixation du goût
s'impose comme régulateur interne. Nous assistons donc à
un phénomène massif d'objectivation, de naturalisation, et
même d'essentialisation des goûts. Chacun pense que ce
n'est pas lui qui définit ses goûts mais ses goûts qui le défi-
nissent. Certaines phrases relevées dans l'enquête sont très
parlantes à cet égard. Charlotte par exemple commence par
nous décrire ses préférences, tiraillée entre les divers registres de jugement (plaisir, compétence, etc.). « J'aime
moins… je suis un peu moins douée… je sais pas comment
vous dire… les entrées c'est moins mon truc. » Avant de
trouver la phrase synthétique qui, d'un mot, dit tout : « Je
suis très pâtisserie ». Je suis. Une vie entière est ainsi cris-
tallisée dans ce donné existentiel ; Charlotte est pâtisserie.

Le mangeur tente de se persuader de la fixité des goûts
qui le fixent. Sortes d'amarres jetées au plus profond de son
univers sensible pour l'empêcher de dériver. Même quand
il quitte ses habitudes comportementales, il croit pouvoir
trouver ses goûts pour continuer à le guider. Mais il s'illu-

sionne, et le soupçonne d'ailleurs intuitivement. Car le goût, puissant régulateur social incorporé, n'est pas le seul à mener la danse des comportements. Il entre notamment en concurrence avec la réflexivité, cette strate mentale très libre, indépendante des pratiques, nourrie par une information nutritionnelle cacophonique de plus en plus envahissante. Le mangeur est en réalité continuellement partagé entre sa pensée et ses goûts. Cette dualité interdisant qu'une véritable régulation s'installe durablement. Nous avons vu que, dans une séquence d'existence particulière, une prescription médicale strictement codifiée pouvait permettre au cadre scientifique d'être le seul régulateur des pratiques. Un temps seulement toutefois, au terme duquel les envies ressurgissent, et les goûts se réinstallent, entrant en opposition avec les consignes nutritionnelles.

L'inverse est beaucoup moins vrai. À eux seuls les goûts ne réussissent guère à réguler les comportements, sauf dans de très courtes séquences. Ils y parviennent en s'articulant aux habitudes collectives. Mais ce sont ces dernières qui sont alors décisives. Car une faille originelle les rend inaptes à jouer le rôle d'organisateurs du social. Rappelons-nous qu'ils sont nés de la découverte des plaisirs et du caractère subversif de ces derniers. Or ils restent encore aujourd'hui liés à l'idée de plaisir, et à la possible subversion des ordres qui voudraient contraindre les pratiques. Avoir du goût pour un aliment suscite le désir et le plaisir. Or le désir et le plaisir sont fondamentalement incontrôlables. Dans le domaine alimentaire comme en amour, ils sont ce qui arrache au poids de l'institution et brise les prescriptions de l'avenir, ouvrant sur la découverte de nouveaux univers. La curiosité et la faim des « saveurs de l'Autre » sous-jacentes à l'expansion actuelle de l'exotisme culinaire en témoignent [Régnier, 2004] : le goût est aussi ce qui fait sortir de soi. Pour un même individu, il est d'ailleurs fréquent que les deux mécanismes contraires (de réassurance identitaire et d'invention de soi) se succèdent ou s'entremêlent. « J'ai un faible pour les patates. Patates, patates. C'est pas compliqué, ça me remplit de bonheur, tout bête. Dès fois c'est pure patate, la patate pure ; purée,

bouillie. Pas la peine de me parler de caviar ou de foie gras,
il n'y a rien de meilleur au monde que la patate. Et puis dès
fois – t'as vu mon comptoir à épices, un vrai magasin
exotique – je suis la reine de la folie avec mes poudres
magiques. Tu peux être sûr que t'as jamais mangé ça avant !
Tu découvres des trucs, tu sais pas quoi. Même sur mes
patates chéries, dès fois d'un seul coup je me mets à lancer
mes poudres, et crois-moi que ça n'a plus le goût de patate »
Cannelle adore autant se retrouver elle-même par le goût
immuable de ses pommes de terre que s'envoler vers la
découverte de saveurs inconnues par la magie de ses
poudres. Elle passe de l'un à l'autre en un instant.

Le goût possède par ailleurs un caractère beaucoup plus
complexe que sa naturalisation le laisse penser. Il repose
certes sur des sensations strictement gustatives (tactiles,
thermiques et saveurs élémentaires), en réalité assez
pauvres. C'est pourquoi il ne se forme véritablement qu'en
association avec d'autres gammes de sensations, liées
notamment à l'odorat, beaucoup plus riche et subtil. Sans
oublier la vision, l'ouïe et le toucher, qui apportent également leurs informations (convergeant vers le cerveau par
des voies différentes) à ce véritable système sensoriel
gustatif dont la gustation *stricto sensu* n'est qu'un élément
très partiel. Or les différents réseaux cognitifs qui participent à la formation du goût ne fonctionnent pas de la même
manière et n'ont pas la même histoire. La gustation papil-
laire est à l'évidence celle qui reste la plus étroitement liée
aux déterminations biologiques. Le sucré en particulier est
parvenu à s'imposer dans des civilisations très diverses (des
premières sociétés à l'hypermodernité) grâce à certaines
dispositions innées. L'odorat au contraire, Alain Corbin
[1982] l'a parfaitement montré, résulte d'une construction
sociale inscrite dans un imaginaire : ce que nous pensons
des odeurs, les bonnes et les mauvaises, a profondément
changé depuis le XIXe siècle. Et il y a plus encore. Car au-
delà de ce système sensoriel gustatif, le goût ne se forme
vraiment que s'il est « bon à penser », filtré par des catégories mentales, y compris quand le mangeur s'engage dans
une pure logique de plaisir. C'est l'idée du bon ou du

mauvais, du délicieux ou de l'exécrable, qui organise et donne sa signification ultime à l'ensemble des stimuli procurés par les sens [Pfirsch, 1997]. Nous gouvernons donc beaucoup plus que nous ne le croyons ces goûts dont nous pensons qu'ils nous gouvernent. Emportée par la vie dans une autre histoire, Charlotte nous dirait peut-être qu'elle n'est « pas pâtisserie ».

Géopolitique du sucre

Emportée par la vie dans une autre histoire, Charlotte aurait pu avoir des goûts très différents. Il ne faut toutefois pas en conclure que le mangeur, à lui seul et armé de son unique volonté, puisse changer ses propres goûts simplement parce qu'il le décide. Car ces derniers résultent d'un long passé intériorisé. Et qu'il n'est pas le seul à intervenir sur leur définition. Sa famille, ses amis, interagissent avec lui de façon décisive. Plus largement, des multitudes d'institutions diverses font pression pour les réformer. Il est ballotté au croisement d'une infinité de réseaux d'influence.

Les individus tentent de fixer leurs goûts et de se convaincre qu'ils sont fixes, de les positiver et de les naturaliser. Charlotte pense qu'elle est (indubitablement et en son essence même) « pâtisserie ». Or ce processus de naturalisation fonctionne de manière semblable au niveau des institutions, qui se forment des idées très arrêtées (condition de l'efficacité de leur action) des « goûts » vus comme des objets, stables et facilement définissables. Il s'agit là d'une tendance réflexe de toute administration, qui a besoin d'identifier de façon fixiste et réductionniste ses sujets (quelques critères dans un formulaire) pour facilement les gérer. Mais cette tendance est ici accentuée par la mise en mouvement de l'ordre des aliments, l'ouverture des possibles provoquée par la multiplication des produits disponibles, l'envie de la découverte, l'instabilité des désirs, et les questionnements sans fin nourris par l'information nutritionnelle.

Le mangeur est un Janus à deux visages (et deux palais). Bien qu'il se dise « pâtisseries » ou « patates », il n'hésite pas à rompre ces amarres gustatives pour voguer là où l'entraînent ses désirs. Les institutions aussi ont cette double nature. Alors qu'elles essentialisent et fixent les goûts, toute leur énergie est en fait mobilisée pour les faire changer, dans le sens de leurs intérêts ou de leurs idées. La guerre des goûts a traversé l'histoire depuis l'origine des temps humains et elle est aujourd'hui planétaire. Des empires se sont constitués en suivant l'inclination des sensations de bouche. Au point que les goûts puissent donner matière à une véritable géopolitique mondiale [Boudan 2004]. Je me contenterai d'en donner une brève illustration, sur un seul produit, le sucre.

L'appétence pour le sucre (inventé en Perse et en Inde, et se propageant par le Moyen-Orient et la Méditerranée) est ancienne, et son essor fut soutenu par la médecine hippocratique dans l'Europe médiévale. L'Angleterre en particulier était curieuse de cette épice, qui produisait des contrastes gustatifs dans les plats de viande ou de poisson [Mintz, 1991]. Mais le premier élément décisif dans la véritable épopée du sucre vint du processus de distinction sociale. Par sa rareté et son prix élevé, il se fit marqueur du « bon goût », spécialement pour les grands bourgeois rivalisant avec l'aristocratie. Une étrange cristallisation (je me permets ce mot facile) opéra dans ces nouvelles classes dirigeantes anglaises. Le sucre trouvait en effet une sorte de place « naturelle » dans leur éthique protestante ascétique. Max Weber [1920] a montré de quelle manière elle fut à l'origine de l'expansion du capitalisme. Or l'ascétisme religieux, qui se défie du gras et du saignant, ne se préserve aucunement des douceurs [Andlauer, 1997]. Surprenante conjonction : ce sucre, si agréablement acceptable dans la consommation et pour se distinguer du commun, se révélait dans le même temps un instrument privilégié des échanges marchands. Au XVIIe siècle, l'Angleterre brise le monopole portugais, et s'impose dans le commerce mondial du sucre, fondé sur la misère noire de la traite des esclaves [Mintz, 1991]. En liant étroitement dès le début production et consommation, l'une ne se développant pas sans l'autre, en une suite d'étapes « si réglées qu'elles semblaient inéluctables. D'une part, elles reflètent l'expansion de l'empire, de l'autre, elles montrent comment le sucre est devenu une coutume nationale et, de même que le thé, en est arrivé à représenter le "caractère" anglais » [*Idem*, p. 61]. Je ne décrirai pas ici comment le capitalisme anglais a pu se développer à partir des colonies sucrières, pour me concentrer sur quelques aspects touchant la consommation.

Sidney Mintz a analysé de façon convaincante comment le sucre, à mesure qu'il perdait de son pouvoir de distinction sociale (en devenant moins cher et en se diffusant dans la population suite à l'élargissement de la production coloniale), trouvait étonnamment de nouvelles justifications pour chaque groupe social entrant dans cet univers de la douceur alimentaire. D'abord les grands commerçants, contre les aristocrates. Ensuite, plus largement, tous les entrepreneurs et boutiquiers, qui pouvaient accéder aux nouvelles manières de goût par le seul moyen de l'argent, le sucre devenant un « niveleur social » [*Idem*, p. 117]. Puis, au XIXe siècle, le peuple laborieux des villes, insuffisamment nourri pour un travail épuisant, et n'ayant guère de temps à consacrer à la cuisine. Le sucre apportait des calories sans effort, et ouvrait de plus sur un univers ludique et libérateur pour l'individu. Annonçant enfin ce qui allait faire sa force irrésistible (et dévastatrice), au cœur de l'hypermodernité. Car le sucre concentre le « plus petit commun dénominateur » [*Idem*, p. 218] du goût acceptable par tout un chacun, instrument majeur de la standardisation des repères alimentaires, rencontrant chez les mangeurs modernes une demande potentiellement infinie. Non seulement le plaisir de la douceur en lui-même, mais celui de la douceur apaisante face aux agressions sociales, au stress, à la fatigue mentale. Et surtout, le désir secret d'être délivré des calculs devenus si compliqués, de se laisser aller au geste alimentaire le plus simple et immédiat. En un mot de se libérer des carcans et contraintes alimentaires, pour vivre de façon fluide dans un monde sans aspérités, une modernité légère et liquide [Bauman, 2004], un monde enfantin et enchanté.

Le modèle alimentaire anglais fondé sur le sucre s'est retrouvé en consonance parfaite avec les aspirations de l'individu autonome de nos sociétés d'aujourd'hui, individu qui rêve de se libérer encore et encore et de briser ce qui lui reste de chaînes. Ce n'est donc pas par hasard qu'il ait été transmis aux États-Unis (alors que d'autres traditions alimentaires d'immigrants étaient combattues), qui se veulent désormais en pointe dans ce combat de l'émancipation individuelle (et encore plus surconsommateurs de sucre qu'en Angleterre). Ce n'est pas un hasard non plus que ce soit justement dans ces deux pays que la propension à l'obésité soit aujourd'hui la plus forte.

La farine et la femme

Le sucre bien sûr n'est pas seul en cause dans la propension à l'obésité. Et, comme son histoire le montre, il n'est pas un facteur isolé mais s'inscrit dans un environnement éthique, économique et relationnel. Il en va de même pour cette autre histoire géopolitique, celle qui lia la farine à la femme. Elle est racontée dans le détail par Christian Boudan [2004] ; je me contenterai ici de la résumer brièvement (et très librement).

Son début peut se situer dans la guerre culinaire qui s'amorce, à la fin du Moyen Âge, entre l'Angleterre et la France. Alors que les deux pays étaient liés dans un fonds commun, héritier de la cuisine orientale, la rupture s'opère en France, parallèllement à la révolution des manières de table, au vaste processus de distinction sociale analysé par Norbert Elias. Les cuisiniers de la Cour, qui jusque-là ne se différenciaient guère des autres cuisines savantes européennes (espagnole, italienne ou portugaise), inventent des raffinements et multiplient les artifices et sophistications. Et surtout, ils créent un langage pour en parler [Poulain, 2002a], confit de préciosités. La cuisine devient un art et un spectacle, qui se dit autant qu'elle se mange. Les Anglais apparaissent débordés (de grands cuisiniers français s'installent à Londres). Leur contre-attaque, masquée sous une apparente discrétion, va en réalité s'avérer redoutable, et planétaire. Non pas sur le terrain de la grande cuisine, mais à partir des fourneaux ordinaires.

Dans un premier temps sans doute n'existe qu'une certaine vexation des chefs anglais, sur la défensive, critiquant le maniérisme et les complications françaises, et prônant au contraire la simplicité, à partir d'ingrédients élémentaires, d'emploi commode (sucre et bientôt beurre puis farine). Alors que l'édition gastronomique connaît ses premiers succès outre-Manche, les cuisiniers anglais doivent plus modestement se rabattre sur des ouvrages pour dames, adressés aux ménagères des classes moyennes. C'est dans ce contexte qu'ils mettent au point une nouvelle sauce, à base de beurre fondu et de farine bouillie, réalisable en quelques minutes et à la portée de toutes les cuisinières. Elle va s'imposer avec une telle rapidité et amplitude qu'une chroniqueuse de l'époque, forçant à peine le trait, la qualifiera d'« unique sauce d'Angleterre [1] ». Car elle avait rencontré des conditions sociales qui favorisaient son essor. Matérielles : les nouveaux fourneaux à charbon, alors que les Français en étaient encore aux interminables mijotages sur les braises. Et surtout morales. De même que le sucre, la sauce blanche entrait en consonance avec l'imaginaire et la morale puritaines. « Comment ne pas voir dans ces sauces blanches opposées au coulis luxueux la manifestation d'un idéal de simplicité naturelle et de réserve ? » [Boudan, 2004, p. 381]. Et il en allait de même de la cuisson rapide : la table, guettée par la débauche des plaisirs, ne méritait pas qu'un temps exagéré lui soit consacré. Troisième condition, mais non la moindre : l'émancipation féminine. L'éthique protestante n'est pas seulement propice à l'essor du capitalisme ; elle crée aussi des conditions plus favorables à l'égalité entre les sexes. Les Anglaises s'emparèrent de la sauce blanche comme d'un instrument de libération. À défaut d'autres moyens, elles imposaient leur émancipation par une cuisine vite expédiée. Sans provoquer trop de conflits chez les mangeurs familiaux. Car ceux-ci découvraient que cette cuisine simplifiée leur permettait d'autonomiser leurs pratiques, cette nouvelle grande aspiration

---

1. « "L'unique sauce d'Angleterre", comme l'appellent les étrangers », Éliza Acton, *Modern Cookery for Private Families,* Londres, 1845, citée par Christian Boudan, 2004.

des individus. Le meilleur exemple est donné par la généralisation des *cakes* au XIXᵉ siècle. Rapidement faits (avant que n'advienne leur production industrielle), ils pouvaient également être pris à la main par le mangeur, à son heure et à sa guise. « Les gâteaux à base de beurre, de sucre et de farine prennent alors une part importante du régime alimentaire anglais » [*Idem,* p. 387].

Un véritable modèle alimentaire avait été inventé, « par la base et non par le haut » [*Idem,* p. 388], si puissant qu'il traversa l'Atlantique et s'imposa aux États-Unis. Sucre, farine et rapidité. Il devait y rencontrer à nouveau les femmes, pour un nouveau rebondissement de cette histoire. Dans la première partie du XXᵉ siècle, alors qu'en Europe se développait (dans l'entre-deux guerres) un mouvement de repli des femmes sur leur rôle traditionnel, les américaines se portaient à la pointe du combat pour la modernité [Cott, 1992]. À défaut de pouvoir s'émanciper du foyer, elles pensaient que ce dernier devait être équipé des technologies de pointe et conduit de façon rationnelle à partir des dernières informations scientifiques. Des instituts d'économie domestique furent créés, en lien avec les industries agro-alimentaires naissantes Les conséquences furent triples. D'abord un nouveau degré dans le discrédit jeté sur l'art culinaire et les plaisirs de la table, au nom d'une éthique de simplicité rapide, fondée sur la seule chimie des aliments. Ensuite, une réduction de la diversité, une standardisation à partir d'ingrédients basiques. Enfin, conséquence logique, l'apparition de nouveaux appareils (comme l'ouvre-boîte) et produits, annonçant l'ère du prêt-à-manger et du *fast-food*. La macdonaldisation du monde a une longue histoire.

« *T'as tout à ta portée* »

Sous nos yeux, un nouveau modèle alimentaire est en train d'élargir son emprise, avec force et rapidité, à l'ensemble de la planète. Il résulte d'une rupture nette avec un passé historique où le mangeur était socialisé par une véritable institution, le repas familial [Herpin, 1988], et se déploie par une marginalisation corrélative de la cuisine domestique. Réorganisant les pratiques à partir d'un nouveau centre, l'individu-consommateur, désormais libéré des contraintes sociales. Certains parlent de « mal-bouffe » et l'associent à un « modèle américain ». Il semble plus pertinent de le qualifier à partir de cette nouvelle donne structurelle, articulée autour du « mangeur-consommateur » [Fischler, 1993a, p. 220]. « Le mangeur moderne est devenu dans une très large mesure un "consommateur pur" » [*Idem*, p. 217]. Bien que les États-Unis, économiquement et culturellement dominants, y impriment puissamment leur marque particulière, le processus est cependant transnational. Il procède de la conjonction de trois forces, au cœur de la modernité avancée : l'émancipation des femmes, qui tentent d'atténuer la surcharge ménagère, l'autonomisation des individus, qui cherchent à se désengager des disciplines commensales, et l'offre grandissante de nouveaux produits et services.

L'erreur à ne pas commettre est de ramener l'interprétation à cette seule offre de produits et services. Car il n'existe pas d'offre sans demande, McDonald's n'explique pas à lui seul la macdonaldisation du monde. Même les moins soumis au modèle, comme Maryse, nous l'expliquent. Elle adore faire la cuisine et prendre son temps pour cela. Il suffit pourtant d'une envie passagère (regarder un film à la télé), pour que son désir s'inverse et qu'elle plonge avec ravissement dans son congélateur. « Quand t'achète des produits congelés, tout est fait. » Cela ne lui arrive pas très souvent. Le plaisir est cependant de ressentir l'existence de ce possible, qui lui permet de jouer des gammes existentielles plus variées. Et les surgelés ne sont qu'un exemple parmi mille nouveaux produits et services. « Maintenant la vie veut que t'as tout à ta portée » (Maryse). La cuisinière (ou le cuisinier) peut se procurer toutes sortes d'appareils et d'aliments qui allègent son travail. Se contentant « au mieux d'assembler, de terminer quand ce n'est pas simplement de réchauffer les plats » [Poulain, 2002a, p. 39]. Et le mangeur lui-même, transformé en consommateur-grignoteur pouvant se passer des services de la cuisinière, a facilement accès à un éventail de plus en plus large de produits « prêts-à-manger », chez lui comme dans l'espace public. Il peut désormais manger partout, dans la rue, au cinéma, en voiture, avec la plus grande facilité. À la seule condition de pouvoir payer, il est environné d'une « abondance à portée de main » [Van Houtte, 1982, p. 43]. Sans parler de l'univers racoleur et omniprésent des images publicitaires et des odeurs commerciales, qui l'incitent à céder à ses envies du moment ; à chaque détour de la ville une tentation s'offre à lui, facile à croquer comme une pomme. Comment résister au désir pour le mangeur, à la facilité pour la cuisinière ? Alors que les discours lèvent haut la bannière de certaines valeurs (en idéalisant par exemple les légumes frais ou le poisson), les pratiques vont exactement en sens inverse : moins de légumes et de fruits frais, plus de produits prêts-à-manger (barres de céréales) ou à préparation rapide [Lehuédé, 2004]. Des aliments (à nouveau à l'opposé du discours) qui s'éloignent toujours davantage de leur forme « naturelle » pour être mis en scène par des techniques de transformation et de packaging. La viande en particulier est « chosifiée », banalisée en aliment standard, loin du meurtre de l'animal [Poulain, 2002a], avant d'être resymbolisée par des stratégies marketing. Le « Big Mac » est une image de marque avant d'être du bœuf ou du blé [Badot, 2002]. Oublié le poulet ou le porc, le mangeur avale de l'imaginaire mexicain ou asiatique. Non seulement le plaisir est à portée de bouche, mais le dépaysement et le rêve aussi. L'irrésistible grignotage promet un bel avenir aux industriels du secteur.

Produits simplifiant le travail de la cuisinière ou répondant aux désir du grignoteur nomade et pressé : tel est le premier aspect du modèle « individuel-consommatoire ». Le second est représenté par l'individualisation des pratiques et la déstructuration des repas. Il s'agit d'un modèle, qui comme tout modèle schématise une réalité plus complexe. Les grignotages individuels sont anciens dans certaines cultures notamment en Asie [Sabban, 1993 ; Poulain, 2002a], et les repas ne sont pas autant déstructurés qu'on le dit, nous verrons cela plus loin. Mais il est vrai que quantitativement, dans l'ensemble du monde, les pratiques individuelles de consommation alimentaire (et les repas pris à l'extérieur du domicile) ne cessent de se développer au détriment des pratiques familiales. Dans nombre de pays d'Europe, le petit-déjeuner tend à être pris de façon désynchronisée par les différents membres de la famille, avec des aliments spécifiques à chacun. Et le déjeuner, à l'extérieur du domicile, seul ou en compagnie non familiale (le dîner par contre ainsi que les repas du week-end sont toujours l'occasion d'une mobilisation domestique). Le cœur de la révolution individualiste cependant se situe ailleurs, dans ce qu'on pourrait appeler la nouvelle culture du frigo.

La culture du frigo

Autrefois, la famille était régulièrement réunie autour de la table pour ses repas. Qui ne pouvaient être que parce que la femme, armée de ses casseroles et arrimée à son fourneau, s'était donnée corps et âme pour réaliser cette œuvre ménagère. Aujourd'hui, un appareil a complètement changé la donne, le réfrigérateur, communément appelé « frigo ». Après s'être borné à une fonction d'aide à la cuisinière en permettant un meilleur stockage des aliments, il opéra, par le mouvement croisé de l'émancipation féminine et de l'offre de produits prêts-à-manger (desserts individualisés notamment), un glissement spectaculaire bien que discret. Il se positionne désormais au centre de l'organisation alimentaire domestique (à la place du fourneau). Selon leurs envies et leurs rythmes, les mangeurs individuels (au vu de tous ou en secret), ouvrent la porte du réfrigérateur et se servent directement. Le grignotage est devenu aussi aisé (et tentant) chez soi que dans l'espace public.

D'autres appareils ont accéléré la simplification de la cuisine et l'individualisation des pratiques alimentaires, le couple congélateur-micro-ondes notamment. Mais le réfrigérateur est porteur d'une radicalité plus extrême. À un premier degré de son usage individuel, il reste associé à la table du repas familial, voire à un reliquat du rôle traditionnel de la cuisinière, devenue prestataire de services et médiatrice entre la table et le frigo. Dans sa belle enquête sur les repas, Karim Gacem [1997] donne l'exemple de la famille Pécheur.

Pascale, la mère, craint d'imposer sa cuisine à ses enfants, sans respect pour leurs désirs. Qu'elle fait donc passer au premier plan, au risque d'abandonner toute idée éducative concernant l'alimentation. Simon, son fils, ne s'est pas fait prier pour assimiler cette éthique. « C'est idiot d'obliger à manger s'il y a un truc qu'on n'aime pas. Si on n'aime pas on ne va pas le manger puisqu'on n'aime pas. C'est notre goût » [p. 81]. Ainsi, pour le dessert, chacun se sert directement dans le réfrigérateur. Pascale a toutefois préparé (rapidement) un plat principal (souvent à base de surgelés) dans une optique de consommation commune. Mais dès que des réserves s'expriment, elle se lève et ouvre le réfrigérateur, annonçant la liste des alternatives possibles, généralement basées sur des aliments prêts-à-manger.

Le second degré fait totalement disparaître le repas, le rôle de la cuisinière, et très souvent la table elle-même, réduite à n'être qu'un éphémère support du tartinage ou du grignotage. Le mangeur s'assied à la va-vite, se confectionne un plateau-repas individuel, où même reste debout près du frigo. Y compris parfois à l'heure de ce qui aurait pu être un repas familial, comme pour le mari de Maïté. « Quand il rentre manger le midi, il va jamais s'asseoir pour manger. Il va prendre un morceau de pain, du jambon, du pâté, mais il ne s'assoit pas manger. Donc c'est pas la peine de préparer ; c'est notre mode de vie. » Maïté se contente de veiller au stockage. « Je m'arrange pour avoir dans le frigidaire de la nourriture qu'on puisse faire chacun son tour. » Dans une version apparemment moins radicale de l'usage individualisé du réfrigérateur, le stockage est plus diversifié, mélangeant aliments prévus pour un usage personnel et aliments prévus pour un usage collectif. Mais en réalité rien n'est clairement défini, ni surtout prédéfini à l'avance. Les yaourts individuels peuvent être mangés ensemble, la famille entière réunie autour de la table, cependant que le mangeur solitaire peut picorer dans le reste de paella. Le frigo se fait encore plus radicalement déstructurant par cette indéfinition. Car en laissant ouverts tous les possibles et en entremêlant les registres d'action (individuelle ou collective), il brise les disciplines instituées. Grâce à lui le mangeur-consommateur se fait roi.

Le réfrigérateur est l'organisateur matériel de l'autonomie personnelle au domicile. Le processus ne prend corps toutefois que parce que les individus souhaitent eux-mêmes s'individualiser, ou sont contraints de le faire par le rythmes des activités qui les séparent. Pour Maïté, le repas n'est guère plus familial le soir que le midi (au mieux un plat de pâtes). « Le soir c'est échelonné. Parce qu'on est jamais ensemble. C'est souvent des sandwichs. Ils se préparent à manger tout seuls. Quand j'arrive, je mange ce qu'il y a. Si je suis là, je fais quelque chose vite fait, des pâtes… Je me lance pas dans la grande cuisine. » Le travail et autres contraintes de l'existence sont souvent une explication commode. Dans son cas, l'essentiel de la désynchronisation vient en effet d'activités choisies, notamment le sport pour son fils. D'une façon générale, les enfants représentent d'ailleurs la force centrifuge la plus grande, travaillés très jeunes dans le sens de l'autonomie, tant par l'attirance de certains produits alimentaires que par la hantise de la discipline collective du repas (où ils n'apprécient pas toujours d'être placés au centre de la conversation, surtout au retour de l'école). Le plateau-télé (petite table nomade et individualisée) devient alors l'objet d'infinies négociations et compromis. La cuisinière peut même y déposer une portion du plat familial qu'elle a amoureusement préparé, maintenant un lien par la cuisine alors qu'elle y renonce pour le repas. Là encore rien n'est plus imposé ni défini d'avance. L'individuel et le collectif s'ajustent de façon permanente. Amandine refuse de s'abandonner totalement au frigo. Elle s'est battue longtemps et très durement contre son fils aîné avant de céder. La déroute est hélas maintenant complète en ce qui le concerne. « S'il veut pas manger ça, il va voir dans le frigidaire et puis c'est tout. » Il a sa petite table séparée, face à la télé, où il consomme immuablement ses aliments fétiches. « C'est toujours les mêmes choses qui reviennent, en fait ça va être très peu de choses différentes, ça va être du poisson pané, le hamburger, les pizzas et les frites. Avec toujours, à chaque fois, de la mayonnaise. » Pour le couple par contre, elle résiste et défend le repas commun malgré les difficultés. Car son mari, au gré de l'air du temps, se lance dans de soudaines lubies nutritionnelles, qu'elle ne veut pas suivre. Chacun ses idées personnelles. Chacun ses idées, mais elle est la seule aux fourneaux, femme-orchestre d'une triple cuisine (pour elle et sa fille, pour son fils, et pour son mari). Après une période Weight-Watcher, celui-ci vient de découvrir les vertus du régime crétois. « Mon mari depuis quelques temps, il s'intéresse beaucoup au régime crétois. C'est nouveau, ça va pas durer. C'est à base d'huile d'olive, poisson, beaucoup de légumes, et normalement des escargots. Faut qu'ils soient frais. Bon ben, je vais peut-être pas aller ramasser des escargots quand même ! Pour moi et ma fille, si je vais préparer un gratin de pommes de terres, il va dire : ah pas pour moi ! Je vais lui préparer ses légumes verts du régime crétois. Mais il va piquer dans le gratin de pommes de terre. »

L'individu light

Le modèle alimentaire de l'individu-consommateur, picorant selon ses goûts, chez lui comme au dehors, ne produit pas que de la déstructuration des liens familiaux ou des dérives nutritionnelles. Car la contrepartie, qui explique le succès de son essor, est qu'il procure aussi de la liberté. Il résulte d'ailleurs précisément du développement de cette liberté individuelle. Le mangeur autonome se désengage des carcans et des rythmes qui le contraignent, s'échappe des hiérarchies et des codifications. Retrouvant une sorte d'état de nature face à son frigo ou au cœur de la grande ville. « Dans la "jungle" de la ville, on "cueille" sa portion de frites, son croissant, sa confiserie. Avec la restauration nomade, on mange debout, assis, couché, en mouvement. On croque, grignote, avale, suce ou mange avec les doigts » [Corbeau, 1989, p. 741]. Le mangeur autonome est mobile et pressé [Desjeux, 2002], comme s'il avait peur d'être à nouveau pris après s'être dégagé des anciennes disciplines. Il illustre parfaitement le caractère fluide de la modernité [Bauman, 2004].

Ceci vu de l'extérieur. Car dans l'imaginaire secret du mangeur lui-même, plus encore que la rapidité ou la mobilité, la sensation profonde est celle d'une indéfinissable légèreté, celle qui est fournie justement par la sortie des disciplines écrasantes, en forme d'envol identitaire : la légèreté a le parfum de la jeunesse et de la liberté. Il peut sembler paradoxal de se sentir léger en s'alourdissant de nourriture, voire en mangeant trop. Il ne s'agit en effet aucunement d'une légèreté physique, mais d'une perception existentielle. Que l'on retrouve chez les célibataires (à la fois cuisiniers et mangeurs) ne s'embarrassant pas de préparer longuement leur repas. « Petites courses pour petite dînette : fruits, yaourt, jambon, fromage, thé » (Joanna [1]). Ou chez les cuisinières mères de famille trouvant le moyen d'alléger la charge ménagère. « Le soir, en fin de journée comme ça, je n'ai pas du tout envie de faire la cuisine. Trouver des idées, tout ça, raz le bol de faire les courses ! » (Melba).

La légèreté existentielle de l'individu délié des contraintes domestiques et culinaires débouche sur des trajectoires alimentaires très contrastées. Souvent – le paradoxe n'est qu'apparent – elle enfonce pâteusement le mangeur dans la boulimie ou le surpoids. Mais il arrive aussi qu'elle croise des processus sociaux qui poussent au contraire les individus à s'engager vers une légèreté concrète et physique, toujours plus intensément aérienne. La synergie ainsi produite les entraîne alors, avec force, pour le meilleur ou pour le pire. Le premier de ces processus est le modèle esthétique faisant référence dans nos sociétés occidentales, fondé sur la minceur, la dictature de la beauté sylphide qui s'est imposé depuis quelques décennies [Vigarello, 2004]. Les *top model*, bien qu'elles soient « inaccessibles, aussi palpables que l'horizon » [Tonnac, 2005, p. 121], n'en sont encore que des concrétisations imparfaites. Car dans l'idéal, le modèle sublime le corps réel, efface les fesses ou les hanches, transcende toutes les lourdeurs ordinaires, pour tenter d'atteindre une virtualité abstraite, éthérée, androgyne [Hubert, 2004]. Il est hors des contingences humaines, au-delà, divin. Renouant avec l'extase des saintes mystiques, qui tentaient par le jeûne de se détacher de leur corps pour mieux s'unir à Dieu [Maître, 2000]. Le second processus s'articule autour de la visée moderne de maîtrise de soi, et de gestion efficace de son exis-

---

1. J.-C. Kaufmann, 1999, p. 91.

tence [Gaulejac, 2005]. Il donne à l'individu l'illusion de sa force subjective, par son pouvoir de décider d'objectifs de vie, y compris pour ce qui touche de plus près à son être biologique. Les régimes alimentaires procurent indéniablement cette griserie jubilatoire de la maîtrise de soi. L'individu se rêve libre sculpteur de son corps allégé par la seule force de sa volonté, de sa raison et de son autodiscipline [Tonnac, 2005]. C'est ainsi qu'il peut construire le piège qui l'enferme, en devenant prisonnier du cadre de pratiques qui, bien qu'il l'ait lui-même institué, irrésistiblement l'entraîne étape par étape vers l'anorexie [Darmon, 2003]. La légèreté absolue ne confine à rien d'autre qu'à la mort.

De même que le modèle de minceur est fondamentalement une abstraction impossible à atteindre, la maîtrise rationnelle de soi est une illusion. Pourquoi des mangeurs parviennent-ils effectivement (au moins pour un temps) à rompre avec leurs anciennes habitudes alimentaires, à maigrir ou changer ce qu'ils consomment ? Non pas simplement parce qu'ils le décident, mais parce qu'ils trouvent de nouvelles structures définissant une discipline de vie. Une étape essentielle dans la « carrière » de l'anorexique est par exemple la mise au point et le respect presque tatillon de techniques de réglage du quotidien et de contrôle de soi (pesée, calcul de calories, etc.) [Idem]. Le mangeur est sorti d'un ancien système d'habitudes et en a construit un nouveau. Sa capacité subjective et sa volonté ont été essentielles pour effectuer cette transition. Mais elles se retirent ensuite derrière le système du quotidien qui a été mis en place. C'est pourquoi l'individu peut être entraîné vers des dérives qu'il ne perçoit plus, jusqu'à la mort. Parce qu'il ne gouverne pas quotidiennement ses pratiques par sa raison.

À l'origine des très graves désordres alimentaires qui se développent massivement dans l'ensemble des pays développés, se trouve d'abord une question théorique, intéressant particulièrement les sciences humaines. Des paradoxes criants auraient déjà du permettre de la mettre en évidence de façon plus nette. Notamment celui-ci : c'est dans les pays qui ont le plus développé une information nutritionnelle que la crise est aujourd'hui la plus aiguë. Principalement aux

États-Unis, pays qui plus que tout autre a cherché à réformer scientifiquement les comportements alimentaires depuis près de deux siècles [Fischler, 2003]. Est-ce à dire que la science n'est pas fiable et qu'elle ne profère que des contrevérités ? Non, même si les vérités provisoires sont trop souvent érigées en dogmes et que beaucoup d'erreurs ont été commises par le passé, le problème est ailleurs, d'ordre fondamentalement théorique : dans la conception que nous nous faisons de ce qu'est un individu et de comment il fonctionne. Depuis plusieurs siècles, un modèle de représentation s'est imposé, à la base du développement de l'économie capitaliste et de la politique démocratique : celui de l'individu maîtrisant rationnellement ses choix d'existence. Il est un pur cerveau. La réflexivité rationnelle étant historiquement grandissante, le modèle se trouve confirmé en tant que modèle. Le problème est qu'un individu concret n'est pas un modèle. Il ne peut être réduit à son seul cerveau, notamment dans le domaine alimentaire. Pire, dans la pratique ordinaire, les séquences de rationalité ouverte sont quantitativement très faibles comparées à l'omniprésence de la mémoire infraconsciente, à l'influence des représentations magiques, au jeu des sensations, et à la force du contexte sur lesquels nous nous reposons pour guider nos conduites [Kaufmann, 2001]. L'erreur est de croire que l'individu seul, coupé de l'histoire qui est en lui et du cadre qui fait qu'il est ce qu'il est, peut, s'il est bien informé, se changer par sa seule volonté. Non seulement cette idée échoue, mais elle décroche encore davantage le mangeur de ce qui jusque-là régulait son action. Il devient encore plus sujet à des emportements, qui peuvent l'entraîner dans toutes sortes de dérives incontrôlables, jusqu'aux extrêmes de l'ultra-maigreur ou du surpoids mortifères.

Le retournement historique

L'anorexie tue moins de personnes que le surpoids ; le plus grave de la crise est ici. Une véritable épidémie d'obésité s'est déclarée. Les mangeurs gonflent à travers la planète. Même les nations qui accèdent depuis peu à l'opulence, comme la Chine, découvrent cet apparent paradis par l'enfer des corps qui enflent, notamment chez les enfants. La première raison a été signalée : l'individualisation et la rationalisation naïve des comportements. Mais ses effets n'auraient pas été tels si elle n'avait rencontré un autre facteur, qui explique l'ampleur de l'épidémie. Car, au moment où le mangeur dérégulé se trouvait dangereusement livré à lui-même, un événement considérable se produisait : le retournement historique du rapport à l'alimentation, le passage assez soudain d'une problématique de la rareté à une problématique de la surabondance.

Commençons par un mot de biologie. L'homme porte en lui une très longue histoire. Son corps notamment est, dans son fonctionnement, héritier d'un lointain passé, remontant à l'animal. L'appareil gustatif et digestif est inchangé depuis les débuts de l'humanité, l'individu moderne reste un primate omnivore attiré par les graisses et les sucres. Car, la nourriture étant rare et surtout irrégulière, il était essentiel de pouvoir stocker des réserves graisseuses en prévision des périodes de disette. Ce principe du stockage des graisses se trouve aujourd'hui confronté à la surabondance permanente. Il y a divergence et opposition entre le biologique et le social. Ceci après des siècles et des siècles de civilisation où, pour la masse de la population, le rapport à la rareté et le risque de manque ont perduré. Incitant, sinon au stockage graisseux corporel, du moins à privilégier une alimentation nourrissante et « tenant au corps », particulièrement dans les milieux les plus modestes, menacés de pénurie ou ayant encore douloureusement en tête le souvenir de cette menace [Bourdieu, 1979]. « Ce n'est pas par goinfrerie qu'ils mangent beaucoup de viande ou de beurre, c'est par peur d'en manquer un jour, comme cela leur est déjà arrivé » [Pétonnet, 1968]. Habitante d'un quartier très défavorisé de l'île de la Réunion, Clarisse a enfermé à clé sa réserve de riz, dans un buffet, près de son lit. Le trésor est trop précieux. Elle ne peut oublier la période, pas si lointaine, où il n'y avait plus un grain de riz dans la maison [Wolff, 1991]. Trop de manques et trop de peur de manquer préparent mal à un revirement de la situation, une amélioration même modeste. « De fait, dès qu'ils disposent d'un peu d'argent, les enfants s'achètent glaces, boissons, gâteaux, bonbons, aussi bien que conserves de sardines ou de pâté, qu'ils dévorent, à même la boîte, avec une gloutonnerie à la mesure de leur frustration » [*Idem*, p. 71]. La transition est très délicate à gérer, car rares sont ceux qui pensent que l'abondance pourrait être aussi problématique que la rareté.

Plus brutale pour les anciens pauvres, la transition est délicate sinon douloureuse pour tous. Nous entrons en effet dans la civilisation aguicheuse du « tout à portée de main », équipés de notre propension atavique au stockage, cependant que, nouvelle circonstance aggravante, nos modes de vie plus sédentaires et bureaucratiques, dans des univers chauffés et motorisés, nécessitent moins de dépenses caloriques. D'où cette situation radicalement nouvelle : dans un monde de gourmandises et de plaisirs qui ne demandent qu'à s'offrir (moyennant finances), le mangeur doit apprendre à dire non, non, et non encore. « Le problème central est devenu celui de la régulation de l'appétit individuel devant des ressources quasi illimitées » [Fischler, 1993a, p. 390]. Le mangeur doit engager un tout nouveau combat, contre lui-même, contre ce qu'il y de plus tentant en lui-même, la promesse du plaisir, qu'il se doit de se refuser. Il se forge pour cela une carapace éthique, en durcissant des « lignes morales » [Coveney, 2000] qui structurent au plus profond de lui une autodiscipline [Mennel, 1985]. Et dans l'ordinaire de l'alimentation, surtout depuis les années 1980, il renverse son système de valeurs et tente de remplacer le « nourrissant » par l'« équilibré » voire le « léger » [Fischler, 1993a ; Poulain, 1998]. *Small is beautyfull.*

Le calvaire des gros

« Les sociétés modernes sont devenues "lipophobes" : elles haïssent la graisse » [Fischler, 1993a, p. 309]. Celui qui sait s'adapter à l'époque nouvelle attire le respect et l'admiration ; celui qui s'éloigne du modèle de minceur accroche le regard. Et s'il ne respecte pas l'alimentation *light,* provoque le soupçon. Les gros doivent désormais rendre des comptes.

Les regards qui s'accrochent à leur silhouette (à mesure que les kilos s'accumulent), leur disent qu'ils contreviennent à un code secret. Officiellement, la société proclame que la liberté individuelle est totale : chacun fait ce qu'il veut. Par les regards qui se fixent à tout dépassement des codes, elle tient pourtant un autre langage : chacun fait ce qu'il veut certes, mais plus il se rapproche du modèle, plus la vie se fera pour lui agréable et prometteuse. Y compris dans le domaine professionnel où, malgré les interdits légaux et les affirmations contraires, les portes s'ouvrent plus et mieux aux individus légers. En conséquence, chacun constatant que le combat alimentaire contre lui-même est payant, et que le non respect du modèle se monnaye socialement très cher, aura tendance à faire quelques efforts, voire à se lancer dans un régime. Sans le savoir, il participera par cette tactique personnelle à un mécanisme collectif, en renforçant encore l'emprise globale du modèle, et en stigmatisant davantage ceux qui continuent à accrocher péjorativement les regards.

Mais tout ceci n'est rien comparé aux idées qui s'agitent sans le dire derrière les regards accrochés, porteurs d'une redoutable accusation silencieuse : la non maîtrise de soi, à l'époque où elle est devenue une valeur cruciale. Le gros est celui qui ne sait pas se contrôler, ne résistant pas au plaisir (péché véniel) et surtout (péché capital), incapable de volonté rationnelle. Le régime alimentaire dès ses origines fut intrinsèquement lié à l'idée de rationalité. Étymologiquement, il est un art de se diriger, par le moyen de la raison (d'où le terme « ration » pour désigner les doses caloriques). Le gros, outre qu'il succombe à la facilité, est de plus coupable de faute contre l'intelligence de l'esprit. Face à la nouvelle donne du retournement historique, condamnant chacun à construire des lignes morales structurant son auto-discipline, il est soupçonné de n'avoir rien compris et de continuer à manger comme avant.

Or, à nouveau, l'erreur est de croire que l'individu puisse être pure rationalité. De même qu'existent des trajectoires biographiques d'anorexie [Darmon, 2003], existent des trajectoires biographiques d'obésité, plus lourdes encore de déterminations sociales et souvent biologiques [Waysfeld, 2003]. Certains naissent gros, ou le deviennent très vite, avant même d'avoir formé leur subjectivité autonome. Et beaucoup d'autres sont pris dans un faisceau de forces qui dépassent largement leur volonté (prédisposition biologique à stocker les graisses, système d'habitudes incorporées, contexte relationnel, etc.), sans parler du processus mondial de dérégulation alimentaire. « Le corps du gros lui échappe » [Duret, Roussel, 2003, p. 67], il est un étranger extérieur à lui-même, pris dans un système complexe et héritier d'une histoire, sur lequel il a bien peu de prise malgré ses efforts. La vie devient un calvaire de souffrance face à cette extériorité dans sa propre chair, un calvaire de frustrations souvent vaines, car « le contrôle de l'appétit incarne un idéal inaccessible » [*Idem*]. Et, pire encore, de culpabilité quand le gros lui-même finit par intérioriser ce que lui disent les regards silencieux. « L'obèse se vit comme *coupable* alors qu'il est avant tout *victime* » [Waysfeld, 2003, p. 55, souligné par l'auteur].

La stigmatisation atteint des sommets quand le mangeur cumule les handicaps : gros et pauvre à la fois. J'ai dit pourquoi les populations modestes étaient moins bien protégées contre les effets ravageurs du retournement historique, qui en ce qui les concerne est encore plus brutal. À cela s'ajoute un usage de l'alimentation comme antidote à la perte d'estime de soi : manger pour se rassurer et se remplir dans une existence qui se vide et s'effondre. Le mécanisme compensatoire (alimentation lourde, alcool et cigarettes) est particulièrement net lors d'une perte d'emploi [Cingolani, 2005]. Ces conditions sociales de l'obésité sont bien entendu ignorées par le passant qui a le regard accroché. Et l'accusation de non maîtrise de soi et de faute contre la raison alimentaire est encore plus forte quand le gros est de surcroît un pauvre. Jamais la violence inégalitaire n'a été autant fondée sur le physique que dans notre société, la beauté comme la minceur devenant des discriminants sociaux. Si l'on ajoute que les techniques d'intervention sur le corps se font toujours plus sophistiquées et onéreuses, on comprend que le fossé se creuse entre ceux qui ont les moyens de se faire biologiquement beaux et ceux dont la disgrâce naturelle marque la position sociale. Être beau et mince représente un luxe qui n'est pas donné à tout le monde. Être gros est encore plus disqualifiant et honteux.

Le vide intérieur

L'histoire retiendra qu'à la fin du deuxième millénaire, dans un monde de surabondance, le mangeur individuel fut livré à lui-même ; grisé par sa liberté et incapable de résister à la prise de poids. L'histoire retiendra aussi qu'à la même époque, l'individu s'émancipa dans bien d'autres domaines, revendiquant de se constituer en sujet autonome [Kaufmann, 2004]. Découvrant là aussi la griserie de la liberté, mais aussi la face noire du même processus, le « mal de l'infini » [Durkheim, 1912], la « fatigue d'être soi » [Ehrenberg, 1 998], le besoin éperdu de reconnaissance [Todorov, 2003]. Car, à mesure que s'élargissent les espaces du possible, se brisent les certitudes qui fondaient le soi. Le regard critique sur sa propre vie ouvre des failles intérieures et menace d'affaiblir l'énergie de l'action. Les sensations d'affaissement du corps et de vide intérieur résultent de cette vaste dynamique sociale qui emporte malgré eux les individus. Il faut, d'une manière ou d'une autre, redonner de l'allant et remplir les vides. C'est le principe des addictions, béquilles existentielles de l'individu moderne [Ehrenberg, 1998 ; Valleur, Matysiak, 2002]. Parmi les plus connues, les drogues ou l'alcool sont typiques d'une modalité reconstituant l'individu par un mouvement qui l'emporte ; il se sent d'une certaine manière davantage lui-même en s'échappant de sa vie. D'autres mécanismes addictifs sont beaucoup plus tranquilles et fonctionnent par simple remplissage pour tenter de combler le vide intérieur. Ils utilisent curieusement une sorte de glissement analogique. Manger consiste à répondre à un manque très concret et permet de le combler, un manque ressenti en forme de vide, qui « creuse » l'estomac (avoir un « petit creux »). Clémentine, qui pourtant mange peu, ressent un étrange plaisir lors de festins familiaux, quand la satiété confine à la plénitude : « T'es remplie ». Comment remplir le creux indéfinissable qui est au cœur des existences d'aujourd'hui ? Le réflexe mmencer par remonter à nouveau dans le passé. e seconde chronique historique, très différente re. Non plus faite d'ordre et de classements. ant dans la fureur, la ferveur et le sang, pour rangement sur l'affection la plus ordinaire et ci donc la tumultueuse histoire des repas.

alimentaire est une tentative magique développée à défaut d'autres réponses, hélas irrémédiablement vouée à l'échec. « On ne pourra jamais me remplir de plaisirs (de reconnaissance) à la manière dont on verse du liquide dans une outre » [Todorov, 2003, p. 80]. Parce que la demande de bonheur et d'amour est infinie, et ne peut jamais être satisfaite comme une simple faim. Et parce que le manque véritable n'était pas la petite faim derrière laquelle il se cachait.

Le recours à l'« aliment-drogue » [Waysfeld, 2003, p. 117] prélude souvent à des compulsions plus graves. D'abord en remplissant l'existence jusqu'à l'obsession. Bernard Waysfeld [p. 60] donne l'exemple d'une patiente, boulimique et obèse, qui se décrit elle-même comme « un estomac sur pattes ». Toute sa vie n'est plus que son seul estomac. Ensuite, en intensifiant jusqu'à l'extrême le réflexe analogique, pour tenter désespérément d'engloutir la souffrance intérieure. « Je sais que ce cri est là, que je vais encore manger pour l'étouffer » [p. 61]. Jusqu'à la mort sociale. « Je peux vivre en autarcie totale entre mon lit, mon canapé et mon frigidaire. J'ai créé un monde parfait, pour mon seul plaisir. Je n'ai plus besoin de sortir. Je suis annihilée, étouffée, anéantie » [*Idem*].

Les trajectoires de boulimiques ne se confondent pas avec celles des obèses dont j'ai parlé plus haut. L'origine des drames qu'ils vivent est beaucoup plus à chercher dans ce vide intérieur creusé par la modernité individualiste et par un dérèglement du rôle joué par l'alimentation dans le rapport à l'existence. D'où cet autre paradoxe (dont la question alimentaire est décidément friande) : les crises de boulimie commencent souvent pendant ou après une période de régime alimentaire sévère. Car, « le régime, surtout s'il est rapide, et vise un changement radical, risque alors, en soi, de donner une dimension existentielle addictive aux conduites alimentaires » [Valleur, Matysiak, 2002, p. 135].

Régimes et régression

Le régime alimentaire, surtout quand il est utilisé comme une technique isolée [Waysfeld, 2003] peut avoir des effets pervers redoutables, en déclenchant des mécanismes addictifs, ou en déstabilisant le mangeur, qui ne parvient plus à reconstituer ses repères à la sortie du régime, et se trouve entraîné dans de brusques variations en yo-yo. La raison en a été donnée. Le régime ne suffit généralement pas, sauf pour une période limitée, à établir à lui seul un cadre de pratiques ; les comportements humains ne se fondent pas sur la pure rationalité. Le régime, instrument incontournable face à l'épidémie d'obésité, est donc à manier avec précaution. Il n'existe pas de solution miracle aux graves problèmes alimentaires de notre époque ; mais certaines choses pourraient être considérablement améliorées. Il est urgent notamment (Claude Fischler et Jean-Pierre Poulain l'ont déjà dit depuis longtemps) de ne pas considérer le mangeur comme un atome isolé, et encore moins comme un atome de rationalité. Cette conception a produit d'incalculables désastres depuis deux siècles, et il est devenu urgent de la réformer.

Le mangeur a besoin d'être entouré et stabilisé dans ses choix. Sa liberté d'ailleurs parfois le fatigue et l'angoisse. Le self-service, qu'il découvrait avec ravissement dans les années 1970 en Europe [Poulain, 2002a], ne représente plus pour lui un véritable idéal. « Tout à portée de main » est une perspective qui peut ouvrir sur un enfer mental. C'est pour le fuir que se développent des comportements régressifs (et parfois vaguement addictifs), fixations répétitives sur quelques aliments fétiches prodiguant une réassurance identitaire. La vie se fait simple comme des frites et du Coca. Ou du jambon pour Maïté. « Chez nous, c'est… du jambon… beaucoup de jambon… beaucoup de jambon. » Protégé par cette réitération, ce redoublement de lui-même par la permanence alimentaire, le mangeur se laisse parfois attirer par une réduction encore plus étroite, autour de sensations primaires combinant l'intensité des stimuli de l'instant (sucré, salé, piquant) et la facilité du travail masticatoire, jusqu'à l'avalage passif et machinal [Badot, 2002]. Ou le faisant évoluer vers des pratiques de type infantile, qui privilégient les aliments liquides et moelleux, coulant tout seuls [Corbeau, 2002]. Il est d'ailleurs frappant de constater qu'en Chine, la révolution des comportements alimentaires (grignotages et boissons sucrées) opère actuellement par les

enfants [Boudan, 2004]. C comme ailleurs) un mouver régressive du mangeur-c portent ce mouvement et l' tive que les adultes, en lie nouveaux produits, sur un dise est pour eux moins un enveloppé de couleurs. C'e gnant traditionnellement l réduisant par un diminutif gner non plus un repas m office de repas [Diasio, produits, les adultes ont en sont entraînés par les enfan de l'enfance, mais vers la n lisation régressive.

L'aplomb tranquille des leur science exacte, contraste taire et la faible visibilité d simples régimes. La mise e attiré l'attention sur le fait qu ne plus considérer le mange d'aller voir ce qui se passe 2003]. Le repas n'est pas é tances la solution unique à peut d'ailleurs entraîner à ch Mais ils apportent à l'évidé vant s'il en était besoin que des contextes où s'inscriven

Ce livre n'a pas pour d dérives alimentaires qui la vise pas à dégager des remé conseils de comportemer comprendre. Comprendre (beaucoup moins bien conr alimentaires ») de la cuisin

il me faut c
Et relater u
de la prem
Mais s'éla
déboucher
paisible. V

2

Les repas : du sacrifice à la communion

Le modèle de l'individu consommateur développe inexorablement son emprise. Il n'est pourtant pas le seul à structurer les pratiques. Une contre-tendance, axée non sur l'individu mais sur le groupe, non sur la rationalité mais sur le sensible et l'identitaire, pousse le mangeur à orienter ses conduites selon des critères radicalement différents. Bien que l'individualisme consommatoire devienne dominant, cette contre-tendance n'est nullement vouée à disparaître. Son étude me paraît essentielle sinon urgente et c'est pourquoi ce livre – sur la cuisine et les repas – lui est principalement consacré.

L'histoire des repas est tellement différente de celle des comportements alimentaires qu'il est préjudiciable des les confondre. Les distinguer permet de comprendre à quel point la façon dont nous mangeons aujourd'hui résulte de deux ordres de facteurs, que souvent tout oppose. Même la façon dont les faits s'enchaînent est dissemblable. Ma première histoire était celle d'un évolutionnisme presque linéaire, passant de la religion à la science pour définir et classer dans le détail le bien et le mal nutritionnels. La seconde, à l'inverse, va nous entraîner dans des rebondissements sans fin, notamment autour du sens que les mangeurs cherchent à donner à la forme sociale dans laquelle ils s'inscrivent. Comme si la société n'arrivait jamais à établir la fonction précise des repas ni surtout à la stabiliser.

La parenté par la bouillie

L'histoire des repas est généralement ignorée. Quand tel n'est pas le cas, elle est amalgamée avec l'évolutionnisme linéaire des comportements alimentaires, justement parce qu'elle est insuffisamment connue. Mais aussi pour une autre raison. Une partie des repas peut effectivement faire penser qu'ils n'ont pas de véritable histoire. Qu'ils sont une chose fonctionnelle toute simple, n'ayant guère changé avec le temps, sauf dans le sens d'une amélioration graduelle. L'image qui vient d'abord est celle des regroupements primitifs, vieux comme le feu, pour se partager le gibier grillé sur la braise. Le feu qui cuit, éclaire et chauffe, et pour des siècles et des siècles va devenir le centre et le symbole du foyer. Une deuxième image vient ensuite. Elle représente les repas ordinaires des milieux ruraux modestes, où la famille se réunissait pour vider le pauvre contenu des écuelles. Dernière image enfin, les tables mieux dressées et les mets plus recherchés des familles bourgeoises, puis au XXᵉ siècle, ouvrières. Ces images en elles-mêmes ne sont pas fausses. Elles correspondent bien à un aspect de la réalité. La soupe en particulier a étonnamment traversé toute l'histoire des campagnes [Thouvenot, 1997]. Elle a un double aspect. Plus élaborée que la simple viande grillée et présupposant une organisation domestique, elle a « civilisé l'homme en le sortant de la barbarie infantilisante de la viande chassée et du lait de troupeau » [Rowley, 1997, p. 14]. La soupe a surtout constitué (avec le pain et diverses bouillies) le principal plat de résistance à la faim, réduit au bouillon clairet chez les plus pauvres ou en période de disette, centre organisateur de « repas » rudimentaires [Shorter, 1984, Lambert, 1998].

La grande et tumultueuse histoire des repas qui va nous intéresser a cependant pris un autre chemin. S'écrivant davantage dans le dialogue avec les dieux et les moments festifs que par l'alimentation ordinaire, plus influencée par les extravagances des classes riches que par le commun des chaumières. Malgré le caractère partial et partiel de son enracinement, c'est pourtant bien elle qui a tracé les contours des repas tels que nous les connaissons aujourd'hui. Le récit commence pourtant par quelque chose qui ressemble à une banale histoire de soupe. Dans toutes les sociétés, depuis toujours, partager le même repas permet de sceller l'amitié et la paix, de forger le lien social. Des anthropologues, notamment William Robertson Smith, en ont tiré l'hypothèse que les premières formes d'affiliation auraient pu être élaborées par l'alimentation partagée. Ce que les Ba-Ila d'Afrique appellent *« a clanship of porridge »,* la « parenté par la bouillie » [Richards, 2003]. Il est vraisemblable que dans les premières sociétés, « l'acte de manger ensemble a acquis une signification de consanguinité » [Makarius, Lévi-Makarius, 1974]. Les formes primordiales de la parenté ne sont pas tombées du ciel mais ont été concrètement fabriquées par l'idée de familiarité se dégageant du partage des repas.

Évidemment, cela ne sautait être nié, la parenté à aussi à voir avec le sexe ; pas de descendance sans copulation. C'est précisément ici que vont poindre les tumultes de cette seconde histoire. Je m'appuierai largement, pour relater ses débuts, sur un livre aujourd'hui ignoré malgré sa subtile pertinence, *L'Origine de l'exogamie et du totémisme,* de Raoul et Laura Lévi-Makarius [1974].

L'inceste alimentaire

À l'origine des sociétés humaines se trouvent les systèmes de parenté structurés autour de l'interdit de l'inceste ; le mariage ne peut avoir lieu avec des parents consanguins. Constat à partir duquel la littérature anthropologique a produit d'impressionnants tableaux synthétisant les règles d'association des sexes dans les différentes cultures, schématisés avec une rigueur presque mathématique. Or la réalité de tous les jours était souvent plus hésitante. Et surtout, les populations étaient confrontées à une contradiction insoluble, surgissant de la fabrication récurrente et discrète de la familiarisation « par la bouillie » : l'idée d'un tabou tout aussi inacceptable que l'inceste copulatoire, l'inceste par le partage du repas. La préoccupation était donc double : « séparer les consanguins en vue d'empêcher leur mariage », et « distribuer la nourriture de sorte que

ceux qui s'unissent sexuellement ne partagent pas la même
alimentation » [Makarius, Lévi-Makarius, 1974, p. 68]. La
première préoccupation, théorique et abstraite, reposait sur
un principe « passif, négatif, en un sens inerte », mais stable
et s'installant dans la durée. La seconde au contraire fut au
début très « active, positive, dynamique », œuvrant
« inlassablement, avec une vigueur incroyable et un soin
minutieux », en se répétant tous les jours [p. 77].

Le deux principes étant quasi contradictoires, les essais
d'articulation pratique entraînèrent dans des complications
inouïes. Raoul et Laura Lévi-Makarius décrivent dans le détail
le foisonnement des théories souvent étonnantes qui furent
imaginées par les peuples de la planète. En général centrées
sur l'idée d'un principe de division, pour éviter que ne se
forme la « communion alimentaire » incestueuse [p. 69]. Les
plus simplistes tentèrent de séparer radicalement les hommes
et les femmes, chaque sexe pourvoyant de façon indépendante à sa nourriture sur des territoires distincts. Essais qui
en restèrent souvent à l'état d'esquisses (nous léguant le
mythe des Amazones), car il était bien difficile de combiner
cette séparation radicale avec les unions procréatrices. La
distinction du sol ne pouvait résoudre à elle seule le
problème. L'idée d'une division des territoires était inte-
nable. Il en resta tout au plus des postures contrastées entre
les sexes pour prendre les repas (encore aujourd'hui dans
certaines sociétés, les femmes mangent légèrement à l'écart).
L'éventuelle solution ne pouvait venir que d'un classement
des aliments. À défaut de ne pouvoir manger dans des lieux
séparés, l'idée était de ne pas manger la même chose. Les
indiens Winnebago avaient déjà progressé dans cette voie,
divisant leurs villages en deux, entre « ceux d'en haut »
mangeant les oiseaux, et « ceux d'en bas » les animaux aqua-
tiques et terrestres. Deux cosmogonies et deux modes
alimentaires dans un même village. Les tentatives organisa-
tionnelles qui se focalisèrent sur le classement séparé des
aliments échouèrent aussi. Il était impossible de les mettre en
œuvre concrètement de façon durable, et elles se révélaient
antifonctionnelles et antiéconomiques. Les petits arrangements avec les théories officielles se multiplièrent, sapant les

principes organisateurs. Et ouvrant progressivement la voie à la seule exogamie sexuelle pour structurer la parenté.

Frayeurs et magie

Cette évolution avait été rendue possible par la découverte d'une astuce intellectuelle, la symbolisation totémique. Grâce à quoi un aliment particulier, classé dans une catégorie plus large « absorbe en lui le tabou qui investit les aliments prohibés » [p. 177], libérant ainsi la possibilité concrète de les manger sans enfreindre le tabou. Cette astuce ne put apparaître que parce que la complexité contradictoire des deux principes exogamiques avait déclenché un gigantesque processus d'imagination créatrice. L'intelligence et la culture humaines sont sans doute nées du fait qu'existaient des contradictions sociales insolubles [Kaufmann, 2001]. Les hommes étaient condamnés à réfléchir. Ils le firent d'une façon qui n'avait rien de froidement rationnelle. La découverte de la symbolisation des interdits alimentaires s'est produite par sauts, dans l'exaltation et la terreur [1]. Il a fallu des illuminés, violeurs de tabous, pour que les tabous se déplacent et se réduisent à quelques aliments moins nombreux. Et d'autres encore pour oser manger certaines parties du tabou lui-même. Les Oraons du clan Paddy par exemple, qui ont pour totem une bouillie de céréales, rejettent l'écume qui se forme à sa surface pour manger le reste considéré alors comme inoffensif.

La pensée magique est née de cette exaltation, dans l'acte de violation des tabous. Elle est née pour beaucoup au cœur

---

1. Dans le tréfonds de nos émotions, les peurs alimentaires contemporaines renouent avec ce lointain passé. Elles restent cependant relativement faibles comparées aux véritables frayeurs engendrées par la crainte d'ingérer des tabous, expliquant que le geste d'absorption alimentaire était souvent dissimulé aux regards, par la main, ou mieux, par un tissu. Il fallait dissimuler la bouche comme on dissimulait le sexe. C'est d'ailleurs l'origine du voile, dont le port va se généraliser en Orient, en changeant de signification. Premier changement : en se fixant sur les femmes dans le cadre de la société patriarcale. « Avec le patriarcat, la femme devient un bien exclusivement réservé à son propriétaire, sur lequel personne ne doit jeter un regard. Le symbole de ce droit exclusif est tout trouvé, c'est le voile. La femme sera voilée pour des raisons qui n'ont plus rien de commun avec l'exogamie alimentaire » [Makarius, Lévi-Makarius, 1974, p. 164]. Avant qu'n'opère, dans nos sociétés, un nouveau glissement de sens vers le religieux, et une dissimulation privilégiée des cheveux plutôt que de la bouche.

des pratiques alimentaires. Michael Symons [2004] a raison de dire que la cuisine est à l'origine de la civilisation. Les violeurs de tabous sentent un pouvoir en eux, une force étrange qui les emporte, le *mana*. Venue à la fois d'ailleurs et du plus profond d'eux-mêmes, cette pensée agitée de rêves et d'hallucinations « "subjectivera" le monde qui l'entoure en termes de sa propre expérience et à son image » [Makarius, Lévi-Makarius, 1974, p. 230]. La subjectivité inventive s'exprimera parce qu'elle ne se pensait pas comme une pure subjectivité. Elle créera tout un monde d'explications, justifiant notamment les symbolisations alimentaires. Liquidant dans la pratique le risque d'inceste par le partage d'un repas.

Serait-il devenu enfin possible de manger ensemble sans risque, et de correspondre à l'image d'Épinal des repas ayant paisiblement traversé l'histoire ? Un événement n'allait pas tarder à provoquer de nouvelles agitations, sanglantes.

Petits marchandages avec les dieux

Cet événement n'a rien d'anecdotique ; il s'agit de la vaste transformation de la magie en sacré. La magie est « pratiquée par des individus, isolée, mystérieuse et furtive, éparpillée et morcelée, enfin arbitraire et facultative » [Hubert, Mauss, 1904, p. 88]. Elle se caractérise par son ambivalence, sa dangerosité et son efficacité [Lévi-Makarius, 1974]. Bien qu'il soit indéfinissable, le *mana* se discute en termes de résultats très concrets à obtenir. Le sorcier n'a pas peur de se salir les mains, il joue avec les limites, et est passé maître dans l'art des retournements de significations. En utilisant d'abondance le sang par exemple, alors que ce dernier est souvent vu comme porteur des plus grands dangers. La religion émerge au contraire, progressivement [1], sous la forme

---

1. Je profite de ce retour sur les origines de l'humanité, à la lumière de l'historique de la cuisine et des repas, pour corriger un point que j'ai développé dans *Ego* [Kaufmann, 2001] et qui me semble désormais erroné. J'y explique que la société est née de la religion, par une rupture brutale ayant constitué le fait social, s'imposant de l'extérieur aux individus. Je maintiens cette position, mais j'avais à tort ignoré la longue phase préalable, l'émergence progressive ayant préparé les conditions de cette rupture, si bien décrite par Raoul et Laura Lévi-Makarius.

d'un processus d'institutionnalisation, clarifiant et fixant les catégories, séparant radicalement le pur et l'impur, le Bien et le Mal. Le sacré se décrochera de la subjectivité créatrice, pour surplomber la société de façon transcendantale. « Il sera vu comme n'ayant ni de commencement ni de fin, incréé, immuable, éternel, à l'instar des dieux qu'il animera de son souffle » [Lévi-Makarius, 1974, p. 128].

Dans les premières phases de la religion, le commerce avec les dieux reste proche des bricolages magiques avec les esprits. Les dieux ne sont pas au-dessus de la mêlée, mais des sortes de partenaires un peu étranges, permettant d'espérer obtenir des gains divers. Particulièrement en ce qui concerne l'alimentation. Bien avant que n'apparaissent les sacrifices sanglants, les offrandes de nourritures semblent avoir été un principe assez généralisé de marchandage magique. Même après l'apparition du sacrifice, les premières religions restent « massivement prosaïques et matérialistes. C'est bien pour obtenir des dieux des bienfaits très précis que l'on sacrifiait » [Caillé, 1995, p. 278]. Alors que la symbolisation des tabous permettait d'élargir la variété nutritionnelle, les offrandes et sacrifices tentaient d'obtenir l'abondance.

Une transformation majeure opéra avec l'institutionnalisation des religions, changeant profondément la donne des repas sacrificiels. Alain Caillé [1995] souligne le véritable basculement qui se produisit alors, faisant passer d'une horizontalité des échanges à une verticalité porteuse de hiérarchie sociale. Les sacrifices les plus sanglant ne furent pas à l'origine des sociétés mais apparurent plus tard, quand les yeux commençaient à se tourner vers le ciel. Parce que les yeux commençaient à se tourner vers le ciel.

Sacrifices et banquets

Ces quelques pages étaient nécessaires, car la magie, la religion et les sacrifices intéressent de près l'histoire des repas. Les rituels sacrificiels, outre qu'ils permettaient de communier avec les dieux, étaient également un partage de nourriture et un repas pris ensemble. Commentant Robertson

Smith, Émile Durkheim le souligne avec netteté. « Tout d'abord, c'est un repas ; ce sont des aliments qui en sont la matière. De plus, c'est un repas auquel les fidèles prennent part en même temps que le dieu auquel il est offert. (…) C'était, avant tout, un acte de communion alimentaire » [1994, p. 481]. Roberto Motta, analysant le *candomblé* brésilien, insiste sur le caractère alimentaire, presque banal, des rites sacrificiels. Le sacrifice n'est pas seulement « bon à prier », il est aussi « bon à manger » [Motta, 1998].

L'acte est très précisément réglé, autour d'une figure centrale, celle du « prêtre-boucher ». Chez les Grecs, il n'y a pas de séparation entre le domaine de la religion et celui de la boucherie. On « ne peut normalement manger de viande qu'à l'occasion et selon les règles du sacrifice. « C'est le même vocabulaire qui, d'Homère à la fin de l'époque classique, recouvre les deux domaines. La langue n'a pas, pour l'idée d'abattre une bête de boucherie, d'autres verbes que ceux qui signifient sacrifier, immoler aux dieux » [Detienne, Vernant, 1979, p. 44]. Comme dans beaucoup d'autres sociétés, « boucherie, culinaire, religieux » sont confondus dans le sacrifice [Durand, 1979, p. 133]. Avec la verticalisation religieuse, une subtile distinction (déjà présente chez les Grecs) commence cependant à opérer, entre le caractère strictement sacré du travail de boucherie et celui un peu plus humain des opérations de cuisson. Les cuisiniers, chargé d'un travail pratique dont dépend la qualité du festin, deviennent un peu moins prêtres que le boucher. Non seulement celui-ci effectue en effet la mise à mort cruciale. Mais aussi et peut-être surtout, il divise les chairs et répartit avec une science très calculée les divers morceaux à chacun.

Une part pour les dieux, une part pour les hommes. Et souvent de nombreuses et subtiles autres subdivisions. Par exemple, entre les abats gorgés de sang et la viande ordinaire. « Les viscères sont rôties à la broche, dans la première phase du sacrifice, et mangées sur place à proximité de l'autel par le cercle étroit de ceux qui participent pleinement au sacrifice, tandis que les quartiers de viande, mis à bouillir dans les chaudrons, sont destinés soit à un banquet plus large, soit à des destinations parfois lointaines » [Detienne, Vernant, 1979,

p. 20]. Les dieux étaient censés manger réellement la viande, parfois même prenant place à table sous forme de statue installée dans un siège [Witherington, 2003] ; et le repas commun devait se dérouler dans une enceinte sacrée. Mais dans bien des cultures, de nombreux petits arrangements ne tardèrent pas, ici encore, à se manifester. Morceaux emportés chez soi pour l'alimentation ordinaire, y compris par le prêtre lui-même [Hubert, Mauss, 1929]. Et diverses astuces symboliques pour ne plus être privé des meilleurs morceaux. « Reviennent respectivement aux hommes la viande et les entrailles, lourdes de graisse : tout ce qui se mange, et aux dieux les os nus, consumés pas le feu, avec un peu de graisse et des parfums » [Detienne, Vernant, 1979, p. 37]. Encore plus symboliquement parfois, puisqu'ils étaient célestes, ils ne furent plus nourris que par la fumée de la cuisson.

Peut-on faire la fête avec les dieux ?

Les repas sacrificiels étaient à l'opposé d'une cérémonie guindée. Avant qu'elles ne se disent par le *logos* de la théologie, les religions sacrificielles s'exprimaient en effet par l'effervescence corporelle ; l'enthousiasme, la danse et la transe [Motta, 1 998]. Ce n'étaient personne d'autre que les dieux eux-mêmes qui se manifestaient par cette exaltation des corps. Les banquets grecs ne nous ont pas légué non plus une image de tristesse ni de sobriété. Et pourtant les dieux étaient censés participer, réellement au repas. Comme les dieux hindous, qui « se plaisaient à banqueter en compagnie des hommes. Les joyeux convives partageaient alors les mêmes plaisirs de table » [Gardaz, 1998].

Les mêmes plaisirs ? Mais s'agissait-il de plaisir ou de ferveur religieuse ? Comment séparer l'effervescence corporelle sacrée et le plaisir profane de la danse ? Comment codifier ce que l'on ressent lorsque, ayant le privilège d'être un prêtre-boucher, l'on déguste les meilleurs morceaux ? Morceaux divins, ou divinement bons ? Les sociétés de l'époque ne pouvaient saisir la différence. Mais nous pouvons rétrospectivement constater à quel point la subversion des plaisirs entraînait alors les repas sacrificiels dans une nouvelle direction, festive, sensorielle, jouissive. Une sorte de civilisation du banquet était en train de naître, sur toutes les parties du globe ; des Saturnales romaines [Guittard, 2003] à la Chine. Avec sa créativité intellectuelle et littéraire [Pellizer, 2003], comme en témoigne Platon par son célèbre *Banquet*. Et produisant des événements monumentaux, tels le banquet de Kalah en Assyrie, qui réunit 70 000 convives pendant dix jours [Boudan, 2004]. Pas moins de dix mille outres de vin y furent consommées. Le vin, autre problème.

Il est partout apparu comme l'élixir des dieux. D'abord par son assimilation métaphorique au sang, qui est au cœur de tous les rites sacrificiels. Dans l'Iran ancien, il y a plus de trois mille ans, les dieux étaient censés être nourris par le sang de l'animal sacrifié, liquide contenant son âme, qui était versé dans un trou creusé dans le sol. Pour communier avec les dieux, les participants absorbaient le même liquide. À défaut de pouvoir obtenir du sang en quantité suffisante, le vin se présentait comme un substitut acceptable. Beaucoup plus tard, au XIe siècle, se perpétuait encore le banquet rituel, le *bazm,* arrosé de vin. « Le vin était alors clairement désigné comme le substitut du sang du sacrifice dans un rite explicitement lié à la tradition religieuse des Zoroastriens » [*Idem,* p. 143].

Le vin est doublement divin. Car il ne se présente pas seulement comme un substitut du sang ; il a aussi des effets particuliers. En Égypte, Harthor, la fille du dieu Râ, se transforme en lionne assoiffée de sang et fait un carnage. Râ lui-même s'en effraie. Il fait alors mêler du vin au sang répandu. Harthor boit le mélange, s'endort et se réveille apaisée [Nourrisson, 1998]. Mais son effet majeur, facilitant la communion avec les dieux, est de créer l'exaltation. L'ivresse ne deviendra répréhensible que plus tard. Pour le moment, elle représente au contraire ce qui est au plus haut, un transport sacré. Qui explique par exemple que l'on soûle l'animal avant le sacrifice, comme au Mexique ou à Rhodes. « Cette ivresse était un signe de possession. L'esprit divin envahissait déjà la victime » [Hubert, Mauss, 1929, p. 29]. D'autres liquides alcoolisés firent aussi très bien l'affaire pour provoquer cette communion sacrée. Bière, saké, pulque, vin de palme, furent autant de véhicules divins dans les cultures animistes, polythéistes ou bouddhistes [Pitte, 2004]. Ainsi que des drogues diverses, souvent associées à l'alcool. « Toutes les religions, à une phase ancienne de l'histoire » ont utilisé des « substances psychoactives pour permettre le lien entre le monde profane et le monde sacré, entre l'homme et les puissances supérieures ». Magiciens et chamans y disposaient « d'un large savoir sur les plantes sacrées, qui permettent le voyage » vers l'univers divin [Valleur, Matysiak, 2002, p. 160]. Les alcools et les plantes hallucinogènes entraînaient vers l'extase au sens étymologique : une sortie de soi. Il ne s'agissait nullement de pratiques marginales mais d'une modalité nécessaire pour atteindre au divin [Furst, 1974].

Le vin, comme les autres alcools, fut au cœur de la communion divine, et il en restera longtemps des traces profondes dans les mentalités. Ce n'est pas par hasard que Rabelais emploiera l'adjectif de « divine » pour qualifier sa bouteille, Rabelais, ce maître intellectuel des plaisirs de la table. Les plaisirs de la table et de l'ivresse : le problème est bien là. Ne peuvent-ils pas mener à des excès condamnables, notamment quand l'enivrement devient manifestement un acte individuel [Fehr, 2003] ? Socrate lui-même n'est pas loin de le penser à la fin du *Banquet* de Platon, quand une bande d'ivrognes interrompt les joutes philosophiques. Mais surtout, à l'heure de la verticalisation religieuse, où les dieux se font moins familiers, est-il encore possible d'imaginer être dévot en festoyant ? Le vin en particulier, cet « aliment tellurique » [Roche, 1997, p. 255], apparaît de plus en plus ambigu, signifiant « la voie du salut, mais aussi celle du péché, l'ivresse, et ce qu'elle entraîne » [*Idem*, p. 254]. Le christianisme va expliciter sa dualité, le divisant en deux acceptions contraires.

Vers un repas profane ?

Condamnant les mêmes excès, l'islam est plus radical, il interdit l'alcool, y compris dans de nombreuses régions viticoles, du Moyen-Orient à l'Afghanistan en passant par la Géorgie. Les résistances sont tenaces, même à la cour des califes. « Pourtant, des modèles de vie plus austères se répandent et la dénonciation de la consommation de vin et de l'ivresse progresse. Une autre conception du banquet oriental se dessine, celle de la sociabilité plus frugale d'un Orient islamisé, demandant que l'on mange assez vite pour s'attarder ensuite à grignoter des douceurs, dans le plaisir simple des conversations entre amis ou dans l'honneur de la compagnie des puissants » [Boudan, 2004, p. 162-163].

Le christianisme quant à lui n'est pas seulement préoccupé par les excès de l'ivresse. Une autre idée le taraude : la sacralité du repas. La foi pouvait-elle se vivre par ces nourritures terrestres, comme dans les rites sacrificiels, dans ces « pratiques abjectes de la dévoration des chairs sanglantes » [Detienne, Vernant, 1979, p. 31] ? Pouvait-elle être ainsi mélangée aux plaisirs du ventre les plus prosaïques ? La verticalisation céleste n'exigeait-elle pas une sublimation, une euphémisation sacrée des pratiques alimentaires ? La voie de la symbolisation avait déjà été ouverte depuis les premiers rituels de sacrifice, notamment par les violeurs de tabous, qui élargirent la gamme des aliments acceptables. Toute l'histoire des banquets sacrificiels est traversée par un mouvement progressif de symbolisation, truffé de marchandages et de petits arrangements avec les dieux. Georges Gusdorf [1948, p. 101] donne cet exemple pittoresque, rapporté par Plutarque. Le pieux roi Numa tente d'obtenir auprès de Jupiter l'expiation de la foudre sans sacrifice humain. « Jupiter demande des têtes.

– D'oignons, promet vite Numa.

– Non, d'hommes, insiste le dieu.

– J'y joindrai des cheveux, transige le roi.

– Non des êtres vivants, précise Jupiter.

– J'y joindrai donc de petits poissons, conclut Numa.

Désarmé, le terrible souverain céleste accepte et dorénavant l'expiation de la foudre s'obtiendra à peu de frais. » [1]

Le christianisme ne se contente cependant pas d'un petit arrangement, il cherche à opérer une rupture radicale entre

---

1. Cité par Alain Caillé, 1995, p. 279.

lieu du culte et lieu du repas ; moment du culte et moment du repas ; nourritures terrestres et nourritures spirituelles. « Ce n'est pas un aliment qui nous rapproche de Dieu » proclame saint Paul. « Pour ce qui est donc de manger des viandes sacrifiées aux idoles, nous savons qu'il n'y a point d'idole dans le monde, et qu'il n'y a qu'un seul Dieu. » En opposition à la Loi juive, et en véritable propagandiste de la variété nutritionnelle, sa conclusion est tranchée. « Mangez de tout ce qui se vend au marché (…). Si un non-croyant vous invite et que vous vouliez aller, mangez de tout ce qu'on vous présentera, sans vous enquérir de rien par motif de conscience [1]. » En contrepartie de cette sécularisation des pratiques alimentaires, un transfert s'opère sur un rituel symbolisé, l'Eucharistie, où le pain et le vin sanctifiés subliment la chair et le sang du Christ. « Par ce déplacement symbolique, la consommation de viande et de sang a pu se détacher des interdits religieux et se banaliser en Occident. À côté des obligations de jeûne, c'est une sorte de laïcisation de la cuisine qui se met en place » [Boudan, 2004, p. 348].

Une sorte seulement, car dans les faits la rupture ne parvient jamais à être totale. L'Eucharistie elle-même reste hésitante, encore longtemps travaillée dans le sens de l'euphémisation. Lors de la Réforme, le vin rouge sera abandonné pour le vin blanc et le pain levé pour l'hostie, qui « se laisse fondre dans la bouche et s'avale tout rond. La mâcher serait la profaner, l'abaisser au rang de nourriture humaine » [Poulain, 2002a, p. 217]. Mais le problème essentiel vient des repas désormais théoriquement profanes : on n'efface pas ainsi des siècles de dévotion commensale. Les religieux ne sont d'ailleurs pas les derniers à affronter cette difficulté concrète. Les moniales contemplatives par exemple rêveraient presque d'une disparition de cette obligation biologique. « S'il n'y avait pas de lectures, le repas serait un moment inutile » dit sœur Dominique, interrogée par Jeanne Andlauer [1997, p. 46]. Pourtant, les rituels alimentaires, y compris les jeûnes, scandent et métaphorisent la religiosité de façon extraordinairement détaillée, le réfectoire fonction-

---

1. *Épître aux Corinthiens.*

nant « comme une seconde chapelle » [p. 39]. Certaines confréries monastiques masculines, l'iconographie populaire en témoigne, ont moins euphémisé les nourritures terrestres, touchant ainsi au problème délicat du plaisir. Car la laïcisation des pratiques alimentaires ne peut évidemment signifier la licence, surtout pour un religieux.

Pour le commun des mortels, la sécularisation totale des repas n'apparaissait pas non plus évidente. À cause d'un nouveau rebondissement, dans cette histoire des repas décidément pleine de surprises. Le christianisme a introduit le gigantesque transfert symbolique de l'Eucharistie, qui a libéré et sécularisé les pratiques alimentaires. Mais, étrange renversement, son annonce s'effectua à l'occasion d'un repas, la Cène, dont l'image va devenir décisive, et même fondatrice, illustrant la sacralité de l'Eucharistie. Une image de repas ! Comment dès lors des chrétiens pouvaient-ils se mettre à table, partager le pain et le vin, en se détachant de cette image ? Au contraire, des rituels encadrèrent les repas ordinaires. Une prière de bénédiction des aliments, signer le pain [1] avant de le couper, etc. Manger ensemble gardait quelque chose (on ne savait exactement quoi) de sacré.

Petite histoire de la table (premier épisode)

La sacralité passée se cache encore aujourd'hui dans mille détails et objets de notre quotidien ordinaire. La table par exemple. Rien ne nous semble plus matériellement évident, simplement fonctionnel. C'est à peine si nous nous interrogeons sur le fait que dans bien des endroits de la planète on mange plus près du sol ; sur un tapis, des coussins, de petits sièges bas. Pourquoi cette position corporelle haute (et raide),

---

1.   Le pain en particulier a fortement marqué la symbolique des repas chrétiens ordinaires. À l'image de Jésus dans la Cène, c'est le père, chef de table, qui au travers des siècles le distribue. « Rompre le pain engage, unit la famille et les familiers » [Roche, 1997, p. 253]. Si le pain n'est plus signé aujourd'hui, il reste encore bien des traces discrètes de cette symbolique (éviter par exemple qu'il soit mis à l'envers) montrant qu'il n'est toujours pas un aliment comme les autres [Kaplan, 1996].

notamment dans l'Occident judéo-chrétien ? Par l'effet d'un autre transfert symbolique qui s'est opéré dans certains cultes.

La table n'était rien d'autre au début que l'autel des sacrifices. Les esprits ou les dieux habitant l'univers céleste, il fallait surélever les offrandes en leur direction. La plupart des rituels gardent les traces de cette surélévation alimentaire. Les indiens nahuas du Mexique par exemple, à la fête des morts, prennent une table qu'ils décorent pour la transformer en autel. Après le passage supposé des Défunts pour se nourrir (du simple fumet des plats et du parfum des fruits), les Vivants peuvent se servir et manger, debout ou accroupis autour de la table-autel [Chamoux, 1997]. La verticalisation religieuse ne pouvait qu'accentuer cette élévation déjà bien engagée ; les autels du culte se haussent encore plus vers le ciel. Le report symbolique vers la table des repas sera particulièrement fort dans la religion juive, qui ne s'engage pas dans un transfert de type eucharistique. Il en reste encore de nos jours un véritable *Culte de la table dressée* [1], où le choix et la disposition des aliments portent la mémoire et disent la religion, notamment dans les repas de fête. La table dressée, dans tous les sens du terme.

L'élévation de la table ordinaire sera moins nette au début dans la chrétienté. Les références de la culture gréco-latine, avec ses dieux familiers, avaient quelque peu brouillé les pistes. Les tables des banquets étaient basses et placées de façon annexe aux convives (qui se tenaient à demi allongés) ; elles ne structuraient pas centralement les repas. Chez les Grecs, elles étaient d'ailleurs souvent retirées pour le cœur du banquet, les réjouissances bien arrosées du *symposion*. Paradoxalement, la position assise était plutôt réservée aux femmes et aux esclaves [Schmitt, 1990]. L'élévation tabulaire s'effectua donc de manière hésitante, parvenant certes à gagner en hauteur, mais sans imposer une table solidement enracinée sur ses pattes ni encadrée de sièges fixes. Il faudra attendre le XVIIIᵉ siècle pour qu'elle ne soit plus dressée à la va-vite par de simples planches mises sur des tréteaux, juste recouvertes d'une nappe pour

---

1. Pour reprendre le beau et juste titre du livre de Joëlle Bahloul, 1983.

les banquets. À ce moment, la civilisation chrétienne commence à réinvestir avec puissance la table haute, en lui donnant une nouvelle signification (ou plutôt un enchaînement de significations successives), qui devaient influencer profondément les pratiques commensales, dans l'ensemble du monde. Et même imposer la table en dehors des repas. C'est ce que nous verrons plus loin, dans le second épisode de cette petite histoire dans l'histoire.

Des repas sans boussole

Pour le moment, revenons à la laïcisation des repas de tous les jours. C'en était-il donc fini des tumultes ? L'histoire des repas pouvait-elle reprendre en adhérant enfin à l'image d'Épinal de la simple soupe regroupant la famille ? Les banquets n'avaient-ils été qu'un épiphénomène, tapageur mais négligeable ? D'ailleurs, dans l'Antiquité, ils n'intéressaient qu'une minorité. L'ordinaire des campagnes grecques se résumait plutôt à quelques oignons et olives, un peu de fromage de chèvre, une bouillie d'orge ; les plébéiens romains se procuraient auprès du marchand ambulant leur modeste ration de pois chiches et de plus rares saucisses. Tout se passe en fait comme si l'histoire des repas se tissait en tirant deux fils différents. L'un régulier, basique et populaire, racontant l'épopée de la soupe, qui combattit le morceau de pain et de fromage pris sur le pouce, pour fonder patiemment le repas familial d'aujourd'hui. L'autre coloré, fantasque et luxueux, entraînant les repas dans une étourdissante farandole de définitions contradictoires. Notre présent résulte bien sûr du mélange de ces deux histoires parallèles, chacune ayant eu son importance. L'une, par le bas, en fabriquant laborieusement le cadre de pratiques ; l'autre, par le haut, en procurant le sens fondant l'action. Mais l'histoire des repas a ceci de particulier qu'ils n'ont jamais vraiment réussi à stabiliser durablement leur signification sociale. C'est pourquoi tout ce qui concourt à leur définition est décisif. Les extravagances des banquets nous apprennent davantage que la soupe.

Les repas de sacrifice représentent un des rares cas où, dans la communion divine et groupale, le sens fut réellement fixé, avec une fervente intensité. La subversion des plaisirs allait néanmoins travailler de l'intérieur cette unité significative, avant que la laïcisation chrétienne ne lui assène le coup de grâce. Au Moyen Âge, les repas des Grands d'Occident lâchent les dernières amarres du sens et partent à la dérive, sans boussole. D'abord sous le simple effet des plaisirs libérés. Notamment au XIVe siècle, quand les seigneurs, se souciant moins du gouvernement, cherchent à meubler leur désœuvrement. « La mélancolie qui découle du sentiment de leur inutilité les pousse vers les plaisirs. Ils s'imaginent qu'ils ont le droit à plus de distractions que les rustres, puisque c'est Dieu qui a créé les catégories sociales » [Verdon, 2002, p. 125]. Comment dès lors éviter que les banquets, où l'on boit et l'on danse, ne glissent vers la débauche ? À la cour de Charles VI, ils dégénèrent fréquemment. « Ainsi, en mai 1389, lors de la grande fête organisée à Saint-Denis, les convives ont tellement bu que le souper du dernier jour sombre dans la fornication et l'adultère » [*Idem*, p. 124]. Or il ne faut pas oublier qu'à cette époque, la religion encadre moralement l'ensemble des pratiques sociales, y compris bien sûr les repas. Les licences diverses cohabitent donc avec les manifestations de piété. En 1454, Philippe le Bon, duc de Bourgogne, donne un repas somptueux, qui fera date et restera dans les annales, le « banquet du Faisan ». Les festivités sont scandées en s'inspirant des rituels de la messe [Lafortune-Martel, 1984]. Comme il en va à l'époque, les convives sont installés d'un seul côté de la table, pour mieux assister au spectacle (l'« entremets ») qui est donné entre les services. Ici une forêt merveilleuse, avec des bêtes étranges, là un immense pâté, dans lequel vingt-huit personnages jouent de divers instruments, enfin une église surmontée d'une croix. Les réjouissances sont lancées par le tintement de la cloche, tout s'anime. « On joue de l'orgue dans l'église et dans le pâté un concert imite une chasse » [Verdon, 2002, p. 117]. Arrive un géant, armé d'une hache, menaçant une béguine ; c'est Sainte Église, soumise par un Sarrasin. Puis une dame blanche « Grâce de

Dieu », accompagnée de belles jeunes filles représentant les douze Vertus. Le vin et les épices sont apportés, et « les Vertus demeurent pour les divertissements » [p. 119]. Les Vertus font la fête.

Cette cohabitation nous surprend mais ne doit pas être interprétée avec nos catégories actuelles ; le cadre de pensée est très différent. De même que la laïcisation n'est pas vraiment achevée, l'euphémisation eucharistique n'a pas été radicale. Il reste un peu dans certains esprits des anciens rites sacrificiels, où manger est communier avec le divin. Hadewijch d'Anvers, béguine et poétesse mystique du XIIIe siècle, l'illustre avec une fougue passionnelle. Les amants « se savourent jusqu'au fond, se dévorent, se boivent et s'engloutissent sans aucune réserve » [1]. Il en va de même avec Dieu dans l'amour mystique : avoir faim c'est désirer l'union physique des deux corps. « Car manger c'est s'unir à la nourriture ; or Dieu est nourriture et la nourriture est chair, et celle-ci est souffrance, donc salut » [*Idem*, p. 178]. La confusion devenait extrême, les repas étaient plus que jamais dépourvus de boussole.

Disciplina

Je l'ai dit plus haut, sous l'effet de la subversion des plaisirs libérés par la laïcisation des repas, une évolution aurait peut-être pu avoir lieu, nous entraînant vers une civilisation épicurienne du banquet. Peut-être faut-il le regretter, mais l'histoire prit une voie différente, notamment dans l'Occident chrétien. Car, des siècles avant les propos enflammés tenus par Hadewijch, un tout autre courant d'opinion, exactement contraire, avait commencé à se manifester en parallèle. Rapidement influent, c'est lui qui allait finir par s'imposer, et lancer les repas dans de nouvelles aventures de définition du sens.

Le premier principe était fort simple : la ferveur par l'ascétisme frugal. L'union divine impliquait de se méfier des plaisirs de la table, comme il fallait savoir maîtriser les plaisirs de la chair. Bien plus tard, en 1823, cette règle ayant

---

1. Citée par Jean Verdon, 2002, p. 182.

traversé les siècles fut parfaitement exprimée dans un manuel destiné aux jeunes séminaristes [1], analysé par Pascal Dibie [1997]. Leur auteur, l'abbé Tronson, met en garde contre les risques de l'alimentation, qui embarquent sur « une mer orageuse, pleine d'écueils, de précipices ». Car manger est une action « basse », qui non seulement rapproche l'homme et la bête, mais peut l'entraîner vers le démon. Il ne faut donc pas rechercher « les aliments exquis, les morceaux friands, les viandes délicates », fuir au contraire « les grandes tables » et les festins, être ravi « d'avoir cette occasion de se faire violence ». Le roi Saint Louis représenta un véritable modèle de cette ascèse. Bien que gourmet en effet, il s'évertuait à manger, très peu, les mets les plus ordinaires et à se priver de tout ce qu'il préférait, multipliant les jeûnes. Très loin des tables débordantes d'autres cours royales.

Ce principe d'ascèse et de frugalité, influent pour cadrer les pratiques alimentaires des congrégations religieuses, ne fut pas toutefois le plus décisif. La révolution des repas profanes vint d'ailleurs, de façon assez discrète au début. La morale ascétique se révélait d'ailleurs inopérante contre la subversion des plaisirs qui transportait de ravissement les banquets. Il n'était pas possible d'attaquer de front. L'idée développée par certains fut donc d'intervenir plus sur la gestuelle observable par chacun que sur l'intériorité des émotions et des pensées. De fixer quelques règles de comportement, dont la plupart avaient pour préoccupation d'éviter le glissement vers des pratiques proches de l'animalité, d'établir un minimum de retenue, constitutive d'un ordre commensal. Au XIIe siècle, Hugues de Saint-Victor développe un tel programme dans *De Institutione novitiorum*, centré notamment sur la notion de *disciplina*, dont l'objectif est le salut religieux de l'âme. La perspective est globale. La discipline, « manière bonne et honnête d'être en société » est le « mouvement ordonné de tous les membres et la disposition convenable en toute attitude et en toute action [2] ». Mais les exemples donnés intéressent en

---

1. Louis Tronson, *Manuel du séminariste ou Entretiens sur la manière de sanctifier ses principales actions,* Paris, Librairie Mequignon Junior.
2. Cité par Jean-Claude Schmitt, 1990, p. 175.

particulier les manières de table. Hugues de Saint-Victor dénonce notamment ceux qui « trempent leurs doigts dans la coupe où ils boivent » ou « essuient leurs mains à leurs vêtements », ceux qui « utilisent leurs doigts nus en guise de cuillère, pour pêcher les légumes » et ceux qui « remettent dans le plat les morceaux qu'ils ont mangé à demi, les gâteaux dans lesquels ils ont mordu, ce qui leur est resté entre le dents et qu'ils mêlent à leur breuvage [1] ».

Bien d'autres traités suivront. L'inlassable réitération des mêmes conseils montre qu'à l'évidence les comportements avaient bien du mal à se couler dans cette discipline. Le salut de l'âme à lui seul ne parvenait à domestiquer ni la spontanéité des manières ni l'anarchie des plaisirs. En 1530, Érasme publie la *Civilité puérile*. Au-delà des conseils pratiques, qui n'évoluent que lentement, une rupture s'est opérée. La notion-clé n'est plus *disciplina*, avec son objectif de structurer un ordre. Le but devient la courtoisie, « idéal de comportement social » et non « programme individuel de salut » [Schmitt, 1990, p. 225]. Idéal de comportement porteur de mouvement (produit par la volonté de distinction) plutôt que d'ordre. La dynamique du changement était lancée.

La fourchette à gauche, le couteau à droite

La suite est mieux connue ; elle a été magistralement décrite par Norbert Elias. En disciplinant les corps, le processus de civilisation ouvrit progressivement sur un autocontrôle qui installa les conditions d'un approfondissement de la subjectivité moderne. S'intéressant tout particulièrement aux manières de table, Elias [1976] distingue trois périodes. Il n'évoque que rapidement la première, que nous venons d'évoquer (avant le XVe siècle), quand l'ordre reste la préoccupation majeure. Un ordre marqué par la retenue et empreint de dégoût pour l'animalité humaine. Soucieux d'effacer tous les signes montrant que les banquets n'ont

---

1.   Cité par Jean-Claude Schmitt, 1990, p. 197.

pas encore totalement rompu avec les anciens repas de sacrifice. Les gibiers, porcs ou bœufs par exemple, après avoir été rôtis à la broche sont posés entiers sur la table. La fonction de découpeur est une des plus nobles et convoitées, réservée aux privilégiés. Car il faut savoir répartir les morceaux selon les mérites. Le prêtre-boucher n'est pas loin. L'essentiel des instructions rédigées (de façon très impérative) dans les premiers manuels tournent autour de l'idée d'une distance à créer avec les aliments : ne plus manger avec ses mains (comme c'était majoritairement l'usage), ne pas boire la soupe directement dans la soupière commune. « Il ne faut jamais boire dans la soupière mais se servir d'une cuiller, c'est plus convenable. Celui qui se penche sur la soupière et, malproprement, y laisse couler sa bave comme un cochon, ferait mieux d'aller rejoindre les autres bestiaux » proclame un texte du XIIIe siècle [1]. Ce qui suit est de la même veine. « Vous ne devez pas vous curer les dents avec votre couteau [2] », ni « ronger un os et le remettre dans le plat [3] » ou vous « moucher dans la nappe [4] ». La nappe est réservée à un autre usage : elle sert à essuyer les doigts graisseux. Elias [1976, p. 153] résume d'autres recommandations. « Il ne faut pas cracher sur la table (…) Il ne faut pas non plus se moucher dans les doigts qu'on plonge dans le plat commun », etc. Rétrospectivement nous pouvons constater combien discipliner les corps n'était pas un vain mot.

Les consignes ne sont pourtant guère entendues, et les évolutions restent très lentes dans cette première phase. Norbert Elias se concentre sur la deuxième (du XVIe au XVIIIe siècle), où le mouvement au contraire s'accélère et entraîne l'ensemble de la société de Cour. Car la donne a changé. Il s'agit désormais beaucoup moins d'instaurer un ordre éthique que de conquérir des positions sociales par l'usage distingué des bonnes manières. Cette compétition explique que les codes ne cessent alors de bouger et de se

---

1. Extraits de divers traités européens de bonnes manières cités par Norbert Elias, 1976, p. 122.
2. *Idem.* p. 126.
3. *Idem.* p. 123.
4. *Idem.* p. 124.

préciser dans des détails de plus en plus fins. Exigeant de
chacun d'éminentes compétences pour ne pas être disqua-
lifié. Le contact des mains avec la nourriture sera ainsi de
plus en plus proscrit. Il faudra bientôt savoir peler une
pomme ou une orange sans les toucher, avec une fourchette
et un couteau. À l'inverse, couper les feuilles de salade ou
son pain avec un couteau est strictement interdit. On doit
parvenir à replier habilement la salade, et il convient de
rompre délicatement le pain du bout des doigts [1]. La table
des banquets est devenue le terrain d'une gigantesque lutte.
Ce qui s'y joue alors n'a plus grand chose à voir avec les
préoccupations de la *disciplina*. Norbert Elias a dégagé
l'immense portée du processus ; sur la formation de l'État,
l'émergence de l'individu moderne, etc. Même les plaisirs
sont passés au second plan. « La civilité méconnaît les
goûts et les dégoûts » [Roche, 1997, p. 256]. La passion est
ailleurs, dans la fièvre de l'ascension sociale par les bonnes
manières. En apparence les repas ont retrouvé une signification, comme le laisse penser l'intense mobilisation dont
ils sont l'objet. En fait, ils sont instrumentalisés par des
affrontements sociaux qui les dépassent. La grande période
d'édification des manières de table ne dit rien des repas en
eux-mêmes.

Une étrange rencontre

Norbert Elias (logiquement de son point de vue) se contente
de signaler la troisième phase sans trop la développer. La
définition des manières de table y a en effet perdu le plus
clair de ses enjeux sociaux. Le processus, de façon désormais tranquille, diffuse progressivement vers les classes
inférieures, s'en tenant « au cadre des normes acquises »
[1976, p. 153]. Il semble se perdre dans des détails de plus

---

1. Nombre de règles sont arbitraires et c'est justement cet arbitraire, ainsi que le mélange
cacophonique de règles discordantes, qui ajoute aux compétences exigées par la distinction sociale. Le cas du pain est différent et s'explique, pour plusieurs raisons. L'usage populaire du couteau personnel pour couper les tranches de pain dans les campagnes,
agissant comme un repoussoir. Et plus profondément encore, la référence à l'image chrétienne de la Cène ; on ne coupe pas le corps du Christ avec un couteau.

en plus tatillons en s'installant dans le confort bourgeois et en se repliant autour de tablées plus restreintes. Les bonnes manières apparaissent ne plus avoir d'autre but qu'elles-mêmes, sorte de cadre sans contenu, se reproduisant à l'identique. C'est pourtant ce cadre sans contenu qui va jouer un rôle décisif. Parce que, paradoxalement et sans qu'il l'eut cherché, le vaste mouvement de distinction sociale, après avoir agité les tablées mondaines pendant des siècles, a produit un ordre, strictement réglementé. Un « habitus d'ordre, de tenue et de retenue », marqué par la culture bourgeoise, qui impose de « manger *dans les formes* » [Bourdieu, 1979, p. 218, souligné par l'auteur].

L'ordre des manières est une forme sociale, qui comme d'autres formes a l'étrange pouvoir de traverser les époques indépendamment des contenus qu'elle renferme. Le contraste est frappant entre la définition précise des codes gestuels qu'elle stabilise peu à peu, et la variété des paysages sociaux dans lesquels elle évolue. Lors de la deuxième phase, elle était un instrument de lutte sociale, dans l'univers public et spectaculaire des repas de Cour. Dans la troisième, elle s'installe discrètement dans les intérieurs domestiques, loin des éclats d'antan. Héritage d'un flamboyant passé, forme disponible pour d'éventuels nouveaux contenus. Condamnée sans doute à s'éteindre doucement si les hasards de l'histoire ne l'avaient pas amenée à croiser la route d'un autre processus social.

À cette même époque du XIXᵉ siècle, sur une scène apparemment éloignée, l'agitation intellectuelle bat son plein. L'émergence de la modernité urbaine produit les débuts d'une véritable déflagration du lien social, qui se détache de ses enracinements hiérarchiques propres à l'ancien monde. Les pères de la sociologie, encore à peine constituée, se penchent sur le problème. Comte, Le Play, Tocqueville, et bientôt Durkheim, tentent d'analyser cette « crise profonde gangrenant une société déstabilisée » [Cicchelli-Pugeault, Cicchelli, 1998, p. 5]. La question est la suivante : « Comment penser l'ordre social dans un contexte de changement dont la rapidité effraie les contemporains ? » [*Idem.* p. 6]. La réponse est donnée par l'ensemble de la société active (les politiques, les

hygiénistes et autres ingénieurs sociaux, les philanthropes) :
en redéfinissant et consolidant la famille. Au-delà des divergences d'opinion sur les méthodes et les objectifs, le
consensus est profond sur l'identification de la famille
comme instrument de remise en ordre du social. Comme si,
ce dernier s'étant fait défaillant au plus haut niveau, il convenait de se replier sur des structures intermédiaires. Et, pour
construire solidement, sur la plus « naturelle » d'entre elles,
la famille. Le XIXe siècle sera submergé de discours idéalisa-
teurs sur la famille. Rien n'apparaît plus beau au monde que
la douce vie d'intérieur. Le combat des valeurs familiales se
gagna sans difficulté mais il restait à construire l'ordre. Or la
famille du XIXe siècle était précisément défaillante sur ce
point. Notamment dans les milieux ouvriers, écrasés par
l'industrialisation sauvage. L'urgence commandait de
trouver une méthode de construction.

L'histoire résulte parfois de rencontres étranges, donnant
l'occasion à ce qui n'aurait du être qu'un détail de jouer un
rôle de premier plan. Tel fut le cas des manières de table,
parce qu'elles croisèrent la nouvelle quête familialiste,
autour de laquelle la société toute entière était mobilisée.
L'ordre des gestes apparaissait-il tatillon et formel ? Mais
c'est justement pour cela qu'il représentait un instrument
idéal. Car il partait du plus concret des gestes et des choses,
préoccupé uniquement de réglementation. L'aventure
moderne de la structuration de la famille par les repas
pouvait commencer.

La famille rigide

« La société bourgeoise du XIXe siècle n'a évidemment pas
inventé le repas familial. Dans tous les milieux, à la ville
comme à la campagne, l'heure du repas voyait déjà, aux
siècles précédents, la maisonnée se rassembler autour de la
table. Le nouveau est que ce repas pris en commun échappe
dorénavant à la catégorie des pratiques quotidiennes dont il
n'y a rien à dire, pour lesquelles on ne fournit pas de
modèle, pour se voir explicitement assigner une place
centrale dans la sphère domestique et le fonctionnement

familial. Il devient emblématique de la famille comme pivot de l'ordre social » [Marenco, 1992, p. 113]. Les manières de table cristallisent un véritable « modèle de mœurs » comme le dit très bien Claudine Marenco. Elles sont à la fois tatillonnes dans leurs définitions très strictes, et ouvertes sur une pédagogie plus large, porteuse de toute une éthique à développer.

Mais le point de départ incontournable est la discipline des corps. Tout commence par elle ; l'apprentissage des rythmes, des postures, des codes de comportement. Les heures des repas sont respectées à la minute, chacun s'assied autour de la table haute et se tient sur son siège sans bouger, à une place qui n'est nullement aléatoire. Contrairement aux banquets du Moyen Âge, les convives sont en face à face, sans que cela ne développe pourtant une conversation intense dans les familles. Les enfants doivent demander la permission avant de parler. À chaque instant, la tenue et la retenue sont de mise, notamment dans la manifestation des plaisirs. Car l'objectif est prioritairement normatif et organisationnel : sous la pression de la société, il faut instituer la famille et fixer l'ordre, par les repas. La rigidité et le silence sont de ce point de vue beaucoup moins des contraintes que des outils de fixation du nouvel ordre domestique.

La structuration du groupe par les manières de table opère, je l'ai dit, en parallèle à une célébration effrénée des valeurs familiales, centrée sur l'idée de douceur du foyer (vue comme un antidote aux violences populaires). Cette campagne d'opinion ne pouvait pas rester sans influence sur les familles bourgeoises elles-mêmes. Progressivement, l'apprentissage des gestes, toujours aussi rigides, fut donc inscrit dans une problématique moralisatrice plus large. D'une table bien menée, qui « assure la « moralité de la famille » », dépend le « bonheur au foyer domestique » dit un texte de 1916 [1]. La méthode appropriée consiste à créer « une ambiance morale douce, apaisante, dont on écartera

---

1. Marguerite de Saint-Genes, *Traité de savoir-vivre,* Maison de la Bonne Presse. Cité par Claudine Marenco, 1992, p. 112.

les disputes, voire même les discussions trop vives » [1]. Le modèle ne diffuse donc plus seulement un ordre mais aussi une ambiance, qui n'est d'ailleurs pas que morale. La douceur reste en effet un mot si elle se limite aux principes éthiques ; il lui faut de l'affectif pour devenir vraiment enveloppante. Ordre, morale, et douce affection : ces différents niveaux semblaient pouvoir être ajoutés les uns aux autres sans problème, comme si le modèle enrichissait naturellement son contenu.

Vers une nouvelle communion ?

À ce point de l'histoire, dans la première moitié du XXᵉ siècle, la situation pouvait laisser penser qu'après tant et tant de péripéties, les repas avaient enfin trouvé leur vraie signification, qu'ils allaient installer dans la durée. Le modèle apparaissait cohérent, animé par une actrice centrale, grande prêtresse de la nouvelle religion domestique : la maîtresse de maison, qui est « le meilleur agent du bonheur », réunissant « à heures fixes sa famille autour de la table ». Car la nouvelle religion repose d'abord sur le respect des rituels. « Dans l'espace bourgeois, la répétition n'est pas routine. Elle ritualise, et le rite dilate le moment. » La maîtresse de maison « régit le rythme du temps privé, lui imprime une régularité et le met en scène tout à la fois » [Martin-Fugier, 1987, p. 194]. S'attachant d'autant plus à la gouvernance de sa tablée qu'elle ne cuisine pas elle-même ; tout passe par l'ordonnancement des repas. Et pour certaines, par l'ajout d'une douce affection atténuant la froideur de la rigidité.

Après avoir été bien ancré dans la bourgeoise, le modèle fut traduit pour être adapté aux milieux modestes, et devint la référence d'un vaste mouvement d'éducation domestique, la maîtresse de maison populaire élargissant son rôle à celui de cuisinière. Il fallut un certain temps pour que les théories enseignées dans les manuels s'impriment dans les faits. Pour des raisons surtout matérielles. L'assiette par exemple ne se répand dans les campagnes qu'au XIXᵉ siècle

---

1. Texte de 1914, cité par Claudine Marenco, 1992, p. 111.

[Roche, 1997], et la pauvre soupe est prise sans cérémonial. « Paysans et citadins de l'époque moderne passent en effet le moins de temps possible dans leur demeure, souvent froide, sombre et inconfortable » [Muchembled, 1988, p. 205]. Au début du XXᵉ siècle encore, les hommes préféraient s'attarder dans la chaleur conviviale des estaminets. Les femmes, propagandistes du nouveau modèle (et appelées pour cette raison « la bourgeoise » par leur mari) durent donc se battre pour les en décrocher et les attirer autour de la table familiale, en cuisinant des petits plats. Le mouvement d'acculturation domestique atteignit son apogée dans les années 1950. L'amélioration des conditions de vie et de l'équipement ménager permirent alors au repas de devenir l'architecte de relations familiales plus riches et ordonnées dans l'ensemble des couches sociales. Depuis l'époque lointaine des banquets sacrificiels, il n'avait pas trouvé une fonction aussi claire, évidente et consensuelle.

Dans ces temps anciens, les repas étaient l'objet d'une communion divine. Après bien des événements les ayant plongé parfois dans une certaine confusion, ils se regroupaient donc une seconde fois, autour d'un sens fort et d'une nouvelle communion, faite désormais de ferveur familiale. Le paradoxe étant que ce résultat avait été obtenu par un refroidissement émotionnel, une prise de distance avec les personnes et les nourritures, pour mieux structurer l'ordre nécessaire. Mais cette base étant établie, la morale bourgeoise avait ajouté une dose (modérée) d'affects, préparant les conditions d'une communion plus intense.

La deuxième partie de ce livre va justement nous y plonger. Nous verrons l'ordre s'assouplir au profit d'expressions sensibles nombreuses et diverses, de recherche des plaisirs et d'une conversation libérée. Bref, tous ingrédients favorables à une vraie communion groupale, en phase avec les attentes contemporaines de la famille relationnelle et affective [Singly, 1996]. Mais nous allons découvrir aussi autre chose : la prégnance destructurante du modèle de l'individu-consommateur étudiée au premier chapitre. Qui nous montrera que la stabilisation n'était qu'une illusion, un moment de calme provisoire. L'histoire tumultueuse des repas continue, entre quête de communion plus intense et hypothèse d'une simple fonction défensive : être l'« ultime rempart contre la désintégration de la famille » [Marenco, 1992, p. 197].

DEUXIÈME PARTIE :

À TABLE !

3

Faire famille

Quand un sonore « À table ! » se fait entendre dans la maisonnée, tous savent que leurs rythmes personnels vont être interrompus pour un temps familial, joué sur ce « fragile esquif qu'est l'harmonie d'un repas » [Muxel, 1996, p. 66]. Manger en famille n'est pas anodin, on n'en sort pas indemne, car c'est « la personne entière qui se construit en mangeant » [Rivière, 1995, p. 191], concrètement prise dans un réseau de valeurs de natures diverses [Pezeu-Massabuau, p. 1983], socialement fabriquée par l'ordre collectif dans lequel elle s'inscrit. En retour elle participe, par cette inscription même, à la production de la réalité domestique. Le repas, moment chaleureux du « rassemblement nourricier » [Muxel, 1996, p. 63], institutionnalise de surcroît le groupe, structurant l'agencement des personnes et des choses [Douglas, 1979]. Il est un « architecte de la vie familiale » [Sjögren, 1986, p. 54], qui dit et redit jour après jour la place et le rôle de chacun. « La table, d'une certaine manière, met en forme la vie de famille » [Muxel, 1996, p. 64].

Mise en forme particulièrement claire autrefois, lorsque les manières de table imposaient leur discipline précise, rigide, régulière. Il en reste de très nombreuses traces aujourd'hui. Bien que les familles cherchent à assouplir les règles, il est en effet impossible de socialiser sans un minimum de contrainte, impliquant que soient reconduites bien des conventions apprises au XIXᵉ siècle. Quelles rigidités conserver, quelles autres abolir ? Telle est une des questions qui se posent à tous, ou presque. Seules quelques rares familles, au fonctionnement traditionnel, la formulent à peine, crispées sur les disciplines anciennes, sortes de Mohicans d'un modèle en voie de disparition. Peu représentatives des nouveaux développements qui nous intéresseront bientôt, elles constituent cependant une curiosité qui mérite largement le détour, et qui de façon indirecte, nous apprend beaucoup sur les mutations en cours.

La discipline pure

Karim Gacem [1997] en a donné un bel exemple avec son enquête fouillée dans la famille Lacroix. Présentés rapidement, il serait possible de dire que les Lacroix sont une famille « catholique ». Cette dimension religieuse compte en effet beaucoup dans leur esprit, bien qu'ils ne soient plus guère pratiquants. Illustration parfaite de la laïcisation incomplète de la table, ils tentent de maintenir un minimum d'adhésion à leur foi dans la simple gestuelle quotidienne, par la répétition de rituels ordinaires à portée symbolique. Spécialement autour des repas, comme l'explique Mathilde, la maman. « J'attribue beaucoup d'importance au repas aussi parce que le repas c'est la Cène avec Jésus-Christ. Dans toute la Bible, le repas a une importance prépondérante »[1]. Le repas est sacré. Disparues les prières, oublié le respect de l'alimentation maigre le vendredi, mais report sur une déification de l'ordre familial en lui-même. L'ordre pour l'ordre, tenu par les détails minuscules. La civilité n'est pas en effet ce qui porte véritablement le système. Certes, les règles sont respectées : « Servir les filles en premier, ne pas commencer avant que tout le monde soit servi et la mère assise, ne pas chanter à table, finir son assiette, manger de façon propre et discrète, mettre sa serviette sur ses genoux, demander la permission avant de se lever, etc. » [Gacem, 1997, p. 15]. Le plus fort cependant, le cœur structurant, est dans la fixité des plus petites choses ; l'éthique d'ensemble s'accroche à des presque rien. Les ronds de serviette par exemple, qui « ne doivent pas se trimbaler n'importe où. On les met toujours

---

1. Cité par Karim Gacem, 1997, p. 14.

à la gauche du verre »[1]. Violette, l'une des filles, décrit avec une telle facilité la place des objets que l'on mesure à quel point elle l'a incorporée. « Sur la table, chaque chose a sa place. Au milieu de la table il y a le dessous-de-plat principal et de chaque côté les petits dessous-de-plat sur lesquels on pose d'abord les carafes d'eau. Contre le petit dessous-de-plat de gauche sont placées la salière, la poivrière, au centre les grands couverts qui servent pour le service et à droite il y a le plateau à pain. Du côté où il n'y a personne on amène le plateau de fromages à gauche et le plateau de fruits à droite ou au centre, le service à café. Quand on prend quelque chose, il faut le remettre sinon il y a toujours une remarque, ou si c'est mon père on le remet en place devant lui pour bien lui montrer »[2].

La mère, organisatrice de chaque instant, s'efface devant la figure d'un père quelque peu énigmatique, à la fois silencieux et farouche gardien du dogme. Visiblement en décalage dans son époque, fragilisé par une société qui ne lui fournit plus les valeurs aptes à le structurer au plus profond, il se replie dans son univers muet, s'agrippant aux manières comme à une barrière de protection, et les imposant à tous avec intransigeance. Au point que les enfants ont parfois peur de venir à table. Pourtant ils n'imaginent pas la vie autrement, et reproduisent le système aussi efficacement que les parents. Élisabeth est secrètement révoltée quand son père se permet de ne pas respecter une règle. Violette fait intégralement corps avec cette discipline d'existence, assimilée à une normalité évidente. « Je suis très à cheval sur ces choses-là. Toutes les règles qu'ont imposées mes parents, en fait je les accepte bien puisque c'est important pour moi d'avoir un repas normal »[3]. Même Rodolphe, le fils considéré comme rebelle, se plie aux lois instaurées. « C'est sûr qu'au début c'est apparu comme une obligation mais maintenant c'est intégré à notre vie. » Il n'imagine d'ailleurs pas qu'une autre vie de famille puisse être possible. « C'est clair que je

1. Rodolphe, le fils (modérément) rebelle de la famille, Cité par Karim Gacem, 1997, p. 15.
2. Cité par Karim Gacem, 1997, p. 15.
3. Cité par Karim Gacem, 1997, p. 16.

veux que ça se passe comme ça avec mes enfants, comme ça se passe à la maison dans les meilleurs jours. Qu'on mange tous ensemble, que chacun respecte » [1].

Dans les meilleurs jours. Car il y a aussi (et il y en a beaucoup) des très mauvais. Les repas sont rarement un moment de plaisir. L'atmosphère est glaciale, silencieuse, la proximité problématique, notamment entre père et enfants. Élisabeth témoigne : « J'évite beaucoup de le regarder, ça il ne supporte pas du tout. Bon quand je suis à table, j'essaie de le regarder autant que les autres, je pense pas que j'y arrive, ça me donne la chair de poule » [2]. La discipline des gestes n'efface pas les gênes de l'intimité partagée. « Ce qui est dur évidemment c'est quand il passe les plats parce que là y a un rapprochement réel, rien que toucher les mains, j'aime pas ça, et même de prendre le plat qu'il tient ça me met mal à l'aise, donc je m'arrange, j'attends qu'il ait posé le plat sur la table » [3]. Il ne faut pas interpréter ces tranches de vie de la famille Lacroix comme une sorte de machine à remonter le temps illustrant ce que produisait le modèle de manières de table à l'époque de sa gloire. Malgré les timbales de communion dans lesquelles les enfants majeurs boivent encore leur eau quotidienne, les Lacroix sont pleinement d'aujourd'hui. C'est d'ailleurs parce que, marque de la modernité, l'affectif et le relationnel cherche à se manifester (mais bute sur la co-présence rigide), que les repas se font insupportables. « L'attachement à la forme du repas unifie le groupe et préserve son image de famille sans parvenir à lui faire vivre une cohésion fondée sur une proximité affective et le partage de moments heureux » [*Idem,* p. 29]. Le sensible s'exprime plus par les agacements et rejets que par la tendre complicité.

Et les agacements parfois en arrivent aux cris et aux larmes, aux portes qui claquent. « Des objets tels les dessous-de-plat peuvent être projetés dans la pièce et des assiettes ou des verres brisés » [*Idem*]. Pour Jean-Paul Aron, « La salle-

1. Cité par Karim Gacem, 1997, p. 17.
2. Cité par Karim Gacem, 1997, p. 26.
3. Cité par Karim Gacem, 1997, p. 39.

à-manger est un théâtre dont la cuisine est la coulisse et la table la scène » [1973, p. 227]. Chez les Lacroix les représentations ont le pathos des tragédies grecques et les éclats des comédies de boulevard. « Quitter la table en colère pendant le repas, chez nous c'est quand même quelque chose hein ! Ca veut dire qu'il va y avoir une super tension toute la soirée et le lendemain. Ca s'arrange au début de la semaine, on oublie en reprenant ses activités de la semaine, on fait aussi un peu semblant, on fait attention » [1]. Hélas les tensions retenues gonflent, jusqu'à l'apothéose que chacun craint en secret : le samedi soir. « Le samedi soir, c'est vraiment ça. On prend sa respiration et on a le cœur qui bat quand faut passer à table. » [2]

Fragments disciplinaires

Tout particulier qu'il soit, l'exemple de la famille Lacroix montre que l'autorité paternelle est cruciale dans le maintien d'un modèle disciplinaire. Par sa seule présence, un père « traditionnel » impose une rigidité. Dans un registre familial plus ludique et ouvert, Sophie, 28 ans, l'exprime aussi. « À midi, on déjeunait sans mon père. On pouvait tchatcher, déconner à table. Le soir, c'était pour les informations, pas question de parler, mon père écoutait les infos. » [3] Mais en général, comme chez les Lacroix, l'organisatrice concrète est la mère, tenant le système par les détails, d'autant plus acharnée à les reproduire que le père n'affirme qu'une volonté abstraite. Surtout dans le domaine éducatif, l'éducation des enfants par les manières de table. Interrogée sur la question, Prune ne peut s'empêcher de hausser le ton. « C'est des traditions qu'il ne faut pas perdre ! ». Les horaires sont stricts, les postures impeccables. « Il n'y a que là où tout le monde est réuni, sans bouger. Tant que l'assiette n'est pas vide, tu quittes pas la table, donc tu restes. » Nous avons déjà entrevu son histoire

1. Violette, citée par Karim Gacem, 1997, p. 57.
2. *Idem*, p. 56.
3. Citée par Isabelle Garabuau-Moussaoui, 2002a, p. 89.

(c'est elle l'adepte de la saucisse naturelle). Dans le domaine culinaire, elle est une véritable propagandiste du passé. Lorsque nous l'invitons à imaginer une cuisine idéale, elle dit qu'elle n'a besoin d'aucun équipement moderne, et aimerait par contre avoir un immense potager avec des lapins et des poules, pour ne consommer que des produits frais. Elle est cependant moins traditionaliste pour les repas. Certes, elle tient son petit monde (mari compris) d'une main de fer. Mais cette discipline a une fonction, créer un moment familial, autour de la conversation avec ses deux jeunes enfants. « Le repas c'est très très important, ici c'est comme ça. Il n'y en pas un qui va aller bouffer ici ou là, c'est hors de question ! On est une famille, c'est le moment de se parler. » Son mari souhaiterait parfois regarder la télé. « Ça je dis non ! Je vais l'éteindre, là je me mets en colère. » Le repas est réservé à la conversation familiale. Prune a trente-trois ans. Elle rêve d'une famille bien d'aujourd'hui, où chacun est à l'écoute de l'autre. La discipline très stricte du repas n'est en fait qu'un instrument pour essayer d'avancer un peu vers ce but, un fragment de contrainte pour s'approcher d'une douceur relationnelle entrevue. Ou, version plus défensive (elle a sans doute en tête les deux à la fois), pour éviter que la distension du lien ne s'aggrave encore. « Si t'as pas un moment dans la journée où on puisse se retrouver, et bien on se perd de vue et c'est fini ! ».

L'héritage des disciplines anciennes se retrouve souvent désormais à l'état de fragments, flottant séparés au gré d'un univers relationnel plus souple, amarrés selon les familles à tel ou tel repère (les horaires, les conventions de table, la place des objets, les choix alimentaires), mais ouverts à la négociation permanente. Prenez le cas d'Hortense. Elle a élevé ses enfants dans une stricte discipline des repas. « Il était pas question de quitter la table avant que ce soit fini ! ». Elle est totalement désappointée quand elle se rend aujourd'hui chez sa fille, jeune maman. Les enfants n'en font qu'à leur tête, se confectionnant eux-mêmes, horreur des horreurs, des plateaux-télé chips-Coca. Bien qu'elle n'ose dire sa réprobation, le message silencieux est quand même passé. Quand c'est elle qui invite en effet, sa fille mène la guerre à ses enfants. « Chez mamie on se tient bien ! ». Ils s'y plient d'ailleurs sans trop protester, comme s'ils entraient dans un jeu de rôles. Eux s'imaginent sans doute, en ce moment chez mamie, dans la machine à remonter le temps.

Une révolte ménagère

Les Lacroix ont réussi (dans la douleur) à maintenir un cadre disciplinaire global, et non de simples fragments. En cela, ils font figure d'exception. Pourtant, même chez eux, des brèches s'ouvrent. Exhalant un parfum d'autre vie, plus ou moins clandestine. En particulier, l'étonnant nouveau rituel du dimanche soir. Tout est venu de Mathilde, qui a soudainement saturé du don de soi maternel n'accouchant que de relations acides. Elle a eu envie de s'échapper un peu, un tout petit peu, vivre pour elle-même. « Quand on donne beaucoup, il y a un moment où on est vidé, on a une très mauvaise image qui nous revient de nous-même, et ça c'est très moche. Quand je sens que je ne me retrouve plus j'essaye d'arrêter. » Elle s'est « tournée plus vers l'extérieur, vers différentes sortes de bénévolat ». Et surtout, après le samedi soir si éprouvant, après le repas longuement préparé du dimanche midi, elle a unilatéralement décrété (sans employer le terme) une véritable grève du dimanche soir. « Je pense qu'un jour, j'en ai eu par-dessus la tête ; toute la semaine, tout le temps, c'est moi… Alors maintenant je prends mon dimanche soir. Là ! Je ne fais pas la cuisine le dimanche soir, c'est comme ça »[1]. Le père n'a pas osé s'opposer à cette révolte, trahison de l'intérieur. Donc chacun se débrouille. « Ça fait pas repas, c'est du grignotage », le principe étant de se servir dans le frigo. Contraint d'accepter, il n'est toutefois pas sans secrètement savourer ce moment différent. « Mais bon si vous voulez, je dirais que si il y a des règles dans la famille, ce soir-là, pof ! elles disparaissent. Si ça se passait tous les jours comme ça

---

1. Citée par Karim Gacem, 1997, p. 31.

je dis pas, mais là je trouve ça bien pour tout le monde. Bon le dimanche il y a plus de temps, tout le monde se sent un peu plus décontracté, un peu moins… Ça entraîne plus de liberté. » [1] Une liberté surprenante, révélant un tout autre univers relationnel, à l'opposé des repas disciplinaires. Putsch involontaire : les enfants ont occupé la table, seuls, inversant joyeusement l'ordre du monde comme dans la tradition carnavalesque. Violette témoigne : « Nous, le dimanche soir, ça nous fait une sorte de récréation. Notre repas ne dure pas forcément très longtemps, mais c'est une demi-heure où on rigole tout le temps. C'est pour des bêtises en plus hein, quand on y repense après on se dit qu'on est bête de rigoler pour ça, mais on n'est qu'entre nous, que les frères et sœurs. Et en fait on décompresse des autres repas. » [2] Rodolphe confirme : « C'est un moment où on rigole beaucoup, on se moque de nos parents qui sont devant et voilà. C'est vraiment un moment de complicité, on l'aime bien tous les quatre » [3]. Les parents en effet ne sont pas loin, à trois mètres, installés de façon plus informelle dans le divan, face à la télé, pour un grignotage dînatoire autour d'un apéritif. Qui au dire des enfants – sans doute mauvaises langues – est bien arrosé. « Mes parents picolent tout ce qu'ils peuvent dans le divan » persifle Rodolphe. Car le groupe des timbales en argent s'adonnant à l'eau claire brocarde volontiers ce soir-là. Le plus passionnant de l'histoire est que, contrairement à ce que pense le père, il ne s'agit pas d'une bouffée libératoire vraiment anarchique. Le jeu des deux groupes est strictement réglé. Des principes, nouveaux mais très précis ont été définis. Ainsi au début, tous les aliments devaient être froids. Puis une réforme a été instaurée, en vue d'accepter les plats chauds (à condition que ce ne soit pas Mathilde qui s'en occupe), montrant que le contre-modèle, parti d'une révolte confuse, avait bien vocation à s'installer sérieusement et dans la durée. Qu'il avait débouché sur une autre discipline, mettant en forme

---

1. *Idem.*
2. *Idem*, p. 34.
3. *Idem.* p. 37.

d'une manière très différente les gestes, les pensées et les sentiments. Entre samedi et dimanche soir, les Lacroix se fabriquent par leurs repas deux existences opposées.

La femme n'est plus ce qu'elle était

La révolte de Mathilde est en prise sur son temps, comme les effets qu'elle produit. La mutation des comportements alimentaires que nous vivons aujourd'hui provient pour beaucoup (outre le développent de l'autonomie indivi-duelle) du changement de place des femmes dans la société. Elles n'acceptent plus d'être réduites à un rôle où elles n'existent plus en tant que personnes, que leur horizon exis-tentiel puisse se borner aux murs d'une cuisine. Là encore cependant, le passé, associant la femme à la fonction nour-ricière, pèse lourd.

Un très long passé, qui commence aux temps les plus anciens du haut paléolithique, où l'imaginaire était dominé par la figure mythique primordiale de la mère nourricière, féconde et pourvoyeuse, s'épanouissant encore avec les débuts de l'agriculture [Bucher, 1998]. « Ainsi, la femme est sein. Le sein incarne la femme elle-même dans son essence nourricière et corporelle » [Perrot Mich., 2000, p. 109]. Cette image forte qui a profondément marqué l'histoire ne doit pourtant pas conduire à des simplifications trop rapides. De même que l'histoire des repas n'est qu'une succession de rebondissements, l'association de la femme et de la nourriture ne s'inscrit pas dans un récit linéaire. Certes, elle a presque toujours été du côté de la soupe, dans les petits univers domestiques, ou plus largement (maîtresse des marmites rayonnante de chaleur relationnelle et gour-mande) dans les communautés villageoises [Verdier, 1979]. Mais elle fut rarement aux premiers postes de l'épopée culi-naire et commensale que nous avons vue plus haut. Peu ou pas de femmes chez les violeurs de tabous et les prêtres-bouchers, seconds rôles dans la préparation des grands banquets. Plus près de nous, au XIXe siècle, nous avons vu la part considérable prise par les femmes dans la mise en place du modèle bourgeois de bonnes manières. Comme organisatrices de la discipline (et parfois créatrices d'une douceur ambiante) beaucoup plus qu'autour d'une fonction nourricière. Dans ce siècle où toute la société se mobilise pour fabriquer une identité féminine essentiellement définie par le rôle maternel, la vertu nourricière apparaît moins. L'idéal proposé à la femme est de s'enfermer « dans son petit logis, où elle devient servante de ses enfants et de son mari, femme d'intérieur, ménagère au sens nouveau. Son rôle domestique se rétrécit, tend à se concentrer, à se confondre avec le rôle maternel » [Knibielher, Fouquet, 1982, p. 249]. Pas avec le rôle nourricier, absent des débats. Tout simplement parce que le modèle de mœurs, inventé par les bourgeois, ignorait les sombres cuisines, ces coulisses du repas abandonnées à des domestiques. Les modèles de comportement ne se diffusent pas toujours du haut vers le bas de la société. La fonction nourricière de la femme en est un bon exemple ; elle manquait dans le repas bourgeois cherchant à s'imposer comme référence. Sur ce point l'influence vint donc aussi des milieux populaires, où les femmes entraient dans leur rôle en faisant corps avec cette fonction. Olivier Schwartz [1990, p. 252] a montré pourquoi elle jouait un rôle décisif, imbriquée dans une fusion personnelle avec la nourriture, permettant à la mère d'enrouler autour d'elle un microcosme protecteur où elle « se nourrit d'un système plein » tout en nourrissant les autres.

La situation était la suivante : d'un côté (bourgeois), un modèle de mœurs qui avait oublié la cuisine, de l'autre (populaire), un désir nourricier qui ne trouvait guère les conditions matérielles de pouvoir s'exprimer. Il fallut donc attendre longtemps pour que la fonction nourricière ne se trouve associée dans toute son ampleur aux manières de table, dessinant une implication maternelle plus forte dans les activités culinaires. L'analyse descriptive des cuisines dans les habitations (bon indicateur des activités) permet de constater que pour la masse de la population, la mutation n'opèra pas avant les années 1950 [Collignon, Staszak, 2004], cette pièce ayant été davantage transformée en cinquante ans que lors des trois siècles précédents [Marenco, 1992]. Dans les années 1950. Donc très peu de temps avant que la révolution de l'émancipation féminine, qui rompit le lien exclusif de la femme avec l'univers ménager, ne prenne son essor. À peine étaient-elles installées au centre de la fonction renouvelée que les femmes avaient envie de s'en échapper. Certes autrefois la femme avait été longuement attachée à la surveillance des cuissons lentes, fixée près de l'âtre ; certes plus près de nous, elle fut tellement identifiée au rôle qu'on la désigna par le même mot (cuisinière) que l'appareil de cuisson [Vanhoutte, 1982]. Mais cet attachement aux marmites ne suffit pas à créer la fonction dans toute sa dimension mythique. Les images nostalgiques idéalisant les tablées d'autrefois ignorent cette réalité plus incertaine, où la femme fut en fait placée au croisement de deux mouvements contraires : la montée historique de l'activité culinaire (jusqu'à la passion contemporaine), cependant qu'elle-même se désengageait du ménager. Ou du moins tentait de le faire.

Il existe encore d'assez nombreuses femmes que l'on imagine à peine sorties de cet autrefois mythifié, toutes entières dans leur identité de dévouée cuisinière. Pas tant à la manière, docile et rangée, de madame Thomson, telle qu'elle est dépeinte par son mari [1], un peu décalée dans son temps comme le sont les Lacroix. « Elle est tout ce que j'aurais voulu que soit ma première femme. Voyez-vous, elle me comprend en tant que personne avec tout ce que j'ai d'excentrique. C'est une vraie ménagère, la maison est propre et rangée, il y toujours quelque chose au frigo et toujours à boire... une bouteille de cidre, de la bière, du whisky, toujours quelque chose à boire à la maison... mes repas sont toujours prêts à l'heure... elle me mitonne des petits plats parce qu'elle aime ça. Elle fait toujours la vaisselle tout de suite et sans me permettre de l'aider, des choses comme ça. » [2] Mais plutôt à celle de Prune par exemple, dans sa quête d'impossible, très loin d'une hiérarchique définition par les rôles comme chez les Thomson. Activiste

---

1. L'enquête (menée en Angleterre) dont est tiré ce témoignage date de 1981. Il serait plus difficile aujourd'hui de trouver un tel cas, surtout dans la manière confiante avec laquelle Mr Thomson l'exprime sans détour.

2. Cité par Jacqueline Burgoyne et David Clarke, 1986, p. 39.

rêvant d'une famille chaleureuse, elle est aidée dans cette
visée par des scènes d'enfance qui ne cessent de lui revenir
en mémoire. « Moi j'ai le souvenir des repas familiaux,
c'était énorme ! T'avais tout le monde qui rigolait, qui discutait… Quand je fais un pot-au-feu, ça me rappelle ça. » Car
c'est bien ce qui la travaille : tenter de recréer « ça » par le
pot-au-feu et autres petits plats. Elle ne ménage pas son
ardeur, déplaçant des montagnes d'activités culinaires, pour
un résultat familial qui n'est pas tout à fait à la hauteur du
rêve. D'où ses colères quand son mari veut allumer la télé.
Montagnes culinaires aussi parce qu'elle s'est forgé un bloc
idéologique hostile à la modernité et idéalisateur de l'ancien
temps, en accord avec ses souvenirs enchanteurs. Ce qui ne
facilite guère son travail. « Je ne suis pas trop pour le
moderne question cuisine. Je n'ai même pas de cocotte-
minute. J'ai une vieille cocotte en fonte, elle accroche, elle est
chiante, mais tant pis, je trouve ça vachement bien. » Elle
n'éprouve jamais la moindre pénibilité à faire la cuisine.

Nourrir et maigrir à la fois

Prune est toutefois trop entière (et passéiste) pour bien
représenter son époque. La complexité de la situation
actuelle tient à ce que, à mesure que la passion culinaire se
développe, l'engagement se fait moins total, par séquences.
Les femmes ne veulent plus être uniquement définies par les
casseroles. Elles ont une vie ailleurs, en tant que personnes
autonomes présentes sur la scène publique. La cuisine n'est
qu'un moment parmi d'autres dans une gamme d'activités
diverses. Aidées par la mécanisation du foyer et le développement de nouveaux produits « prêts à manger » [1], elles se
sont libérées de leur assignation nourricière qui fixait une
large part de leurs journées. En moins d'un demi siècle, la
durée quotidienne des activités culinaires s'est considérablement réduite, jusqu'à descendre à moins de vingt
minutes dans la moitié des ménages [Vanhoutte, 1982 ;

---

1. Plus que par le partage des tâches avec le mari, qui reste encore très limité. Nous verrons cela dans la troisième partie.

Guilbert, Perrin-Escalon, 2004]. Suzette a bien connu autrefois ce sentiment de devoir qui pousse à faire tant et tant, sans
compter. « Moi j'ai été élevée comme ça, ma mère avait
beaucoup de principes, on a été élevé pour faire plaisir aux
gens. On s'impose des choses, c'est une question
d'éducation. » Regardant le passé, elle se voit comme une
étrangère à elle-même, qu'elle comprend sans comprendre.
Et cherche aujourd'hui des repères pour une nouvelle implication culinaire. Maïté (qui selon ses dires était aussi jadis
une femme de devoir) n'a pas de tels états d'âme ; elle a
presque totalement déserté la cuisine. « Je l'ai fait plus autrefois d'être la cuisinière. Tu prépares, ils arrivent : ils ont
décidé d'aller manger au McDo ! t'avais préparé : c'est resté
là ! Non, maintenant, j'estime… chacun se débrouille. » La
maisonnée a été convertie au sandwich-jambon. Comment
trouver un juste équilibre entre la dissolution de soi dans les
casseroles et la radicalité du système « frigo-sandwichs » ?
Avant de développer plus en détail dans la troisième partie,
il est possible de le résumer en quelques points. D'abord en
faisant varier les types de repas (grignotages individualisés,
repas rapides, petits plats amoureusement mitonnés, agapes
festives) impliquant des engagements culinaires d'intensité
variable. Ensuite en développant un nouvel art de la rapidité, du petit coup de main, de la touche personnelle. « Si
j'ai pas de temps, je fais une chose faite rapidement, mais
que j'aime quand même ; j'ai mes trucs. » Marjolaine
n'hésite pas à volontairement jouer de sa capacité d'improvisation à la dernière minute. « Je ne suis pas très organisée,
c'est un défaut. Mais ça peut être une qualité aussi. Je suis
assez fantaisiste, je n'en fais pas un monde si j'arrive sans
que ç'ait été prévu. Je trouve toujours une solution. » Elle
ne cesse de jongler entre deux injonctions contraires : faire
vite et faire bien. Pourquoi faire bien ? Non par devoir
comme dans la société d'hier, mais par amour, par passion ;
pour fabriquer du familial par des repas réussis. « Je ne
veux pas être l'esclave de service, mais je veux faire les
choses bien. Je suis pour l'évolution du statut de la femme,
par contre je tiens à ces repas de famille. » En cela, elle
illustre parfaitement la nouvelle donne d'aujourd'hui, avec

ses contradictions, et ses dosages délicats. « C'est un besoin chez moi. Si je ne m'investis pas j'ai l'impression que je n'ai rien fait pour les autres. C'est un tort d'ailleurs, je fais attention de doser ça. » Le plus curieux pour elle étant que les moments problématiques se situent plutôt, à l'occasion d'une petite pointe de pénibilité, quand elle sent qu'elle se laisse trop emporter par l'envie de se donner aux autres. « C'est surtout quand je suis en train de faire les pluches que ça me pèse. Je me dis : "Oh là là ! t'es encore en train de te donner trop de mal !" ».

La rapidité culinaire est une autre manifestation de la légèreté existentielle déjà évoquée, révolutionnaire pour les femmes, qui étaient historiquement attachées au poids du quotidien ménager. J'ai dit plus haut, à propos du mangeur-consommateur, que ce rapport au monde pouvait rencontrer une tout autre légèreté, physique celle-là, notamment sous l'influence de l'idéal de minceur qui s'impose aux femmes. Dans l'univers de la préparation des repas, cette conjonction ouvre une nouvelle contradiction, particulièrement difficile à résoudre. Comment en effet parvenir à nourrir amoureusement les siens tout en ne mangeant pas trop soi-même ? Le conflit oppose deux perspectives identitaires. D'un côté, la mère nourricière ou la scénariste d'une vie familiale pleine de saveurs ; de l'autre la femme individu autonome et réflexif, maîtrisant son alimentation et soucieuse de son corps [Charles, Kerr, 1988]. Pas simple de combiner ces deux lignes de vie possibles. L'écart certes n'est pas totalement nouveau. Le contraste des rôles mascu-lins/féminins produit par l'histoire (l'homme adonné aux travaux de force et gagnant le pain du ménage avait droit aux meilleurs morceaux et à des rations plus copieuses) a établi depuis des siècles l'habitude d'un grignotage plus léger chez les femmes [Perrot Mich., 2000], qui n'en assu-maient pas moins leur fonction nourricière. Mais la nouveauté tient aujourd'hui à ce que l'écart s'inscrit dans un antagonisme identitaire, ouvrant sur deux perspectives opposées de construction de soi. Qui se jouent à l'occasion de chaque décision culinaire. Ainsi, se comprennent mieux les dosages subtils de Marjolaine. Elle n'a pas simplement

peur d'en faire trop du point de vue du travail ménager.
Elle craint surtout, par ces gestes, d'engager sa vie, sa personnalité, dans une direction qui ne lui semble pas la meilleure. Les enjeux sont beaucoup plus importants que ne le
laisse penser la banalité apparente du contexte culinaire. Ils
expliquent la multiplicité et l'ingéniosité des tactiques
employées pour résoudre la contradiction, d'une manière ou
d'une autre. Maïté a opté pour la méthode radicale que nous
commençons à bien connaître. Elle a été aidée par le simple
fait que le sentiment de devoir n'était pas associé chez elle
à un vrai plaisir de cuisiner ni même de manger. Il lui a donc
été beaucoup plus facile de rompre l'engagement culinaire.
Amandine, à l'inverse, serait prête à définir un sens fort de
sa vie autour de sa passion pour la cuisine, créatrice d'une
sociabilité commensale. Une cuisine de rêve pour des repas
magiques. Hélas ! la famille (notamment ses deux garçons)
a refusé de s'inscrire dans ce scénario enchanteur. Elle
compense par des repas préparés pour ses amis. Biscotte
enfin a utilisé une astuce très répandue : faire à manger sans
trop manger soi-même. Elle déteste le lapin, que toute la
famille au contraire appréciait (du temps où elle était régulièrement réunie). Et bien, du lapin, il y en avait très souvent
sur la table, chacun se régalant cependant que Biscotte se
contentait de picorer dans les légumes d'accompagnement.
Sans que personne ne trouve à redire puisqu'elle déteste le
lapin. Se priver ne doit pas empêcher d'avoir envie de
donner à manger. « Ça me fait plaisir qu'ils en reprennent,
même si moi je peux pas », dit Marie [1], adepte du body-building. « J'adore faire la cuisine, j'adore leur faire de bons
petits plats. »

Des scènes éclatées

Les femmes n'ont pas déserté en masse les cuisines. Face à
un partage des tâches n'évoluant que lentement (même si la
progression est un peu meilleure dans le domaine culinaire
que sur l'entretien du linge ou le ménage), elles se sont orga-

---

1. Citée par Pascal Duret, 2005, p. 53.

nisées pour préparer les repas plus vite, se réservant des
moments choisis, surtout le week-end, pour donner libre cours
à leur désir de faire famille par le don de soi sans calcul ; pour
le plaisir personnel et le goût des autres. Cette évolution a été
considérablement facilitée par les bouleversements consécu-
tifs à la montée de l'individualisme alimentaire, au dehors
comme au dedans de la famille. Une partie des repas, notamment le déjeuner, est prise à l'extérieur. Une autre, en particulier le petit-déjeuner, est gérée par chacun. La pièce-cuisine
est moins marquée par la présence maternelle, et s'ouvre à des
individus circulants qui se la représentent avant tout comme
un lieu de stockage [Corbeau, 1992 ; Diasio, 2002]. L'émergence du frigo comme organisateur central s'inscrit dans un
mouvement inverse au retrait féminin.

Les repas se jouent désormais sur des scènes éclatées et
changeantes ; l'ordre ancien a fait place au mouvement et à
l'incertitude. À commencer par l'aspect le plus matériel des
choses : la multiplication des tables. Dans la plupart des
ménages, celle de la cuisine est la plus importante, y compris
quand la pièce est réduite à quelques mètres carrés. Pendant
près d'un demi-siècle en effet, les concepteurs de logement,
sûrs de leurs idées (encore la science triomphante !) ont
diminué les surfaces et cherché à faire disparaître les repas de
la cuisine, au nom de la modernité « américaine » d'un espace
« laboratoire » dédié au seul travail culinaire. Les familles se
sont serrées, mais ont résisté tant qu'un bout de table pouvait
être maintenu [Léger, 1990]. Jusqu'à aujourd'hui, où de
nouveaux concepteurs à la mode « inventent » la cuisine
conviviale, très « tendance ». Ce sont en réalité les discrets
résistants, du fond de leur pavillon ou de leur HLM, qui ont
fini par imposer leurs désirs. La table de la cuisine est la
plus importante parce qu'elle laisse ouverts tous les possibles. Elle est table de travail, de grignotage improvisé, de
repas individuel plus conséquent ou de repas familial en
bonne et due forme ; table de simple discussion, avec un
verre, un café ou sans rien ; table où le corps ne se formate
pas dans un programme défini à l'avance (durablement
assis, à moitié assis, debout) ; table où s'enchevêtrent des
séquences individuelles (le frigo n'est pas loin) et fami-

liales. La cuisine est parfois si petite que c'est la table de la salle qui fait office de table à tout faire. Mais la plupart du temps la fonction de cette dernière est autre. Elle est la gardienne de la mémoire, symbolisant ce qu'il reste de l'ordre disciplinaire des manières de table, haute et droite, si bien dressée qu'elle crée une rupture avec l'ordinaire. Elle met en scène la famille dans ses rituels les plus protocolaires et structure les réceptions amicales. Sa rigidité a le charme désuet des grandeurs solennelles. Les inconvénients aussi ; elle fatigue les corps, enclins désormais à plus de souplesse. Une troisième table a donc fait son apparition, plus basse, entourée de sièges doux et confortables. Le salon a été détourné de son usage officiel et devient le cadre de dînettes qui n'ont ni le sérieux trop froid de la belle table haute, ni l'ordinaire trop ordinaire de la cuisine. La famille cherche à y ouvrir une séquence de vie un peu différente, en jouant une partition plus ludique. C'est dans cette même optique qu'aux beaux jours, une quatrième table est parfois ajoutée, dans un jardin, une véranda, sur un balcon, près d'un barbecue. Et il faudrait ajouter encore bien des déclinaisons plus discrètes, ou plus individualisées. Le plateau-repas bien sûr (qu'il soit ou non associé à la télévision), sorte de table minuscule, mobile et personnelle ; la simple assiette encore plus nomade ; le lit où est posé le plateau ou l'assiette. Sans parler du grignotage sur le pouce. La maison toute entière est transformée en instrument malléable de repas qui s'improvisent dans les conditions les plus diverses.

La multiplication des tables n'est que l'aspect le plus visible d'une multiplication des modes de sociabilité alimentaire encore plus large et variée. Entre individualisation des pratiques et fusion groupale ; entre liberté et discipline ; entre ruptures festives et routinisation ; entre temps court et temps long, entre petits plats longuement cuisinés et système-frigo, etc. Les arrangements entre les lieux, les méthodes de préparation, et les styles de la commensalité, sont innombrables et se réajustent de façon continuelle [Gacem, 2001]. L'offre de nouveaux produits prêts à manger ou de préparation rapide, ainsi que leur disponibilité « à portée de main », jouent un rôle important

dans cette diversification des modes d'action, de même
que les services (restauration collective ou commerciale,
livraison à domicile).

La restauration rapide, devenue emblème de la malbouffe
(notamment la marque McDonald's), répond en même temps
à une demande forte, non seulement en raison de l'individualisation des pratiques, mais aussi parce qu'elle autorise cette
malléabilité des usages. Les *fast-food* sont par exemple
souvent utilisés par les parents pour vivre une expérience
d'échange familial différente avec leurs jeunes enfants. Les
études fines montrent que dans la bousculade et les bruits
ambiants, la conversation est pauvre en contenu [Badot,
2002]. L'essentiel néanmoins est ailleurs, dans l'inversion,
pour un temps, d'un certain nombre de codes, la co-présence
régressive dans un univers dominé par l'enfance et centré sur
l'enfant [Gacem, 1999 ; Singly 2000].

L'enfant au centre

Ce qui se passe au dehors du foyer reste en lien étroit avec
la fabrication de la famille ; même les pratiques les plus
individualisées disent quelque chose de familial. À plus
forte raison, quand les services s'introduisent dans la
maison. François de Singly et Julie Janet Chauffier [2000]
donnent l'exemple très intéressant de Sophie, mère de trois
jeunes enfants. Les activités professionnelles du père réduisent le nombre de repas où la famille entière peut être réunie
autour de la table : seulement deux par semaine. Sophie va-
t-elle en profiter pour mijoter pour les siens des petits plats ?
Elle n'a pas trop le temps, ni surtout l'envie. Lorsqu'elle a
essayé, ses tentatives n'ont d'ailleurs guère suscité
l'enthousiasme. L'important à ses yeux n'est pas la cuisine
mais l'expérience de vie familiale occasionnée par le repas.
La solution a donc été trouvée. « Le dimanche midi, on
mange McDo à la maison. » Chez soi plutôt que sur place
pour davantage se parler. Le McDo (peu habitué à de tels
qualificatifs) est son « luxe ». « Mon luxe c'est le McDo
parce que je n'ai rien à faire. Et n'avoir rien à faire pendant
le week-end, c'est quand même plus sympa que de passer sa

matinée à faire un pot-au-feu. » Elle n'a pas mauvaise conscience, puisque ses enfants, et même son mari, adorent.
« Donc là, je me fais plaisir en n'ayant rien à faire et je sais
qu'ils vont bien manger parce qu'ils aiment ça. » [1]

Nous le verrons dans la troisième partie, le pot-au-feu n'a
pas dit son dernier mot face au McDo, et Sophie ne représente, concernant ses choix culinaires, qu'une tendance
extrême, minoritaire. Mais en dehors des questions alimentaires et culinaires, son cas est tout à fait symbolique de la
nouvelle forme de repas qui se cherche aujourd'hui. Notamment autour de trois axes : la centration sur l'enfant, les
nouvelles ritualisations et surtout, la conversation familiale.

La place des enfants dans les repas a été spectaculaire-
ment modifiée par rapport à l'ancien modèle disciplinaire,
en quelques dizaines d'années seulement. Ils occupaient
clairement « un statut subalterne », étant considéré qu'ils
n'avaient « ni les mêmes besoins ni les mêmes droits que les
grandes personnes » [Marenco, 1992, p. 222]. Cuisine
simplifiée et rations parcimonieuses, interdiction de
prendre la parole sans y avoir été expressément conviés. Ils
étaient de petits convives de second rang. Souffrant sans
doute plus que les adultes de la rigidité imposée à tous.
Suzette regrette d'avoir autrefois mené la guerre contre ses
enfants, se souvenant de pleurs à répétition qu'elle interprète de façon très différente aujourd'hui. Prisonnière de
son rôle et de ses principes, elle n'avait pas su les entendre.
« Bêtement je ne voulais pas qu'ils quittent la table avant
d'avoir fini leur assiette. Et c'était ridicule parce qu'il y a
des choses que les enfants peuvent pas aimer à un certain
âge. » Aujourd'hui, la donne s'est inversée, l'enfant au
contraire a été placé au centre [Fischler, 1996]. Ceci ne
signifie pas qu'il ait pris le pouvoir dans tous les domaines
de la vie familiale ; il apprend plutôt à construire son autonomie [Queiroz, 2004 ; Singly, 2004a]. Mais lors des repas,
il est incontestablement devenu le pivot de la conversation,
porté par le souci parental de le laisser s'exprimer, et accessoirement de l'interroger pour ce faire (ce qu'il n'apprécie

---

1. Citée par François de Singly, 2000, p. 122.

que modérément quand le thème, fréquent, porte sur des
résultats scolaires qu'il sait non conformes aux attentes). Il
peut entraîner le groupe vers des assouplissements disciplinaires encore plus prononcés ou des comportements
alimentaires de type régressif. L'enfant, inversant le rapport
d'influence, est devenu un agent prescripteur très actif pour
une bonne part de ce qui est mangé en famille, adepte de la
publicité et instrumentalisé par les marques [Heilbrunn,
2004]. Il impose souvent ses goûts, ruinant les principes
alimentaires éducatifs, et menaçant de faire chavirer le
« fragile esquif » [Muxel, 1996, p. 66]. Car le restant de
discipline pourtant ramollie peut apparaître insupportable
au regard de la liberté sans limites du mangeur individuel.
L'enfant parfois ne peut réprimer ses désirs de fuite.
Notamment à l'adolescence, où la contrainte familiale se
fait plus sensible lors du repas, par la proximité des corps
organisée, en face-à-face, droit dans les yeux. Assouplir la
discipline ne suffit donc pas aux familles pour sauver le
repas groupal. Il leur faut imaginer des contenus attractifs,
et bricoler de nouveaux rituels, qui fixent les individus.

De nouveaux rituels

L'ancien modèle disciplinaire a laissé de nombreuses
traces, qui flottent en fragments épars dans un océan de
souplesse, se réinstallant sur des scènes éclatées. Il ne s'agit
nullement de simples résidus, mais de fragments volontairement entretenus pas les familles, et quotidiennement
ajustés et négociés. Des repères minimums, sans lesquels
toute socialisation serait impossible. Comme Suzette,
Babette se souvient de ses principes anciens (sur les
horaires), apparemment très stricts. « Ah bien chez nous,
mon mari avait dit c'est à midi et demi le midi, et à sept
heures et demi le soir. Si vous n'êtes pas là, on mange ! Les
enfants, ils trouvaient ça une contrainte, mais on n'est pas
des gens qui mangent à n'importe quelle heure. » Les
horaires furent toujours scrupuleusement respectés, à la
minute, donnant l'impression d'une discipline digne de
l'ancien temps. Cependant, seul le repas en lui-même avait

cette fixité, respectée par le couple parental. Les enfants eux, à mesure qu'ils avançaient en âge, prirent de plus en plus de liberté, arrivant après le début officiel, voire ne se présentant pas au repas. Ce qui ne déclenchait pas de crise majeure. « Ils se débrouillaient avec le frigo. » Les parents doivent sans cesse arbitrer entre autonomie de l'enfant et transmission d'un principe éducatif, qui se concrétise généralement par une discipline corporelle. Ils hésitent entre reposant désir de laisser-faire et volonté formatrice passant par l'imposition d'une contrainte, beaucoup plus difficile aujourd'hui qu'hier à accepter par l'enfant. Chloé, 25 ans, se souvient de cette litanie qui lui semblait si rétrograde. « Mets les mains sur la table, tiens-toi droite, prends le couteau avec la main droite et la fourchette à gauche, ne mange pas avec les doigts, tout ça, ce sont des règles qu'on nous rabâchait à mes frères et à moi, quand on était à table » [1]. Toutes les familles sont pourtant condamnées à exiger un minimum de règles d'ordre, plus ou moins importantes, explicites ou rigides. Et surtout, ne portant pas sur les mêmes aspects d'une famille à l'autre ; ici les horaires, là les manières, ailleurs l'alimentation.

François Dubet [2002] a analysé comment, pendant deux siècles, la société avait élaboré un vaste programme d'ordre républicain autour de grandes institutions comme l'école, stables et reposant sur un système de valeurs établies, produisant des disciplines structurant de façon régulière les individus dans le domaine public. Le modèle des manières de table apparaît comme un correspondant parfait du « programme institutionnel » dans le domaine privé. C'est d'ailleurs approximativement à la même époque, aux environs des années 1960, que le retournement a opéré dans les deux domaines, vers plus d'autonomie individuelle et de souplesse organisationnelle. Le repas, comme l'école, reste aujourd'hui encore une institution, un cadre de socialisation transmettant des valeurs et construisant les individus par l'imposition de contraintes. Le paradoxe étant que le modèle disciplinaire a historiquement produit les conditions

---

1. Citée par Isabelle Garabuau-Moussaoui, 2002, p. 87.

d'émergence de quelque chose de complètement différent, délié et sensible : la conversation familiale, l'expression des affects, la manifestation des plaisirs. La position haute et rigide de la table par exemple, a instauré un face-à-face prolongé qui, au fil du temps, a libéré la parole. Les fragments de discipline maintenue, souvent, sont moins des entraves que des supports à l'innovation.

Spécialement quand ils quittent la bure austère des anciennes disciplines pour se couler dans les habits neufs de nouveaux rituels, rieurs et colorés, qui masquent ainsi leur caractère de cadres instituants aux yeux des acteurs. Rien de plus libre en apparence que les soirées « fondue » dont se souvient David [1]. Moments festifs cassant les routines. « C'était un grand moment. C'était quand on avait envie de se faire plaisir. » Pourtant de nombreux détails spécifiques à ce contexte particulier marquaient des repères structurant les convives. « On avait des assiettes spéciales couleur bois, un peu, marron beige. La tige avec laquelle on piquait, au bout, il y avait une couleur chacun, moi, j'avais le vert. » Sophie quant à elle a une certaine idée des manières de table, très éloignée du style McDo dont elle utilise pourtant les services. Elle explique d'ailleurs qu'elle n'apprécie guère manger au *fast-food* avec ses enfants pour cette raison, se sentant en décalage, par son autoritarisme, avec l'ambiance du lieu [Singly, 2000]. Le « McDo à la maison » du dimanche midi ne pouvant toutefois renvoyer aux pratiques ordinaires a donc donné lieu à un compromis, défini avec une grande précision (une part pour les manières strictes, une part pour la tactilité lâche), instaurant une ritualisation d'autant plus marquante qu'entre jeux de forces contraires, elle se doit d'être tatillonne. Les emballages sont enlevés et chacun mange dans une assiette, mais sans couverts ; les serviettes sont en papier mais mises comme il convient ; le Coca remplace l'eau mais les conventions sont respectées. « Ça change parce qu'on mange avec les doigts, ça c'est clair alors que sinon on n'a pas le droit. Ça change parce qu'on a des serviettes en papier au lieu d'avoir des

---

1. Cité par Isabelle Garabuau-Moussaoui, 2002, p. 90.

serviettes en tissu. Mais sinon, pour le reste, non. On ne se
lève pas de table quand même, on demande à sortir de table.
Le petit ne se sert pas à boire tout seul ; ça aussi c'est très
important. »[1] Le repas du dimanche midi n'est vraiment pas
un repas comme les autres. Les repas ordinaires, chez Sophie
comme ailleurs, finissent par rendre moins visibles les rituels
tant ils s'inscrivent en habitudes moins conscientes, répétées
jours après jours, sans que les convives réalisent qu'ils
fabriquent ainsi l'institution qui les fabrique eux-mêmes.
Les places autour de la table représentent un des exemples
les plus simples. Officiellement, elles n'ont plus rien d'obligatoire, et les personnes interrogées dans l'enquête
commencent par dire qu'elles ne sont aucunement attri-
buées… avant de devoir reconnaître qu'elles sont en réalité
très stables ; chacun retrouve bien ses repères en s'asseyant
à « sa » place. Mathilde Perrot [2000] fait le même constat.
Alors qu'elle interroge un couple, la femme doit lever le ton
pour ramener son mari à la réalité quelque peu inavouable
de l'intangibilité des places. « Si on veut bien regarder, on
se place toujours à la même place, ah si si ! Tu es au bout !
Tu es au bout et moi je suis près de la cuisine, ben oui ! »[2].
La prise de conscience de cette irrépressible répétition de
soi a particulièrement agacé dans la famille Pécheur
[Gacem, 1997 ; 2002], qui a en horreur tout ce qui
ressemble à des routines ; « Ça nous soûle de prendre des
habitudes comme des blaireaux » dit Pascale[3]. Alors, ils ont
décrété la guerre à la routinisation de l'existence. « Au
moins, nous on essaye de résister. » Surtout à propos de
cette question des places autour de la table des repas. « On
a des places à table qu'on essaie volontairement de redistri-
buer, de chambouler »[4]. C'est devenu une sorte de jeu de
famille. À l'improviste, l'un ou l'autre lance « Allez on
tourne ! », avant même que tous soient arrivés. « Le matin
dès fois, c'est un peu drôle pour celui qui arrive encore dans

---

1. Cité par François de Singly, 2000, p. 123.
2. Citée par Mathilde Perrot, 2000, p. 44. Ces deux places (l'homme au bout de la table
et la femme près de la cuisine) sont de plus héritières d'une longue histoire.
3. Cité par Karim Gacem, 1997, p. 91
4. *Idem*, p. 90.

son brouillard et qui a compris qu'il n'était pas à sa place habituelle. » Et un nouveau système s'installe, pour quelques repas. Le jeu, en théorie déconstructeur, est en réalité devenu en lui-même un rituel très impliquant.

Une famille de rêve

Sophie préfère le McDo « à la maison » parce qu'il permet de mieux discuter en famille. La conversation conjugale et familiale habituelle n'est pas à la hauteur des espérances. Chacun rêve de pouvoir dire, en pleine liberté, en pleine sincérité, de se confier et d'écouter les autres. Les médias propagent cette idée, donnant l'impression qu'elle colle à la réalité d'aujourd'hui. Elle n'est en fait qu'un idéal qui, lorsqu'il est pris pour la réalité universelle, rend encore plus malheureux de ne pouvoir personnellement l'atteindre. La conversation conjugale et familiale est difficile, et c'est normal. Car la famille regroupe des individus de plus en plus autonomes, constitués en sujets avides de bonheur, partagés entre la nécessité du compromis (vivre ce qui est) et la soif de se réaliser plus fort, autrement (chambouler ce qui est). La conversation menace à tout instant d'ouvrir la boîte de Pandore des insatisfactions secrètes. Alors on parle en contrôlant ce qui est dit, pour tenter d'en dire toujours plus, sans en dire jamais trop. Pas sous un angle quantitatif ; le bavardage familial est abondant. Il est d'ailleurs très utile, car il permet de fabriquer un univers commun. En commentant les nouvelles, ou encore mieux (thème fréquent des conversations), en critiquant les amis ou la parentèle. La critique en effet nécessite de forger un point de vue qui unifie le groupe dans ses valeurs et pensées partagées. Non, la difficulté n'est pas dans la quantité, elle tient à certains contenus, toute une gamme de sujets produisant des agacements divers et des (petites ou grandes) souffrances inavouées. Il y a un décalage structurel entre ce que l'on rêverait de dire et ce qui est dit vraiment.

Face à ce manque récurrent, les repas se présentent comme un moment privilégié. Leur longue et étonnante histoire a débouché sur l'établissement d'une discipline corporelle positionnant les individus en face à face autour de la table haute, les plaçant d'une certains manière en obligation de parole pour une durée déterminée. Les repas institutionnalisent la conversation familiale, dans des conditions de fixité et d'intimité rapprochée. Ils ne peuvent donc pas ne pas apparaître dans les esprits comme une occasion unique de compenser le déficit latent. Ils représentent une opportunité précieuse de réaliser le rêve de famille ; unie, chaleureuse et communicante. Jusqu'à parfois leur demander plus qu'ils ne peuvent offrir. L'expérience néanmoins permet d'ajuster les attentes ; il convient d'éviter d'être uniquement « des bouches qui avalent », comme dit Madeleine, et d'organiser les choses pour être aussi des bouches qui parlent, mais sans fixer trop hauts les objectifs. « Ce qui est important, c'est de discuter. Nous on était des générations où il fallait se taire à table. Papa et maman discutaient, les enfants se taisaient. Pour nous, quand on a eu les enfants, c'était un moment privilégié, où on discutait de la classe ou de notre travail. C'est un moment de convivialité, c'est pas un moment où on mange vite, on sort de table et c'est terminé. On ne voulait pas non plus être devant la télé, être des bouches qui avalent. »

L'idéal de bonheur familial, pacifique et agréable, pousse d'ailleurs à contrôler le mode de conversation, pour éviter que ne s'engagent des discussions trop vives pouvant dégénérer en disputes. La boîte de Pandore n'est au mieux qu'entrouverte, les repas ne peuvent pas répondre à tous les manques. « C'est le moment où on peut dialoguer, se raconter ce qui s'est passé dans la journée. Et c'est un moment de détente. » Anneth a des ambitions limitées. Car le repas n'a pas pour seule fonction de répondre au manque conversationnel. De façon moins visible, mais tout aussi importante, il rassure l'individu par un doux enveloppement groupal, sans problèmes et sans heurts. La conversation doit donc ne pas aller trop loin et respecter certains codes afin que soit atteint ce résultat de rééquilibrage psychologique pour chacun des convives. Le plus important est d'éviter les conflits. « C'est comme se prendre la tête lors du repas, c'est hors de question ! » ; Prune est catégorique. Au terme d'une enquête menée en Suisse, Benoît Bastard et Laura

Cardia-Vonèche débouchent sur la même conclusion : « La famille a horreur des disputes à table » [1986, p. 47]. Mais comment parvenir à discuter vraiment si l'on évite tous les sujets qui fâchent ? Chaque famille met progressivement au point ses thématiques préférées. La politique par exemple n'est généralement abordée que dans les conditions où existe un consensus familial. Si les désaccords sont sérieux, on évite d'en parler ; et l'expression se libère à l'extérieur [Stevens, 1996]. La famille n'est pas toujours le lieu d'exercice de la parole la plus déliée. Le commentaire des divers faits d'actualité est moins problématique. Ou une thématique sportive, souvent promue par un sous-groupe masculin. Quel que soit le thème, le schéma idéal est une confrontation de micro-différences sur fond de consensus, dynamisant la conversation sans provoquer de conflits. « Il y a un état d'esprit et des valeurs qui font qu'on est assez proche, même si on est rarement totalement d'accord » dit Quentin [1]. Un socle consensuel permet même de jouer sans risque sur les petites différences, excitées et mises en scène de façon théâtrale dans des scénarios plus ludiques. « En plus, on a un peu tous l'esprit de contradiction, donc même si on est à peu près d'accord, on va chercher la petite bête comme si c'était une différence super importante » [2]. Cette animation nécessite toutefois une compétence, et un engament personnel qui n'est pas de tout repos, conduisant à une rotation de l'effort. Le frère de Quentin confirme : « Rares sont les fois où personne n'investit suffisamment pour qu'il ne se dise quelque chose d'intéressant. Il y a un relais qui est plutôt bien pris. » [3]

Le style décousu de la conversation

Ces jeux conversationnels sont d'autant mieux adaptés au repas que l'expression y est d'une qualité particulière : plus libre, concrète et directe que nulle part ailleurs dans la vie familiale [Serfaty-Garzon, 2003 ; Frain, 2004]. Le terme

---

1. Un des fils de la famille Pécheur, cité par Karim Gacem, 1997, p. 71.
2. *Idem.*
3. *Idem.*

« conversation » peut d'ailleurs tromper en donnant l'impression de phrases bien construites et de tours de paroles policés. Car, concernant le style oral, nous sommes aussi très loin du modèle disciplinaire d'antan. Les phrases sont hachées, sans suite, truffées de formules digressives ou allusives, chacun coupant la parole à l'autre pour reprendre une sorte de monologue par séquences, surtout dans les tablées jeunes et nombreuses. Au point qu'un observateur tentant de décrypter des propos de tables familiales animées a beaucoup de mal à reconstituer leur sens, qui est parfois davantage à chercher dans les sous-entendus ou les mimiques que dans ce qui est explicitement dit. Marianne Modak [1986], qui a réalisé cet exercice, constate ainsi qu'un nombre considérable de thèmes sont abordés avant d'être abandonnés aussitôt, et que d'autres sont impossibles à identifier tant ils sont brefs ou mêlés aux bruits ambiants. Au-delà de cette confusion sonore, elle remarque que des argumentations plus structurées tentent de se mettre en place, tournant parfois autour de questions que la famille cherche à résoudre, engageant donc les propos de table vers une véritable négociation. Mais quand ces questions ne sont ni trop graves ni trop urgentes, les convives n'hésitent pas à casser ce ton de sérieux qui les introduit dans un univers moins agréablement enveloppant, en maniant l'humour et la dérision. « Le ton sérieux gêne manifestement les convives qui interdisent, par des sarcasmes, des rires, des mises à l'écart, ces manifestations qui sont autant d'obstacles, pour l'auditeur extérieur, à la mise en scène d'une ambiance complice et légère » [Modak, 1986, p. 65]. À travers bons mots ou au contraire rappels à l'ordre, se mène en fait une lutte de styles, pour décider si le repas doit évoluer vers un objectif plus ouvertement conversationnel ou se lover dans le sensible de l'instant.

Entre négociation franche, animation théâtrale et ambiance plus calme, chaque famille a ses préférences, et installe ses habitudes. Les repas des uns ne ressemblent pas du tout aux repas des autres. Pour Charlotte, l'ambiance de détente est essentielle, les propos échangés ayant surtout pour fonction d'alimenter cette ambiance. « C'est un bon petit moment. On se met à table, on se détend, on se parle, on écoute ce que les autres ont à dire, on donne nos idées, on répond à ce qui vient d'être dit. » Pour Clémentine aussi, l'être-ensemble en lui-même est plus important que le contenu de la conversation, qui surtout ne doit pas perturber la sérénité tranquille de ce temps familial organisé autour de la nourriture. « C'est un moment agréable où on est tous ensemble. On discute de tout, de choses et d'autres. C'est pas des discussions où on remet tout en cause. C'est pas devant une assiette que ça se fait chez nous. » Chez les Pécheur par contre, on aime bien tout remettre en cause devant son assiette [Gacem, 1997]. Généralement juste pour s'amuser, en gonflant des désaccords de pacotille. Mais parfois aussi autour d'une vraie question, engageant l'avenir. Comme lorsque Quentin, jeune étudiant, commença sa première année d'université sur un rythme touristique, préférant la musique avec ses copains. Le thème s'imposa avec de plus en plus d'insistance, troublant la gaîté des repas. Jusqu'à ce que Quentin vienne moins souvent manger en famille, au profit de sa compagnie amicale. La négociation est toujours délicate à pousser trop loin. Elle peut facilement casser l'ambiance agréable, ou provoquer des fuites individuelles. Pourtant, l'envie irré-pressible de dire ce que l'on a envie de dire incite souvent à franchir malgré soi les limites, tant ce contexte de parole libérée et de face à face rapproché favorise l'expression. Aucune règle du jeu explicite ne prescrit un type de conver-sation donné, et il est rare qu'un chef de table impose sa loi. Les convives doivent donc eux-mêmes s'autoréguler, inter-venant pour opérer des rectifications quand ils jugent que le ton monte trop, ou à l'inverse que la pâleur des propos témoigne d'un vide des échanges. Jean-Vincent Pfirsch [1997], dans son analyse comparative, note là aussi une différence assez nette, les jeunes Allemands préférant une table « calme », et les jeunes Français une table « animée ». Le contraste se marque en particulier dans le rapport à la nourriture, vue plutôt comme un moyen de ressentir des sensations pour les uns, plutôt comme un prétexte à de « fortes verbalisations » pour les autres [p. 177].

Propos de table

Notre enquête confirme que la nourriture en elle-même est un sujet de conversation majeur. Commentaires sur les plats (leur réussite entraînant de sonores compliments, leurs défauts des reproches diplomatiquement formulés), questionnements sur les choix de chacun, expression des sensations gustatives, etc. Chaque remarque pouvant être à l'origine d'une animation prenant la forme d'un micro-événement familial, qui donne soudainement plus de relief aux propos. Jusqu'à laisser des traces dans les mémoires et construire la petite légende des péripéties ordinaires. Babette témoigne : « Lui, il trouve toujours tout bon… Ah non, sauf l'autre jour ! J'avais fait un truc aux anchois… Il faut dire… c'est vrai que c'était vraiment pas bon. Là, il l'a dit. »

– « Et qu'est-ce qui s'est passé ? » demande l'enquêteur.

– « Et bien on a rigolé, on a bien rigolé ! Et puis, il a tout mangé quand même ! ».

Les commentaires sur l'action en cours incitent à privilégier le thème de la nourriture, par des montées en généralité touchant par exemple les questions nutritionnelles. « Il me fait souvent des remarques. Alors on discute de la graisse, du sucre, des régimes, tout ça » (Amandine). Ou, plus souvent encore, les futurs repas. Nous verrons en effet dans la troisième partie que l'un des problèmes les plus difficiles à résoudre est de « trouver l'idée » du repas. La discussion autour de la table est donc une occasion précieuse, pour le ou (plus souvent) la responsable de la cuisine, de glaner des informations. « J'en parle souvent avec mon mari de ce que je vais faire. Dans la semaine, on se demande ce qu'on va faire pour le dimanche, on se donne nos impressions. Si mon mari me dit : ben non, ça non, je ferai pas » (Charlotte). Babette se projette encore plus loin dans l'avenir, un mois avant la fête. « Ce midi par exemple on a parlé de Noël et de ce qu'on allait faire à manger. Justement on avait reçu de la pub, on avait regardé, et on s'est dit : faut peut-être qu'on change. C'est vrai, toujours foie gras-saumon fumé-dinde… On s'est demandé, mais on n'a rien trouvé. »

L'exemple donné par Babette illustre une autre thématique fréquente, et fortement structurante du groupe : les
projets familiaux. Les futurs repas bien sûr, mais aussi les
sorties, les vacances, les idées d'achats, de bricolage, de
décoration, etc. Tout ce qui transforme la tablée en petite
entreprise développant des stratégies. Ou s'échappant dans
des rêves sans suite. Qu'importe, ce qui compte est d'avoir
pour un temps soudé le groupe dans un ailleurs possible, lui
montrant à lui-même qu'il est vivant et créatif. Ces envolées
ne doivent cependant pas être trop fréquentes, au risque de
fatiguer et d'émousser le pouvoir du rêve. Le retour au
bavardage ordinaire n'est donc pas un échec (tant que le
silence ne s'installe pas durablement). D'autant que la
conversation commensale a une infinité d'autres fonctions
plus discrètes, impossibles à détailler ici. Mention doit
cependant être faite des récits de journée, si courants qu'ils
apparaissent comme de véritables rituels. Chacun dévide
son chapelet de petites histoires et de petits malheurs.
Petites histoires essentielles. Car nous sommes contraints
aujourd'hui de construire notre identité, et de la couler dans
une forme narrative. Les petites histoires alimentent donc la
grande histoire de nous-mêmes, validée lors du repas par le
groupe familial, qui l'inscrit dans sa propre histoire collective. Petits malheurs essentiels à dire aussi. Car les agressions et atteintes à l'estime de soi subies dans l'univers
public nécessitent un rééquilibrage psychologique, obtenu
grâce à l'écoute compatissante et complice de la tablée.
Très souvent dans les récits, une figure de « méchant » ou
de « méchante », rendant très pénible l'ambiance de travail,
revient de façon récurrente, voire obsessionnelle. Ici
encore, la régulation ne peut opérer que si une subtile limite
n'est pas franchie, lassant l'auditoire, qui perd alors sa capacité d'empathie. La conversation commensale doit en effet
rester agréable et ne pas impliquer trop d'efforts. Elle ne
peut donc soigner que des souffrances psychiques sans
gravité. Ce qui ne signifie pas qu'elle reste toujours super-
ficielle. Au contraire, la liberté de ton et la spontanéité
d'expression qu'elle organise sont propices à la soudaine
émergence de fragments plus intenses, atteignant, entre

poire et fromage, au rêve idéalisé de la communication intime. « L'autre fois il nous a parlé d'un copain qui avait pleuré parce que son pote partait, il déménageait. Alors il disait : dis-donc, j'avais jamais vu un copain à moi pleurer. Donc là on a commencé à parler des sentiments. On peut aller dans des trucs vachement personnels. Mon mari, il s'ouvre plus facilement autour d'une table que dans le canapé face à la télé. » Prune est encore toute émue en relatant les faits. Son mari s'aventure rarement en effet dans de telles profondeurs sentimentales. Une table ordinaire avait produit ce petit miracle romantique.

La parole des enfants

Les enfants ne sont pas des interlocuteurs comme les autres. Dans certaines familles, encore aujourd'hui influencées par l'ancien modèle disciplinaire et hiérarchique, ils n'ont toujours pas le droit à la parole [Fischler, 1996]. Mais dans la plupart au contraire, ils sont désormais au centre des conversations. En tant que sujets des débats (on discute d'eux sans leur laisser obligatoirement la parole), ou d'objets de taquineries et plaisanteries diverses, qui créent de l'animation [1]. Il est rare cependant qu'on n'en vienne pas à un moment ou un autre à les interroger directement, notamment autour de l'obligation rituelle de raconter sa journée. Les enfants sont sommés de dire « comment ça s'est passé à l'école » (Candy). Et les parents sont souvent déçus de la brièveté des réponses, et désolés de se sentir devenir inquisiteurs pour en savoir un peu plus. Ce passage de la conversation à l'interrogatoire aggrave la pression ressentie par l'enfant, déjà contraint pas la discipline des manières de table. Il ne peut donc réprimer une irrésistible envie de fuite. Les parents doivent ici maîtriser particulièrement bien l'art oratoire et savoir doser habilement les questions. Surtout quand l'habitude de la fuite a commencé à s'installer. C'est

---

1. Je ne résiste pas à l'envie de citer cette belle phrase de Virginie Despentes, cueillie sur son blog (27 septembre 2004) : « C'est agréable, le jeune, à table, ça fait quelqu'un à questionner et sur qui rigoler, comme d'avoir un chaton, en fait. Mais à table. »

le cas pour le grand garçon d'Amandine. La préparation des plats n'est pas simple chez elle, avec son mari qui se lance dans des lubies changeantes (actuellement, le régime crétois), et son fils qui s'adonne à la pizza-mayonnaise. Pourtant le moment du repas reste crucial dans sa vie, et dans son idéal d'une famille radieuse. « On est bien autour de la table, tous réunis, bien en face de l'autre. Automatiquement, c'est autour de la table que ça se passe. » Hélas, l'intensité conversationnelle produit l'inverse de l'effet recherché quand elle se focalise sur le fils. « On essaie. Il n'est pas facile en ce moment. Ca arrive souvent qu'il quitte la table. Oui ça arrive souvent, il prend son assiette, il va voir la télé. » Candy vit seule avec ses deux enfants, et pour elle le partage du repas est essentiel, permettant de concrétiser le cœur relationnel, de donner chair à la vie familiale. « C'est le seul moment où on est tous les trois ensemble. On discute de la journée. Eux, c'est du collège et du lycée, et moi, c'est du boulot. » Mais sa fille « ne tient pas à table ». Les négociations, sans en arriver aux éclats, sont acharnées. « Bon, je ne lui demande pas de rester une demi-heure, mais un quart d'heure quand même. » C'est encore trop. « Ils me donnent l'impression que manger c'est une obligation. Je mange vite fait en cinq minutes, et puis, hop ! je monte. » Candy aussi ressent des envies de fuite. La discipline qu'elle impose aux enfants n'est pourtant pas effroyable. Ainsi, après s'être battue longtemps pour interdire la télévision pendant les quelques minutes du repas, elle a fini par céder de plus en plus souvent. Quand elle maintient son interdiction, l'habitude prise de la distraction télévisuelle n'aide pas à renouer les fils de la conversation. « Ca arrive dès fois qu'il n'y ait pas un mot. Tant pis. »

Heureusement, dans d'autres familles, les repas avec les enfants ne sont pas toujours aussi problématiques. Une ambiance ludique peut au contraire les attirer, les conduisant à s'impliquer eux-mêmes pour développer l'animation (et à imposer parfois un style d'humour moins apprécié par les parents). Une ambiance conversationnelle moins inquisitoriale aussi, quand ils se sentent jouer les premiers rôles sans pour autant être jugés. François de Singly [2000,

p. 128] donne l'exemple d'Étienne, père de quatre enfants. « Je les laisse parler parce que comme je ne les vois pas beaucoup en semaine, le week-end, c'est un moment privilégié. Nous, adultes on essaie de ne pas monopoliser la conversation pour qu'ils puissent raconter ce qui leur passe par la tête. Alors, ça va de ce qui s'est passé la veille à l'école au grand qui, obsédé par les musées, demande quand je vais l'emmener à la Villette, à un autre qui veut que je regarde le pneu de son vélo. C'est complètement décousu mais c'est eux qu'on laisse parler. » Ce type de conversation produit l'émergence de personnages caractéristiques, les acteurs n'hésitant pas à forcer le trait pour mieux jouer leur rôle, identifié par les autres convives. Apparaît le comique, le tricheur, le désordonné, etc. Étienne décrit les rôles de sa distribution familiale. « Il y en a une qui ne dit rien parce qu'elle est vraiment très calme, qui mange proprement. » Son frère est le maladroit chronique qui, plus ou moins involontairement, faire rire la tablée par ses anicroches « Il ne peut pas toucher quelque chose sans renverser, sans casser. Et puis les deux autres monopolisent la conversation » [idem]. À travers ces jeux de table, l'enfant découvre « les signes qui font son identité sociale et familiale » [Muxel, 1996, p. 77]. Mais au-delà des rires, le jeu peut aussi se révéler cruel, notamment dans la confrontation qu'il organise entre « enfant silencieux » et « enfant vedette ». La table « est une scène qui met sous le regard des autres, de leurs attentes comme de leur jugement. Cette mise à l'épreuve de soi est plus ou moins bien supportée » [idem]. L'injonction gentiment moqueuse à ne pas rester silencieux peut s'avérer très pénible pour un enfant silencieux, et profondément déstabilisante de par la comparaison avec ses frères ou sœurs plus volubiles. Surtout, paradoxalement, quand la conversation est riche, libre et joyeuse. Car une nouvelle ligne de risque a été franchie, qui a laissé s'installer la compétition interindividuelle, là où l'enveloppement collectif et le réconfort mutuel auraient dû rester maîtres des lieux. Même les tables les plus animées et drôles ne sont pas sans danger.

La télévision, nourricière
et dévoreuse

La liberté de ton des conversations de table ne doit pas cacher qu'il s'agit d'un exercice hautement délicat, menacé de dérives multiples, et pour cette raison sans cesse sous contrôle. Il faut parvenir à dire, suffisamment pour rendre vivant ce moment familial, tout en se gardant d'ouvrir la boîte de Pandore des sujets qui fâchent. La position en face à face, pendant la durée prolongée du repas, crée les conditions d'une conversation intime obligatoire. Chaque repas fonctionne donc comme un test disant si la famille a des choses à se dire, preuve qu'elle est bien vivante, relationnellement vivante au-delà de l'institution. À l'inverse, tout silence envoie cruellement un message négatif. Rien n'est pire pour une famille que le bruit des fourchettes témoignant du vide oratoire. « Dix secondes ça va ; faut bien manger aussi. Mais une minute, tout de suite tu te sens très mal, faut trouver tout de suite n'importe quoi à dire. Et des fois c'est vraiment n'importe quoi ! T'as la vieille formule "Un ange passe", que tu dis en rigolant. C'est pas malin en fait, parce que si après avoir dit ça, il y a un deuxième ange qui passe, tu te sens encore plus mal. Là, c'est la cata » (Cannelle).

Chez les Lacroix, les anges passent en cortèges. « Le problème à la maison, dit Rodolphe, c'est de trouver un sujet de conversation »[1]. Alors la télévision intervient, salvatrice, masquant les insuffisances et détendant l'atmosphère familiale. « Ça nous donne un peu une alternative »[2]. La télévision est un tiers, invité à la table familiale, et instrumentalisée comme régulateur de la conversation. Suivant les instants et les convives, elle est un simple fond sonore (masquant le bruit des fourchettes) ou le prétexte à des commentaires alimentant les débats. Son degré d'utilisation est continuellement ajusté par chacun. Les Lacroix apprécient particulièrement les jeux télévisés (en répondant eux-mêmes aux questions et en jugeant les candidats). Le père

---

1. Cité par Karim Gacem, 1997, p. 25.
2. *Idem*, p. 41.

de famille, mal à l'aise dans la conversation, est le plus fixé à l'écran. Mathilde, la maman, au contraire, veille à ce que la télévision reste un simple instrument, et même un instrument second, ne captant pas exagérément l'attention des convives. « En fait tout le monde regarde plus ou moins parce que je crois qu'une télé allumée c'est hypnotisant, mais si on a envie de dire quelque chose, ce n'est pas un frein, on ne se prive pas. Il est même très conseillé de parler. Tout dépend de l'humeur de chacun, quand on a vraiment envie de dire des choses on s'en fiche de la télé, il y a même des repas où la télé est allumée et où personne ne l'écoute ni ne la regarde. Parfois c'est sujet à conversation ou à conflit, on voit quelque chose et chacun donne son avis, donc il y a du pour et du contre, mais ce n'est pas quelque chose qui nous captive entièrement. » [1]

La télévision associée au repas familial n'a rien d'anecdotique. Elle joue un rôle important, et est très révélatrice de ce qui se joue en ce moment particulier. Le repas est l'architecte de la vie familiale, imposant notamment une conversation par ailleurs plus aléatoire. Mais cette conversation est difficile dans nombre de ménages, qui doivent donc s'aider de la prothèse télévisuelle, pour masquer le silence et relancer la parole. Ceci explique sa fréquente utilisation. Un Français sur deux regarde la télévision en mangeant lors du repas le plus familial, le dîner, et ces chiffres sont en constante augmentation [Guilbert, Perrin-Escalon, 2004]. Ils sont moins importants pour les repas plus individualisés comme le petit-déjeuner, ce qui montre bien que l'attrait télévisuel *stricto sensu* est secondaire : la télévision lors du repas a d'abord une fonction familiale.

Le problème, comme le dit très bien Mathilde, est « qu'une télé allumée c'est hypnotisant », l'image nous prend, nous aspire en elle [Tisseron, 1996]. Arme à double tranchant, l'instrument d'aide à la parole se retourne très vite en son contraire, dès lors que les convives se laissent glisser dans le rôle confortable de purs spectateurs, oubliant les exigences de la conversation familiale. Évolution d'autant plus redou-

---

1. *Idem*, p. 42.

table qu'elle apparaît comme une délivrance, facilitant la vie. Le prix à payer est cependant qu'il est très difficile ensuite de revenir en arrière ; la conversation familiale est définitivement morte. Et la famille elle-même se fige dans des routines sans voix propre. Suzette a longtemps arbitré les liens complexes associant repas et télévision. D'abord en tentant de limiter les fuites individuelles des enfants. « Il y a eu des moments quand ils étaient plus petits où il y a eu des plateaux devant la télé. Mais je trouve que c'est mieux de manger à table. » Certes, la télévision est aussi présente à la table de la cuisine. Le volume sonore est cependant faible, elle n'étouffe pas les conversations de la famille réunie. « Quand on est réunis tous ensemble, c'est bien. Même quand on a un fond télé, parce que ça arrive souvent dans la cuisine. Ça ne nous empêche pas de discuter. » Excepté quand « il y a un match de foot. Là, il est pas question de discuter ! ». La famille se transporte alors pour prendre son repas sur la table du salon, face au grand écran raccordé au satellite. Pour Suzette, la ligne rouge est alors franchie, la télévision s'est faite dévoreuse de la vie familiale. Son mari et ses fils ont toutefois une opinion différente, considérant qu'ils passent un bon moment, en famille, mêlant les plaisirs de la nourriture et du spectacle, ne se privant pas de prendre la parole et de confronter leurs points de vue. Même s'il n'est question que de football dans les conversations, la famille (du moins sa part masculine) n'a pas été totalement effacée. Le captage par la télévision ne signifie donc pas automatiquement que le repas disparaisse comme moment familial important. Pour Eugénie, les repas de tous les jours pris dans la cuisine (sans télévision) ne constituent pas un moment de convivialité exceptionnelle. « Pour nous deux, le repas c'est pas compliqué, hein ! On ne se casse pas la tête. » Parfois à l'inverse, « quand il y a un bon film », ils mangent plus tard, dans le salon, « avec un petit truc devant la télé ». Repas tout simple et silencieux mais qui, par sa rupture de l'ordinaire, crée les conditions d'un moment plus intense, une fête discrète et modeste du bonheur simple de l'être ensemble. « Si c'est un bon film, on est bien, tous les deux, à manger comme ça. » Le rôle précis de la télévision n'est donc pas toujours simple à décrypter. Vincent Caradec [2004] souligne combien elle s'installe avec force au troisième âge, pour remplir les vides de la conversation conjugale. Ce qui suit, avec l'avancée en âge, est pourtant bien pire : le décrochage de l'attention pour les programmes, qui indique une déprise avec la vie dans son ensemble. Regardée activement, la télévision manifeste à sa manière le maintien d'une curiosité et d'une énergie vitale.

La télé ne tue pas obligatoirement la conversation familiale, et quand c'est le cas, n'efface pas toute possibilité de communion groupale plus implicite. Nous avons vu plus haut néanmoins, avec Prune ou Candy (vigilantes contre ses empiètements), qu'elle est souvent vue comme un danger menaçant pour ce cœur de la vie familiale qu'est le repas. Quand la rupture de l'ordinaire d'un repas devant la télé se transforme en routine, les effets d'institution du groupe s'atténuent. Et si l'habitude est prise de fixer l'écran plutôt que de se parler, il devient très difficile alors de retrouver la capacité de parole. Des indicateurs matériels marquent le glissement progressif vers la mort du repas comme architecte de la vie familiale. La disposition des places autour de la table. Lorsque le face à face est converti (par un étonnant retour au Moyen Âge) en un côte à côte pour mieux contempler le spectacle, la télé se fait logiquement plus dévoreuse. Autre indicateur : le volume sonore. Lorsque le discret bruit de fond se transforme en éclat assourdissant, il devient tout simplement impossible de se parler. « Si j'avais quelque chose à demander, je ne le faisais même pas au cours du repas. Il y avait cette télé omniprésente. Même quand je reviens maintenant, il y a la télé fort. On ne peut pas parler. Ils ne sont pas du tout disponibles. »[1]

Manger ensemble

Le repas moderne est né d'une discipline des gestes, les manières de table, articulée autour de l'idée d'une institution familiale à reconstruire. Cette discipline s'est aujourd'hui

---

1. Jeune femme, fille d'agriculteurs, citée par Anne Muxel, 1996, p. 81-82.

assouplie, parallèlement à une évolution des modes de vie familiaux eux-mêmes moins définis par des cadres obligatoires. À travers ces changements de forme, l'idéal de construction de la famille par les repas est cependant resté intact, la discipline rigide des manières ayant été remplacée par un objectif de communication : se parler comme preuve que l'on est bien une famille vivante. Prune ou Candy forment le rêve d'une vraie et belle conversation, et pour cela mènent la guerre à la télé. Mais la réalité est souvent assez loin de ce qui s'apparente à un modèle de la conversation familiale. Non pas tant qu'elle soit plus pauvre ; elle est plutôt en décalage avec le modèle. Nous avons déjà vu un aspect de ce décalage avec les modalités de prises de parole : davantage de joyeuse confusion que de beaux discours bien tournés. Autre aspect que nous allons voir maintenant : la conversation n'est pas tout, elle s'entremêle à toute une gamme de sensations diverses et souvent discrètes.

D'abord le plus simple, le plus basique, se retrouver ensemble pour manger, et ressentir par ce seul fait que l'on partage quelque chose d'essentiel, que l'on fabrique comme autrefois de la « parenté par la bouillie ». La seule proximité des êtres familiers dégage déjà une communion diffuse, comme dans l'amitié, analysée par Tzvetan Todorov : « La simple présence de l'un, à qui l'on ne demande rien, est source pour l'autre d'une joie tranquille » [2003, p. 97]. Manger ensemble rajoute cependant une dimension supplémentaire. « C'est toujours le fait qu'il y ait à manger qu'on se retrouve, qu'on se retrouve autour d'une table. Sinon on ne le fait pas » (Babette). Prune sait bien que son rêve d'une conversation intense et chaleureuse comme dans les tablées de son enfance (c'est du moins le souvenir qu'elle en garde) reste un rêve. Dès les débuts de la rencontre amoureuse, elle avait eu des images de famille, d'enfants, de tablées joyeuses. « Moi la première chose que j'ai vue quand j'ai rencontré mon mari, c'est que je pouvais créer une famille. » Elle a appris depuis à ajuster son rêve à une réalité plus modeste, un être ensemble agréable et tranquille. « Ça détend, ça rend de meilleure humeur, tu discutes plus facilement. » Le repas est un temps de paix, un instrument de pacification. « Même si ça va pas, qu'on s'est fâché par rapport à mon fils, on se met à table, ça y est, c'est fini, c'est oublié, on passe à autre chose. » Les situations extrêmes permettent de bien dégager cette fonction de base du repas. Clémentine par exemple ne mange pas le midi. Dès que sa fille a été en âge de se mettre à table, elle a intuitivement senti que ne pas s'y mettre elle-même poserait un problème. Elle a donc décidé de simuler, grignotant du bout des lèvres, quand elle ne joue pas tout bonnement la comédie. « Histoire de manger avec elle. Pour être comme quelqu'un qui mange avec elle. Elle aime bien ça. » « Comme quelqu'un qui mange avec elle », car l'important, le plus fondateur, le plus fédérateur, est de manger ensemble. « C'est agréable de manger, de discuter. L'important c'est d'être ensemble, pour manger » (Maryse).

Manger procure du plaisir. Celui de la simple satiété, et ceux plus raffinés de l'expérimentation par les sens. Il est donc rare que le repas se borne à son rôle basique de forme familiale symbolique et de moment de paix. Seul contre-exemple relevé dans l'enquête : quand Maïté prépare le repas du dimanche midi. Bien que les membres de la famille (délaissant pour une fois les sandwichs au jambon) se trouvent réunis autour de la table, cela ne change rien à leurs habitudes strictement fixées à la fonction alimentaire : ils mangent. Quel que soit le contenu des assiettes. « Ils ne critiquent pas, il n'y a jamais une remarque. Ils mangent ce qu'il y a. »

Le syncrétisme des petits plaisirs

La plupart du temps, quelque chose d'autre se passe, de l'ordre des plaisirs partagés. Sans qu'il soit obligatoire de les exprimer ouvertement. « Si les gens mangent sans montrer une satisfaction à manger, oui, ça se ressent » (Suzette). Même sans le dire, chacun ressent le plaisir des autres, plaisir de la faim assouvie et de la découverte des saveurs. À certains moments, le silence lui-même peut ne plus poser problème, et se transformer au contraire en message positif : le bruit des fourchettes dit alors la satisfaction. Sensations apparemment imperceptibles qui pourtant

circulent et rapprochent encore plus les convives, les enveloppant dans un univers de contentement intime collective-
ment partagé. « C'est d'abord le plaisir de manger, et on a du
plaisir ensemble, c'est important » (Marjolaine). Petit et
grand plaisir : le degré de vibration est très variable. « Quand
c'est bon, ah là, je vais dire un grand mot… (Maryse s'arrête,
et poursuit dans un grand éclat de rire)… c'est… une
jouissance ! Et là t'apprécie la vie ! Tu prends ton pied quoi !
Même à la limite j'ai pas envie qu'on me parle, parce que je
suis bien. » Maryse n'a pas envie qu'on lui parle pendant
qu'elle « prend son pied », toute entière à savourer sa jouissance en secret. Généralement toutefois, la parole augmente
l'intensité, et surtout diffuse à tous les perceptions personnelles de chacun, faisant monter le plaisir partagé. Il suffit
souvent d'un bref commentaire, d'un « hum ! c'est
bon !!! », prononcé avec suffisamment de conviction, pour
que les convives s'engagent dans l'expérience groupale de
la sensation partagée. À nouveau sur ce point, la rupture
avec les anciens codes des manières de table est très forte.
Il convenait en effet de réprimer « l'expression trop directe
et trop "crue" d'un plaisir des sens » [Picard, 1995, p. 137].
Aujourd'hui au contraire, l'art familial consiste à savoir
l'exprimer. Le péché de gourmandise s'est transformé en
vertu. Melba est remuée de bonheur par les gloussements de
sa fille, avant et pendant le repas. « Elle est gourmande ! Le
soir, c'est un plaisir, elle va venir voir dans les casseroles,
elle aime vraiment beaucoup. » Le plaisir de sa fille est un
plaisir pour elle.

Le repas est l'occasion d'un subtil mélange des plaisirs.
Tous les sens y participent, mais aussi certaines catégories
morales, intellectuelles et affectives. Le plus grand plaisir
de Prune ou de Melba est que vive et vibre leur famille par
un repas réussi. Elles aiment bien aussi éprouver du plaisir
personnel à manger ce qui est bon. Mais cette autre gamme
de sensation n'est pas séparable de la symbolique familiale,
elle s'inscrit dans un tout, mutuellement enrichi par ses
différentes parties. Il y a fusion des plaisirs. Les odeurs
fournissent un bon exemple. L'odorat, comme tous les
autres sens, participe puissamment à la fusion des plaisirs.

Les odeurs s'adressent bien sûr au mangeur individuel, le mettant en appétit, lui ouvrant son désir. Elles sont pourtant aussi un élément essentiel de l'enveloppement groupal, contribuant à la création de l'atmosphère qui entoure et unit les convives. Il n'y a aucune antinomie entre ces deux aspects, au contraire. Le plaisir communicatif du mangeur individuel renforce celui des autres convives, et l'enveloppement collectif conforte le gourmand, le poussant à s'exprimer davantage. Olivia travaille avec beaucoup de doigté ses odeurs de cuisine. Elle sait qu'elles préparent l'enrobement groupal du repas, commençant à plonger et enfermer les futurs convives dans une ambiance olfactive, parfois longtemps à l'avance. Elle s'est installée une petite cuisine d'appoint au fond du garage pour les « mauvaises odeurs » (selon elle surtout le choux et la morue). Par contre, certains plats mijotés dégageant des odeurs fortes mais connotées comme étant agréables sont volontairement cuisinés dans la cuisine principale, de même bien sûr que les gâteaux. « Tu rentres dans une maison que ça sent bon comme ça, tu te sens bien, c'est agréable. » L'odorat, de même que la vue, le toucher, et évidemment le goût et l'ouïe, participent à la fabrication de la famille par les repas. « Quand ça sent bon, ça se confirme en général d'ailleurs, ça marche ensemble. Un repas est réussi quand il a vraiment fait plaisir à ceux qui sont réunis autour. Je crois vraiment que ça participe à l'atmosphère. » [1]

L'ouïe participe moins que le goût ou l'odorat à la formation des plaisirs directement liés à l'acte de manger. Elle est par contre centrale pour la conversation, étroitement mélangée aux autres plaisirs. « C'est un moment où on se réunit, on n'a pas beaucoup d'autres occasions. Et c'est un moment de plaisirs partagés. En même temps il y a la communication, ça doit être aussi un plaisir » (Marjolaine). Rien n'est séparable. C'est pourquoi le modèle d'une conversation trop pure et trop cadrée comme nouvel idéal familial traduit mal la réalité de la quête d'aujourd'hui. La conversation, souvent libre et décousue, n'est qu'un instru-

---

1. Mathilde Lacroix, citée par Karim Gacem, 1997, p. 50.

ment. Un instrument parmi d'autres, mêlé à des sensations beaucoup plus diffuses mais non moins importantes. Le rêve est justement celui du mélange, d'une fusion des plaisirs divers, des paroles, et du symbole familial lui-même. D'une communion. Renouant avec les aspirations sacrées des repas de sacrifice. Non plus tournée vers des esprits ou des dieux célestes : la nouvelle religion est syncrétique, sacralisant la famille par des micro-rituels et surtout des vibrations de bien-être. Être bien ensemble, tout simplement.

Comme dans les anciens banquets sacrificiels, la communion sacrée, dans les temps les plus intenses et festifs, est parfois facilitée par des substances qui aident à l'élévation de l'âme. Une ivresse, plus ou moins légère, soude le groupe et ajoute à la gamme des plaisirs en fusion. S'entrelaçant souvent à des expérimentations gustatives raffinées. Déguster un grand vin par exemple peut prendre la forme d'un événement, artistique et voluptueux. Amandine a découvert cet univers récemment. Face à ce qu'il faut bien considérer comme un échec de ses repas (son fils avec sa pizza-mayonnaise d'un côté et son mari retranché dans son régime crétois de l'autre), le nouveau rituel de la dégustation est apparu de façon presque inespérée comme un fédérateur, un cristallisateur familial, l'instrument, enfin, de la communion tant rêvée. Ils font donc menu à part mais vin commun, et le plaisir est fortement partagé. « Le vin, on s'y est mis très tard avec mon mari. Oh ! un grand vin, c'est délicieux, c'est superbe ! Depuis on s'y est mis rapidement ! ». Emportée par son enthousiasme, elle n'a pas hésité à initier sa fille de 13 ans. « Oh ! elle adore ça ! ». Et ne désespère pas de convaincre un jour les garçons de s'engager dans cette micro-aventure familiale.

Les aventures minuscules

François Dubet [1994] a montré comment nous sommes désormais moins définis par des rôles sociaux, et davantage des sujets nous engageant dans des expériences, dont le scénario n'est pas écrit d'avance. Les repas opèrent actuellement ce passage des cadres imposés à une expérimentation plus ouverte, une expérimentation sensible et multiple, intéressant autant les personnes prises individuellement que le groupe dans son ensemble. Mettant en jeu les sensations, gustatives et affectives. Mais aussi (par la conversation et la négociation) les réglages relationnels, les analyses du présent et les perspectives d'avenir. À l'intérieur d'une même famille, il n'existe pas deux repas qui se ressemblent parfaitement et qui aient exactement la même fonction.

Des alternatives s'ouvrent au moindre coup de fourchette. Les repas jouent par exemple un rôle de tout premier plan dans la problématique identitaire, mais un rôle continuellement contradictoire. Les questionnements sur soi n'ont cessé de se développer à mesure que l'individu était moins défini par des rôles sociaux et entrait dans des expérimentations ouvertes [Kaufmann, 2004]. Le pauvre individu moderne est ainsi placé face à une épreuve bien difficile à affronter et même à comprendre : mener continuellement deux combats opposés. Il doit en effet se rassurer en se prouvant qu'il est bien celui qu'il pense être en se répétant égal à lui-même, et ne pas avoir peur de s'inventer différent pour ne pas rester le simple produit des rôles sociaux. Et bien, chaque coup de fourchette est une option prise dans un sens ou dans l'autre.

Le mangeur peut choisir la réassurance, en ce moment privilégié où en calmant sa faim il efface les tensions et rétablit un équilibre biologique. La sensation d'harmonie lénifiante résultant de ce remplissage est alors renforcée par la reproduction des routines et les retrouvailles intimes avec les goûts qui le font être tel qu'il est. Non par une répétition quotidienne strictement à l'identique (aujourd'hui très rare), mais en s'inscrivant dans un rythme de rituels réguliers et une variation des aliments restreinte. Au maximum, l'imprévu peut alors être représenté par la redécouverte d'une saveur familiale perdue (dont le symbole convenu est la madeleine proustienne). « L'autre jour, j'ai fait une purée, une vraie, hein ! Oh ! ma fille m'a dit, oh là là ! ça faisait longtemps que t'en avait pas fait ! Elle s'est régalée » (Babette). Les repas font sens en arrimant à l'évidence de la vie. Ils permettent à l'individu d'évacuer les doutes et les questions, de

« sauvegarder en lui ce qui fonde son indivision » [Sauva-
geot, 2003, p. 278] par le double enveloppement d'un corps
pris dans une « expérience sensorielle » [*Idem*] apaisante, et
d'un groupe soutenu par la régularité de ses habitudes.

Le mangeur, à l'inverse, peut choisir l'aventure. Briser la
routine des places à table comme dans la famille Pêcheur,
improviser des (petites et grandes) fêtes, avoir l'audace de
tester des produits nouveaux et de découvrir des goûts
étranges. La vogue actuelle des produits exotiques s'inscrit
parfaitement dans cette tendance [Régnier, 2004]. Poussée
à l'extrême (pour une réception), l'expérience peut inciter à
« faire entrer les invités dans un univers complet de
dépaysement » [Garabuau-Moussaoui, 2002b, p. 303]. Le
plus souvent toutefois, la rupture aventureuse finit par
s'installer dans le confort d'une habitude un peu à part des
repas ordinaires. « Il y a alors construction d'un événement,
mais très ritualisé, très routinisé » [*Idem,* p. 302]. La réassurance a été plus forte que le goût de l'aventure. La conversation très libre qui se développe au cours des repas est
beaucoup plus difficile à canaliser dans les habitudes que
l'alimentation. Y compris quand les convives ne le souhaitent guère, la surprise s'invite de plus en plus aujourd'hui,
au détour d'un agacement ou d'une simple remarque provoquant des effets en chaîne. Chez les Lacroix par exemple,
lors des samedis soirs, dont les éclats pourtant annoncés
sont imprévisibles dans les formes qu'ils vont prendre. Ils
se priveraient bien de cette aventure.

Les jeux du Je et du Nous

Le rêve d'aujourd'hui est de cristalliser la réalité familiale
par le syncrétisme des repas, de communier ensemble à
travers les plaisirs et les mots partagés. Le paradoxe, déjà
relevé par Georg Simmel [1997], étant qu'un des aspects
qui relie le plus ensemble, le plaisir gustatif, est une expérience profondément individuelle et secrète. Le mangeur
reste lui-même parmi les autres, et la fusion des plaisirs ne
signifie pas qu'il y ait dilution de son être dans le groupe.
C'est d'ailleurs le principe de la communion. « Dans la

communion, on n'ignore pas que l'autre est un autre, on reste à l'intérieur de la coexistence, mais il y a en même temps continuité entre les deux partenaires : c'est la certitude absolue, n'acceptant aucun doute, d'être accepté par l'autre » [Todorov, 2003, p. 97].

Cette capacité à rester soi pour communier dans le groupe peut donner l'impression qu'individu et famille parviennent facilement à associer leurs attentes particulières. Et plus largement, que les deux logiques contraires de l'alimentation contemporaine (le mangeur individuel et le repas fusionnel) coexistent sans peine. Un premier degré de l'analyse semble le confirmer, montrant que les individus ne cessent de s'ajuster entre eux pour articuler les deux modalités. Delphine [1] par exemple, a des problèmes avec les desserts préparés par sa mère, qu'elle juge trop riches. Elle a joué sur l'argument du goût personnel (prétextant une préférence pour les yaourts allégés), puis s'est rendue compte que le conflit était largement atténué si elle quittait la table familiale, pour manger son yaourt (alternatif au dessert familial) devant la télévision. Paradoxalement, l'écart plus grand rendait la confrontation moins sensible. Marjolaine résume le principe de la coexistence pacifique entre les deux logiques alimentaires : « On a toujours mangé ensemble. Ça grignote bien sûr autour des repas. Mais on se réunit pour manger. » Tout se passe comme si, un temps familial étant maintenu, les mangeurs acquièrent le droit de se libérer individuellement sur une seconde scène des repas, à la maison ou au dehors. Temps familial très variable selon les ménages, et surtout considérablement grossi dans les représentations par rapport à sa réalité concrète. Une description serrée des pratiques invaliderait sans doute la conclusion de Marjolaine (« On a toujours mangé ensemble. ») Mais l'important ici est dans ses pensées, l'idée qu'un repas familial ait été préservé. Le petit-déjeuner pris en solitaire peut alors être ignoré, de même que le déjeuner pris à l'extérieur avec des collègues de travail. L'idéalisation du groupe rassemblé permet égale-

---

1. 22 ans, vendeuse, citée par Jean-Pierre Corbeau, 2002, p. 34.

ment de ne pas remarquer l'individualisation des pratiques des personnes réunies autour de la même table, les allées et venues pour picorer dans le frigo, les desserts à la demande, etc. Ce qui a été maintenu pour grouper la famille suffit à se former l'image qu'elle communie régulièrement par les repas. Or ce premier degré de l'analyse est trompeur. Bien qu'il corresponde à un aspect des choses, il en masque un autre, beaucoup plus conflictuel : la guerre acharnée que se mènent individus et famille autour des repas. Une guerre pas toujours visible dans la mesure où les membres de la famille développent des efforts pour esquiver les problèmes et adoucir les contacts, et dissimulent ainsi la réalité de l'affrontement sous-jacent. Une sorte de guerre douce donc, qui n'en est pas moins permanente. Les deux grandes logiques sociales qui traversent l'alimentation contemporaine entrent en collision, dans chaque famille, à tous les repas, à propos du moindre détail.

Elles n'opposent pas individu et groupe de façon abstraite, et la question qui est posée ici est particulièrement intéressante d'un point de vue théorique. Le conflit ne se développe en effet que dans la mesure où il y a engagement affectif et identitaire dans la famille. Anthony Giddens [1987] a souligné combien la réflexivité était un facteur central du changement dans les sociétés modernes. L'individu se positionne en regard de sa propre vie et se pose mille questions. Plus il intensifie ce travail réflexif cependant, plus il doit mener une action exactement contraire, pour constituer l'évidence du sens qui le fonde [Kaufmann, 2004]. Il doit arrêter de se mettre en doute pour se sentir pleinement lui-même. Autant la réflexivité est un travail intellectuel, autant l'action contraire de fermeture du sens de la vie personnelle est plutôt sensible et affective. Et utilise des enveloppements collectifs. Parmi ceux-ci, l'amour, le couple, la famille, sont des instruments privilégiés, mais qui n'ont rien d'obligatoire. Chaque individu, chaque culture fait ses choix. Je m'arrêterai brièvement sur l'exemple de la société japonaise, très instructif sous l'angle du rôle joué par la famille et les repas dans la modernité.

L'observateur de la société japonaise contemporaine est d'abord frappé par l'apparente légèreté des liens conjugaux et familiaux, dans une culture où nombre de traditions ont pourtant été conservées. Le fait le plus marquant est l'effondrement de la fertilité, qui tend à devenir un problème majeur au plan politique et économique. Ceci n'est évidemment pas sans lien : la fréquence des relations sexuelles est une des plus faibles au monde. Et si l'on prend les repas comme indicateurs d'intensité du fait familial, la conclusion est sans appel ; la famille est au plus bas. « La femme ne respecte même plus les formes : quand son mari va au travail, au lieu de lui souhaiter une bonne journée à l'aide des formules consacrées, c'est à peine si elle tourne la tête en disant : "Pas besoin de te faire à dîner ce soir ?". Pour peu qu'il rentre plus tôt que d'habitude, elle l'accueille en disant : "Qu'est-ce qui t'as pris de rentrer si tôt ?" » [Jolivet, 2002, p. 92]. Les repas pris avec l'ensemble de la famille réunie sont très peu nombreux (ceci étant facilité par la distribution efficace d'aliments prêts-à-manger), et relativement pauvres en conversation. Il semble déjà loin le temps où « le père était toujours là ». « On l'attendait toujours pour dîner. À table, il éduquait ses enfants, les reprenait quand ils parlaient, corrigeait leur manière de s'exprimer, de tenir leurs baguettes ou de manger » [*Idem*, p. 172]. Aujourd'hui pour les enfants, « leur père est un type qui rentre tous les soirs coucher à la maison, qui dîne de temps en temps sans desserrer les dents » [*Idem*, p. 189]. Les Japonais vivent plutôt mal cette évolution, se sentant vaguement coupables, persuadés que leur mobilisation dans le domaine économique, qui a produit des résultats spectaculaires, a été payée au prix fort dans la vie privée. Sur le fond pourtant, il semble bien que, sans l'avoir voulu et alors qu'ils se représentent comme fort peu individualistes, ils aient inventé un modèle, paradoxalement fondé sur le pragmatisme doux d'un individu vraiment délié (surtout pour l'homme, la femme s'investissant fortement dans l'éducation des enfants et devant supporter une lourde inégalité ménagère), une sorte d'atome d'autonomie pure, dans une modernité contractuelle [Rawls, 1997], surfant sur un amour institutionnellement encadré mais tellement liquéfié [Bauman, 2004] qu'il se fait impalpable. À l'inverse, les sociétés européennes ont promu l'engagement amoureux et familial comme antidote aux logiques froides de la modernité avancée. La passion est en concurrence avec la maîtrise de soi et tend même à être placée au-dessus dans l'ordre des valeurs. Avec un prix à payer pour l'individu qui se rêverait parfois plus libre : l'obligation d'engagement dans le groupe familial, le respect de la discipline des repas, le partage régulier de la ferveur collective. Pas trop de fêtes avec les amis ou de plateaux individuels devant la télé.

Plus l'identification se focalise sur l'idée familiale, plus la confrontation individu/groupe se fait problématique autour des repas. Les grignotages n'apparaissent plus comme des compléments acceptables se jouant sur une scène parallèle, mais comme des alternatives, voire des agressions mettant en péril la famille elle-même. Les anicroches se multiplient : des horaires non respectés, des sorties de table trop rapides, des choix alimentaires personnalisés, des refus de s'impliquer dans la vie du groupe, des coups de téléphones interrompant la conversation, se font alors intolérables. Amandine n'en est même plus à ces légers agacements dus aux petits dérapages de la maîtrise collective, car pour elle la situation s'est considérablement dégradée : trois menus différents, le fils avec sa pizza-mayonnaise devant la télé, etc. « En fait, y en a aucun qui mange la même chose. » Elle aurait pu baisser les bras, et comme Maïté avec les sandwichs au jambon, généraliser le principe d'une alimentation individualisée. Mais, soutenue par sa fille, elle garde l'espoir d'une renaissance familiale par les repas. C'est pourquoi la guerre entre individuel et collectif reste ouverte. Elle obtient d'ailleurs parfois quelques victoires. Comme le nouveau rituel de la dégustation du vin.

Les enfants à table

L'idéal familial se renforce actuellement dans les mentalités, le rêve d'une communion intime plus prenante. Parallèlement toutefois, il est évident que l'on assiste à une montée régulière de l'individualisation au niveau des pratiques concrètes (des goûts, des rythmes et des lieux rien qu'à soi). La confrontation entre les deux logiques sociales ne peut donc pas, et de moins en moins, être masquée. Elle se manifeste de façon particulièrement aiguë à propos des enfants. Les parents doivent-ils transmettre et imposer un principe éducatif (horaires réguliers, manières de table, repas collectifs, apprentissage de goûts variés, alimentation diététique) ou au contraire respecter le désir des enfants (grignotages, sucreries, plateaux télé) ? Il n'existe plus de bonne réponse inscrite dans un cadre de valeurs partagé par tous. Car écouter le désir des enfants n'est pas seulement céder face aux sodas et bonbons qui leurs gâtent la santé. C'est aussi les considérer en tant que personnes ayant droit désormais, eux aussi, à un certain degré d'autonomie [de Singly, 2004a]. Tendance à l'autonome personnelle qui chamboule avec une telle force l'ensemble de nos sociétés que rien ne peut l'arrêter. Même les parents les moins convaincus ne peuvent faire autrement que l'accepter. Quant aux plus convaincus, ils doivent malgré tout fixer des limites à l'autonomie, imposer un minimum de principes collectifs. Chez les Pécheur, la conversation à table, très animée, est ce fédérateur du groupe. Mais pas pour tous de façon égale. Simon, le jeune fils, n'est guère intéressé par les thèmes politiques, très fréquents. Il reste donc « assis sur une fesse »[1], prêt à s'échapper dès que les débats l'ennuient. Simon est-il vraiment là, impliqué dans le groupe, ou en donne-t-il simplement l'impression ? La situation change sans cesse. Et les interprétations de chacun sont encore plus variables. Pour les tenants de la vie familiale, sa présence, même « sur une fesse », peut suffire à prouver son engagement. Pour Simon à l'inverse, cette fesse-là n'est souvent que de la poudre aux yeux, un gage donné à la famille pendant que son esprit est ailleurs. Le conflit n'oppose pas seulement parents et enfants, placés dans deux positions antagonistes par rapport aux principes éducatifs. Il sépare aussi des générations ayant traversé des époques où les manières de table et les conceptions alimentaires étaient

---

1. Pascale, la maman de Simon, citée par Karim Gacem, 1997, p. 73.

très différentes. Les grands-parents par exemple, malgré leur immense bonne volonté, ont beaucoup de mal à comprendre que la montée de l'autonomie ne soit pas due au laxisme éducatif de leurs enfants, incapables d'imposer un minimum de discipline à leur progéniture. Les problèmes touchant à l'alimentation des enfants sont parmi les plus conflictuels entre grands-parents et parents [Attias-Donfut, Segalen, 1998].

Bien que tous les membres de la famille tentent habilement d'atténuer les frictions, d'assurer une coexistence pacifique, et bien que les véritables éclats ne soient que sporadiques, la guerre est secrètement ouverte entre les deux modèles de pratiques alimentaires (la liberté individuelle et la communion familiale). Elle se manifeste généralement chez les parents par une distinction claire entre stratégie et tactiques. Quel que soit l'état de la confrontation, la stratégie est en réserve dans un coin des pensées, et reste fixée sur l'idéal familial. Les tactiques au contraire, prises dans l'urgence du quotidien, s'accommodent beaucoup plus facilement de compromis divers. Candy, malgré son rêve très fort de famille réunie autour de la table, ne peut qu'obtempérer quand ses enfants, adolescents, lui annoncent au dernier moment qu'ils partent manger chez des copains. « Ah ! ça, ça gêne, ça, ça gêne ! Je comprends, à leur âge, mais ça, c'est pénible ! ». Sous la pression de l'événement, elle ne peut faire autrement, mais échafaude aussitôt des plans pour mener plus tard une contre-offensive (un bon dessert pour les attirer, une explication à programmer pour leur demander qu'ils ne la préviennent plus au dernier moment). Marjolaine parle clair et fort. « Je ne veux pas céder à ses caprices. Et puis je ne suis pas l'esclave de service ! ». Elle ajoute pourtant discrètement quelques pommes de terre dans un coin du plat de légumes. « Mais sans faire un plat spécial, hein ! ». Madeleine aussi était main de fer stratégique dans un gant de velours tactique. Elle ne cessait de clamer ses principes éducatifs très fermes. « Je disais : c'est ça ou rien ! Tout le monde doit manger pareil ! Je ne changeais pas mon menu parce qu'elles n'aimaient pas. » En réalité, si elle avait préparé une viande ou un légume que ses filles n'aimaient guère, elle avait habilement complété par une entrée qu'elle savait correspondre davantage à leurs goûts. En négociant et en trichant un peu, les deux parties parvenaient à trouver leur compte. Pendant une période, ses filles se plaignirent de mal manger à la cantine scolaire le midi. Madeleine diminua immédiatement ses exigences éducatives, pour qu'elles puissent manger d'abondance et se régaler le soir. Seule la stratégie familiale reste stable, les tactiques au contraire s'adaptent au contexte, s'accommodant des désir individuels. Amandine le sait bien. Elle sait aussi qu'à force d'accommodements tactiques, l'individualisme alimentaire peut finir par imposer sa loi. Car le but d'une famille est de vivre en paix et non de déclencher la guerre à tout propos. « Quand les enfants étaient plus jeunes, on s'énervait un petit peu. Maintenant non, après tant d'années ! ». Après tant d'années de vains combats, la lassitude gagne, et les parents aspirent à une certaine tranquillité. « S'il veut pas manger ça, il va voir dans le frigidaire, et puis c'est tout. » Elle dit vouloir refuser de lui préparer des plats particuliers (pizzas, frites, poisson pané), et le laisser se débrouiller. Elle enfreint en fait elle-même cette dernière ligne de résistance, et se met aux fourneaux. D'autant que son deuxième garçon a été récemment contaminé par la révolte de l'aîné. « De toute façon, les deux garçons ne veulent jamais manger ce que je mets sur la table. Ça c'est très rare. Hier soir, j'avais préparé de l'omelette et de la salade, et bien ils n'en ont pas voulu. Il a fallu que je leur fasse des frites et du poisson pané. » Elle compense par le rituel de la dégustation du grand vin, et par des réceptions amicales, où elle peut enfin donner libre cours à sa passion culinaire. Ces soirs-là, l'aîné se « débrouille pour manger à l'extérieur ». Quant au plus jeune, « il va se mettre dans son petit coin, là-bas, devant la télé, avec son plateau. Ça va être encore poisson pané, ou hamburger, ou pizza ». Comme pour les repas en famille, la télévision associée aux pratiques alimentaires individuelles joue un rôle variable selon les contextes. De même qu'elle en arrive parfois à se faire dévoreuse du collectif, elle peut happer le mangeur solitaire, se transformant en flux d'images addictives [Ehren-

berg, 1995] étroitement associées au grignotage. Pendant
que le spectateur est enveloppé du dehors, le grignoteur est
rempli du dedans. Dans une même logique de réassurance
identitaire régressive, dont on connaît les effets sur le développement de l'obésité.

La stratégie (fixant des objectifs familiaux élevé) et les
tactiques (se rabattant sur des compromis) évoluent souvent
en parallèle, l'une blottie dans le secret des pensées, les
autres au contraire dans la lumière de l'action. Mais elles
parviennent aussi parfois à se rejoindre, pour définir des
arrangements où les manifestations de l'individualité
s'inscrivent dans un projet familial plus large, qui les acceptent et les dépassent. Bien surveillés (ni de trop près ni de
trop loin), les petits repas laissés au libre arbitre des enfants
peuvent même devenir ainsi de véritables « laboratoires de
l'autonomie » [Diasio, 2002, p. 258]. La liberté n'est pas
toujours une anarchie. Les horaires des goûters autogérés
sont fixés d'un commun accord, à distance respectable des
« vrais repas » familiaux, incitant l'enfant à « apprendre à
combiner l'aliment et la situation sociale, et donc à mani-
puler le fait alimentaire selon les contextes » [*Idem*, p. 253].
L'articulation du temps et de l'espace, de l'individuel et du
familial, implique que l'enfant de la modernité avancée se
forme une compétence très sophistiquée, accordant les
codes alimentaires : « quand, quoi, comment, où, avec qui »
[*Idem*]. Lui apprenant à vivre « libre ensemble » [Singly,
2000], à l'intérieur d'un collectif qui contrôle et négocie ses
espaces de liberté.

4
Trajectoires et contextes familiaux

Tiroir à bonbons, frigo et table

L'apprentissage de l'autonomie sous contrôle commence tôt dans l'enfance. Y compris par la gestion de micro-espaces apparemment sans importance, tels un tiroir à bonbons, une réserve de gâteaux ou de boissons dans une chambre, tolérés et inscrivant ce petit fragment de pratique alimentaire à l'intérieur d'un territoire officiellement délégué à l'enfant. Le tiroir à bonbons est à la fois une « boîte à plaisirs » et une « preuve d'autorégulation » [Diasio, p. 254]. Car la liberté octroyée de piocher dedans ne doit pas enfreindre certaines règles fixées par les parents. Plus tard, à l'adolescence, la réussite de cet exercice (ou la défection des parents !) pourra conduire à un élargissement des supports matériels de l'autonomie : plateaux-repas emmenés dans la chambre, goûters entre copains en regardant un film sur l'ordinateur, etc. Et le fin du fin, un peu plus tard dans la jeunesse, le symbole absolu de l'autonomie : un réfrigérateur. « Pour avoir vraiment un petit chez moi » dit Julien, « un petit appartement dans ma chambre » précise Sébastien [1]. Les jeunes (encore assez peu nombreux) qui possèdent cet appareil dans leur chambre sentent qu'au-delà du confort d'usage, se dégage de cet équipement la sensation qu'ils commencent à sortir de l'enfance. Par la mise en place, marquée dans la

---

1. Cités par Elsa Ramos, 2002, p. 120.

matérialité des faits, d'un territoire autogéré porteur de quelques pratiques alimentaires.

Symboliquement forts, les petits espaces de la chambre sont toutefois secondaires comparés aux jeux de l'autonomie dans l'ensemble du logement. À certaines heures, les tables n'ont pas d'occupants fixes, prêtes à être squattées, sans parler des plateaux-repas et autres grignotages sur le pouce. Bien sûr, cet élargissement des zones et temps individuels doit être négocié, et n'est souvent obtenu qu'au terme d'une longue guerre d'usure. Elsa Ramos [2002] note, comme je l'ai aussi constaté dans l'enquête, que les repas personnalisés (chacun à son heure et à sa façon) sont beaucoup plus facilement tolérés quand la famille n'est pas au même moment réunie autour de la table légitime. Car ce qui apparaît comme une simple commodité fonctionnelle lorsque les agendas sont décalés, prend la forme d'une mise en cause du mythe quand la famille fait simultanément tables séparées. Aurélie par exemple essaye d'imposer un nouveau rituel face à ses parents : des pizzas devant la télé le dimanche soir. Hélas pour elle, « ça ne marche pas toujours »[1]. Ses parents n'ont pas abandonné l'idée de la table unique.

Sans que cela soit explicitement proclamé, les familles tendent à établir un double système, cloisonnant les deux dynamiques alimentaires pour éviter une contamination des repas familiaux par l'individualisation. Reconnaissant le droit à des comportements autonomes, à la condition que les enfants se plient à la discipline collective quand ils y participent. Ils doivent donc prévenir de leurs absences, manger à l'heure lorsqu'ils sont là (même s'ils sont beaucoup plus libres du point de vue horaire dans leur seconde vie alimentaire), respecter un minimum de manières de table (même s'ils s'amusent au contraire à les subvertir dans leur autre univers) et manger les plats communs (alors que leurs aliments individualisés sont très différents). Ils apprennent ainsi à gérer une sorte de schizophrénie réglementaire, ne cessant de naviguer entre deux systèmes de codes en grande

---

1. Citée par Elsa Ramos, 2002, p. 202.

partie antagoniques. Position très particulière, qui génère une étrangeté dans la représentation des acteurs. Non pas tant du côté des parents, menant inlassablement leur combat de résistance pour éviter que l'individualisation n'emporte tout. Mais du côté des jeunes, qui assument avec une facilité quelque peu surprenante cette schizophrénie. Certes ils ne cessent de lancer de nouvelles opérations de guérilla pour élargir les territoires de leur autonomie libérée. Certes la légèreté de l'être du grignotage sur le pouce leur fait éprouver un sentiment grisant de liberté. Les repas familiaux toutefois ne sont pas toujours pour eux une horreur insupportable. La première vie alimentaire garde des charmes irrésistibles bien que contraignants. « Non franchement j'aime bien, je trouve ça peinard, dit Frédéric [1]. C'est vrai que c'est chiant en même temps, il y a les horaires fixes. » Les repas, quoique rigides, sont remplissants et enveloppants, reposant des incertitudes de la jeunesse. Et il y a davantage, que les jeunes ne peuvent au mieux qu'entrevoir. Ils pensent n'accepter que par obéissance et amour pour les leurs cette discipline d'un autre âge. En fait sans trop le savoir ils apprennent, mille détails, qu'ils réutiliseront plus tard, dans un autre épisode de leur existence. Quand, eux aussi, réinventeront à leur manière un univers familial des repas. Cet avenir pour le moment assez impensable les attache intuitivement au charme désuet de la communion commensale. Un attachement qui témoigne de la force maintenue du lien de filiation dans notre modernité fondée sur l'autonomie.

Enfin seul(e)

Le charme désuet néanmoins se paie cher. Car le confort psychologique provient essentiellement du fait que l'on oublie un moment la « fatigue d'être soi » [Ehrenberg, 1998] pour régresser vers un statut infantile. La seconde vie alimentaire au contraire a le goût excitant de la liberté, de la légèreté de la jeunesse, de l'avenir à inventer par nul autre

---

1. Cité par Elsa Ramos, 2002, p. 205.

que soi-même. Les débuts de l'installation vraiment autonome, dans un logement indépendant, sont marqués par un
éclatement des règles, une jouissance de l'anarchie
débridée. « Ce que j'apprécie le plus ? Le fait de pouvoir
compter que sur moi » dit Séverine. « T'as pas d'heure à,
t'as personne à qui, tu préviens personne si tu rentres à
10 heures, à 11 heures, tu manges quand tu veux,
enfin »[1]. Et tu peux aussi, comme le précise Anne-Lise,
« manger n'importe quoi. »[2] Seules comptent l'envie et la
disponibilité du moment, les opportunités qui se présentent.
Et qui orientent prioritairement vers les aliments prêts-à-
manger. Car ce n'est pas seulement pour le symbolisme
libertaire qu'Anne-Lise mange « n'importe quoi ». Investir
du temps pour les activités ménagères et culinaires apparaît
anachronique à l'époque de la jeunesse. « Je ne fais aucun
effort au niveau de la cuisine. »[3] Plus que jamais dans la
vie, le frigo est donc roi. Corne d'abondance qu'il suffit
d'approvisionner pour qu'elle livre ses trésors dès que la
porte s'ouvre. « J'aime bien picorer au frigo ce que j'ai
envie de manger. Des saucisses, un reste de salade. Du
fromage, des tomates » (Valérie)[4]. L'instantanéité de
l'action et l'imprévisibilité du futur immédiat (qui va pourtant se traduire aussitôt en sensations très charnelles et
intimes), ajoutent à la charge symbolique de ce geste faussement banal et fonctionnel. Le mangeur individuel s'est
radicalement libéré de la discipline contraignante des repas
et de l'astreignant travail culinaire. Le mot revient souvent
dans les réponses : il « picore », tel une volaille en liberté.
Il cueille selon son gré dans le frigo et dans quelques autres
zones de stockage (panier à fruits, placard à snacks et
gâteaux secs, boîte à sucreries), qui transforment le logement en (modeste) substitut du jardin d'Éden. « Je mange
parfois du chocolat à la place du repas. Plutôt le soir, ça
m'arrive. Je mange beaucoup de fruits aussi. Des fois, je

1. Citée par Agathe Gestin, 1997. Citation reprise par François de Singly, 2004b,
p. 266.
2. *Idem*, p. 267.
3. *Idem*.
4. 25 ans, citée par Isabelle Garabuau-Moussaoui, 2002a, p. 204.

remplace le repas par des fruits. Deux ou trois fruits. Une banane, une pomme » (Isabelle) [1]. Picorage et cueillette qui ont une saveur toute particulière pour les jeunes filles. Comme j'ai pu le constater dans une autre enquête [Kaufmann, 1999], et cela jusqu'à un âge avancé dans le célibat, la désorganisation volontaire des pratiques culinaires et commensales procure une exaltation diffuse mais profonde, en forme de revanche sur des siècles et des siècles où la femme fut rivée aux fourneaux. Pour la première fois dans l'histoire, elle peut aujourd'hui se constituer en individu autonome, et se le prouver tous les jours par des dînettes sur le pouce improvisées dans l'instant. Certaines en rajoutent d'ailleurs, pour mieux ressentir ce plaisir existentiel. Ainsi, Danièle a-t-elle inventé un jeu : s'amuser à ne pas savoir ce qui reste dans son frigo, et se débrouiller le soir, quoi qu'il en soit, avec un seul yaourt, du chocolat, une boîte de pâté sans pain. Le face à face personnel avec l'alimentation peut alors libérer les jeunes filles de la schizophrénie féminine habituelle évoquée plus haut (mère nourricière et silhouette éthérée), en les propulsant dans le seul univers rationaliste de la diététique et des régimes [Ciosi-Houcke *et al.*, 2002], loin des cuisines lourdes et des plats en sauce. L'enquête [Kaufmann, 1999] montre toutefois que la légèreté ressentie (faisant croire que l'on suit plus ou moins un régime) provient surtout de l'action de picorer, et que la qualité diététique des aliments choisis est en fait plus discutable. Chocolat et viennoiseries annulent souvent les gains caloriques des salades et yaourts 0 %.

La révolte de la jeunesse vise aussi la table, symbole rigide et hautain de la famille instituée. Tout est bon pour trouver des lieux plus bas, plus mous, plus nomades. Briser l'idée de la discipline, se sentir soi par l'évidence confortable de positions tranquillement inventées. « Je mange très exceptionnellement sur la table, qui est mon bureau. Je mange toujours sur le canapé-lit. Je mange avec un plateau » (Juliette) [2]. Le plateau est l'organisateur central, la

---

1.   20 ans, *idem*, p. 303.
2.   22 ans, *idem*, p. 226.

table véritable, et mobile. « Je prends un plateau, j'emmène tout dans la salle à manger : le plat, la mayonnaise, le ketchup, la moutarde, les cornichons, le fromage » (Paul) [1] ; « Je prends mon plateau, je mets tous dessus. Je mange tout en même temps » (Juliette). Christine [2] au contraire fait une pause d'une demi-heure, séparant son repas en deux temps, le dessert étant associé à une plus grande détente. « Je m'installe dans le canapé tranquillement pour manger mon yaourt. »

Le picorage radical utilise prioritairement des nourritures froides et prêtes-à-manger. C'est « le niveau zéro de la préparation culinaire » [Garabuau-Moussaoui, 2002a, p. 203]. Le niveau un peu supérieur est représenté par le simple réchauffage, le four à micro-ondes complétant alors le réfrigérateur (parfois équipé d'un tiroir congélation). Puis sont abordées les cuissons simples (pâtes, steak à la poêle). Les gestes techniques restent élémentaires, les préparations sont rapides. Pourtant, il n'est pas rare que l'apprenti-cuisinier soit dès le début travaillé par l'envie d'ajouter une petite touche personnelle, de créer. Ce qu'il fait généralement par l'ajout d'ingrédients divers (principalement des épices), parfois très insolites et produisant des résultats incertains. Au paroxysme de la déconstruction des repas, une seconde logique alimentaire, opposée, commence déjà par ce biais à se manifester.

Séduction

La déconstruction n'a d'ailleurs jamais été totale, le modèle du mangeur (picoreur) individuel ne se concrétisant qu'incomplètement. Une partie des repas est en effet prise dans des structures collectives comme les restaurants universitaires, et le week-end est souvent l'occasion de retrouver « la bonne nourriture de papa-maman », comme dit Anne-Lise [3], pourtant adepte enthousiaste du « manger

---

1. 21 ans, *idem,* p. 226.
2. 26 ans, *idem,* p. 227.
3. Citée par Agathe Gestin, 1997. Citation reprise par François de Singly, 2004b, p. 267.

n'importe quoi » chez elle. Manger n'importe quoi n'importe quand a parfois ses limites. Les règles et les manières apprises dans la famille restent des repères utilisables, pour faciliter la vie en cadrant davantage les rythmes et les attitudes. Même les horaires peuvent se stabiliser un peu dans certains créneaux. Et puis il y a les fêtes avec les amis, qui prennent indubitablement plus de consistance avec de la nourriture partagée. C'est souvent l'occasion de redécouvrir l'intérêt des repas et même de la cuisine, voire d'exécuter une vieille recette familiale dont les gestes avaient été involontairement observés, transformée pour l'occasion en spécialité personnelle. Seule la table haute reste boudée, concurrencée par des sièges bas et mous, ou des pique-niques sur la moquette [Lehuede, Loisel, 2004].

Mais le véritable sursaut commensal et culinaire va venir d'où peut-être on ne l'attend pas : de l'implication amoureuse et des débuts de la vie à deux. La volupté du plaisir gustatif n'y est sans doute pas pour rien : le désir de bien faire et de faire plus pour nourrir l'être aimé s'inscrit dans la grammaire de la séduction [Etchegoyen, 2002 ; Frain, 2004]. Il suffit que le partenaire vienne pour un repas, même tout simple, pour que les références habituelles de l'hôte du lieu se trouvent chamboulées. Il se sent poussé par la nécessité impérative de sortir de l'improvisation trop radicale et de la déconstruction, pour produire quelque chose qui ressemble à un vrai repas. Avec des produits de meilleure qualité et plus chers [Ciosi-Houcke *et al.,* 2002]. Avec aussi une structure qui se rapproche davantage des formes canoniques. Même la table peut soudainement être restaurée dans son prestige à cette occasion. Une ébauche de lien conjugal commence à se nouer, alchimie qui opère par l'alimentation, plus précisément par des repas pris dans les formes. L'amour ne se nourrit pas que de sentiments, de mots et de caresses. Il lui faut aussi s'enraciner dans le partage d'activités plus ordinaires. Si possible agréables, voire non dénuées de sensualité. Dans un tel registre, les repas sont inégalables. Ils fabriquent au quotidien de discrètes communions amoureuses, comme ils fabriqueront plus tard de la famille. « Au début avec mon copain on ne se voyait pas beaucoup, mais dès qu'on se retrouvait, on se faisait de bons petits plats. Cette période a duré un an et demi. Puis on a décidé de se mettre ensemble et du coup on a réinstauré ça avec nos petits budgets : des bouffes à deux et des bouffes avec nos potes ! On aime faire la bouffe, mon mec aussi. C'est vraiment important. » [1]

Il n'est plus possible de manger n'importe quoi n'importe quand si l'on veut manger ensemble. L'on a d'ailleurs moins envie de manger n'importe quoi n'importe quand, bien que la liberté reste grande. Les horaires par exemple se fixent (souplement) à quelques repères. « Avant, dit Clémentine évoquant son passé en solo, moi je mangeais quand j'avais faim. Maintenant, même si on n'a pas des horaires de repas très fixes – c'est quand même élastique – on sait qu'entre sept heures et neuf heures du soir faut manger. Et le midi entre midi et deux. » Fini le picorage aléatoire ; l'esquisse d'un véritable système se met en place, encadrant des pratiques plus régulières et plus denses. Juliette, nouvellement en couple, a senti la force et la rapidité du changement. « Depuis une semaine que mon ami est arrivé, j'ai jamais fait autant la cuisine. » Finie aussi l'instantanéité radicale ; un début de projection dans l'avenir et de programmation (collective) s'ébauche. « Ça veut dire aussi aller faire les courses à deux, on est à deux à choisir et à évaluer ce qu'on va manger dans la semaine » (Juliette) [2].

Le petit apéro

Le quotidien alimentaire se transforme à l'aune de la mise en place du lien conjugal ; les repas ordinaires pris à deux se régularisent et se densifient par rapport à l'existence solitaire. Mais il n'y a pas que l'ordinaire. Bien que des habitudes s'installent extrêmement vite dès les tous premiers instants conjugaux [Kaufmann, 2002a], l'envie de rupture avec cet ordinaire, d'invention et d'intensification

1. Femme, 27 ans, citée par Laure Ciosi-Houcke *et al.*, 2002, p. 324.
2. 22 ans, citée par Isabelle Garabuau-Moussaoui, 2002a, p. 190.

de la vie, est consubstantielle à l'élan amoureux. D'une manière ou d'une autre, il faut parvenir à être plus et à vibrer ensemble. Les rudiments de compétences culinaires sont alors utilisés tels une baguette magique pour créer l'alchimie de la communion. Laura est encore sous le charme. « Lundi soir, je suis rentrée, j'étais surprise : il m'avait fait des crevettes flambées au cognac et du riz basmati. »[1] Le décor a aussi son importance, la présentation des plats, la décoration de la table, une éventuelle ambiance musicale. L'idée est de créer un petit événement, impliquant et transportant les deux convives. Tony y met tout son cœur, débordant d'imagination. Il associe cuisine et couleurs, improvise la disposition et la décoration de la table, choisit une musique particulière, ajoute de petites bougies. « Ça crée une atmosphère. Je suis très méticuleux. » Le dîner est une véritable fête, favorisant une conversation très nourrie entre eux deux. La particularité de leur histoire est que cette rupture festive a lieu chaque soir, fréquence élevée qui menace l'exceptionnalité de s'engluer dans la routine. Ils n'en sont pas encore là, tout à leur bonheur candide de ces instants aériens. Mais d'une façon générale, il est habituel que les conjonctures d'intensité soient fondatrices de la future institution. La famille naît aussi de la fête.

Le lien social en formation sort des cadres gris de la socialisation imposée quand des rituels, même minuscules, ajoutent du sensible et affichent plus clairement le sens. Le « petit apéro » est de ce point de vue très représentatif. Heureusement pour la santé des ménages, tous les jeunes couples ne prennent pas un apéritif au dîner. Mais le fait, plus ou moins régulier, a quand même été signalé un nombre de fois très significatif au cours de l'enquête. Dans le processus désormais progressif de structuration du couple, il est en effet nécessaire d'imaginer des moments de cristallisation de l'engagement, qui impulsent le mouvement d'intégration conjugale. Pour Tony, le rituel a lieu chaque soir, comme prélude à leur dîner aux chandelles ; pour Clémentine, le « petit apéro » est plus sommaire et épisodique. Plus tard dans le cycle de vie, la décision de

---

1. 25 ans, citée par Isabelle Garabuau-Moussaoui, 2002a, p. 191.

prendre un apéritif (en rupture avec les pratiques usuelles), ou de déguster un grand vin pour Amandine, marquera encore souvent une volonté de redynamiser l'engagement et d'« inventer le couple » [Brenot, 2001].

Les fêtes plus ou moins improvisées des débuts de la vie à deux introduisent un peu de folie dans des habitudes qui commencent à s'installer rapidement. Leur stabilisation est cependant ensuite beaucoup plus longue. Les horaires par exemple, bien que beaucoup plus cadrés que lors du pico-rage en solo et inscrits dans un accord mutuel, restent très souples et « souvent décalés » vers les heures tardives comme dit Tony. L'heure du petit apéro et du dîner aux chandelles dépend de son inspiration culinaire. « Ça arrive souvent qu'on mange à des heures impossibles, dès dix heures du soir, des choses comme ça. » Clémentine a fixé un créneau : entre 19 heures et 21 heures. Mais quand le créneau est difficile à tenir, elle consulte le programme des émissions télé. « S'il y a un bon film », alors ils n'hésitent pas à prendre leur temps, et à manger sur la table basse du salon. Repas rompant avec l'ordinaire, et précédé d'un « petit apéro ».

Naissance de la famille

Jour après jour, sans trop s'en rendre compte, le jeune couple s'installe dans ses meubles. Les meubles en eux-mêmes d'ailleurs sont des indicateurs de l'intégration progressive dans un système de la vie quotidienne réglant les conduites. Il est toutefois possible de résister au processus d'intégration, pour prolonger plus longtemps la légèreté existentielle de la jeunesse. Madeleine se souvient. « On a été cinq ans sans enfants. J'attachais moins d'impor-tance à la cuisine. Quand on invitait, chacun amenait sa part. On faisait énormément de sport, on allait au spectacle, on sortait beaucoup. » Les variations dans l'évolution sont assez grandes d'un couple à l'autre, et peuvent se lire dans la manière de manger. Certains organisent assez vite des repas structurés, d'autres moins. Qu'ils dressent plus ou moins bien la table cependant, tous sentent peu à peu qu'ils font couple, par la simple répétition du quotidien. Ils sentent que leurs parcours d'existence sont désormais stabilisés et inscrits dans un cadre commun. Moment très particulier et souvent délicat à gérer dans l'histoire conjugale. Les étincelles de folie se sont un peu éteintes, et le confort nouveau des repères identitaires qui fixent le sens de la vie compense mal la perte du charme trouble de l'indécision et le déficit de communion ardente. La conversation spécialement peut se faire moins vibrante, voire prendre étrangement des tonalités convenues, particulièrement lors du repas. Le strict face à face institué par la table devient un peu problématique « Tu te retrouves comme deux cons quand il y un silence qui tombe. Tu te dis : on n'est pas des petits vieux quand même ! Tu te vois, à table, comme deux petits vieux. Tu te creuses pour trouver une connerie à dire, bla-bla-bla. Ça nous arrivait pas ce truc-là. C'est à se demander si on n'en rajoute pas dans la fiesta pour ça. On boit de l'eau toute la semaine, mais le samedi soir, là il y a la dose, purée ! Là, pas de problème, ça décolle, ça tchatche à donf. Je sais pas s'il y a des silences, mais on s'en aperçoit pas le samedi soir » (Cannelle).

Augmenter les doses qui font décoller, ou organiser un samedi soir tous les soirs de la semaine comme le fait Tony, ne sont que des palliatifs, qui ne masquent qu'un temps le vide relatif et la difficulté de la conversation intime. Il n'est d'ailleurs pas évident que cette dernière soit toujours plus nourrie lors des premiers temps de la rencontre amoureuse [Kaufmann, 2002a]. Mais les vibrations diverses et la découverte de l'étrangeté du partenaire occultent les silences. Quand le rituel du repas s'institutionnalise au contraire, le silence se manifeste de façon plus criante, signalant un manque dans l'échange, qui ne peut trop longtemps être comblé par des banalités. Il faut trouver de vrais sujets de conversation, motivants, mobilisateurs. C'est alors que les deux idées (souvent groupées dans le temps) du mariage et des enfants sont évoquées.

À partir de cet instant, les repas s'engagent dans une nouvelle dynamique, indiquant que le couple aussi a tourné une page très importante de son histoire. Finie l'insouciance de la vie dans l'instant et l'engagement sous réserve : il s'inscrit dans l'avenir autour d'un projet familial qui, plus fortement que jamais dans l'existence, dépasse et efface les désirs d'autonomie. Le malaise des repas est oublié, car il y a désormais mille choses à se dire, entre les deux associés de la future petite entreprise familiale. Par la conversation de tous les jours, le couple conjugal s'est transformé en couple parental. Réfléchissant aux achats et aux aménagements nécessaires, imaginant le changement de vie. Sur ce point, l'illusion est fréquente. De même que quelques années plus tôt, lors de la rencontre amoureuse, le rêve avait été d'ajouter le partenaire à sa vie sans rien y changer, de rester soi, il est désormais d'ajouter le bébé en conservant les attributs de la jeunesse. Tony déclare qu'il continuera à faire ses virées estivales à travers l'Europe sur sa vieille moto. Le bébé ? Pas de problèmes, il se débrouillera pour lui trouver une place sur la moto. Tony ne sait pas encore ce qu'est vraiment un bébé, comment, dès la première seconde de sa naissance, il provoque secrètement une profonde mutation identitaire chez les jeunes parents, comment le système de valeurs est bouleversé, comment un torrent d'activités nouvelles irrésistiblement emporte, qu'on le souhaite ou non, dans un enchaînement d'exploits domestiques à réaliser jour après jour. Ce n'est pas seulement une page de la vie qui a été tournée, mais un chapitre biographique totalement différent qui commence.

La mutation identitaire se caractérise principalement par la centration sur l'enfant : rien d'autre au monde n'a autant de prix, pas même souvent sa propre existence. Ce changement introduit une première rupture du point de vue alimentaire. Dans une période particulièrement propice à la réflexivité (tout ce qui a trait à l'enfant est lu, discuté, analysé), la préoccupation diététique opère un brusque sursaut. Elle était parfois déjà présente chez les jeunes filles sous l'angle des régimes. Elle rebondit ici au contraire autour de la fonction nourricière, et de la thématique sanitaire (des aliments sains pour le bébé). Il est frappant par exemple de constater que les légumes frais, extrêmement rares chez les jeunes vivant en solo ou à deux (à cause du travail et de la gestion ménagère complexe qu'ils exigent), bondissent au top des aliments préférés [Ciosi-Houcke *et al.*, 2002]. Dès que l'enfant commence à manger des potages et des purées, les parents apprennent souvent à manger comme lui. Jusqu'à l'apothéose , sa présence à table au cœur de la famille réunie, qui est le moment le plus marquant de la véritable naissance de la famille [*Idem*]. Malgré la densité des tâches ménagères et la fatigue qu'elle occasionne, la symbolique familiale de la table et ses manières s'imposent irrésistiblement. « Pour l'instant ma fille mange à part, mais quand elle mangera avec nous ça changera, déjà, il faudra une table. Il y aura toute cette tradition, le couteau à gauche, la fourchette à droite » [1] ; « Ça fait peu de temps que j'aime bien poser une jolie table. Avant, c'était « couteau-fourchette » et basta, mais depuis que le petit peut s'asseoir à notre table, on fait plus attention. » [2] Le contenu des assiettes change aussi. La jeunesse s'inscrit dans une véritable stratégie de contournement des plats centraux, rôtis ou mijotés [Garabuau-Moussaoui, 2002a]. Les premiers temps du couple ignorent notamment les cuissons longues, qui au contraire s'épanouissent avec l'arrivée à table de l'enfant. La cocotte-minute, qui n'était utilisée que marginalement, s'impose comme instrument central [3]. Elle symbolise parfaitement la chaleur rayonnante du foyer réuni. Et s'attache irrésistiblement à l'image de la mère nourricière [4].

---

1. Homme, 29 ans, cité par Laure Ciosi-Houcke *et al.*, 2002, p. 327. Visiblement, il n'a pas encore lui-même bien assimilé cette tradition qu'il veut pourtant transmettre, puisqu'il inverse l'ordre des couverts.

2. Femme, 32 ans, *idem*.

3. Jean-Claude Kaufmann, étude non publiée.

4. Significatif de ce point de vue est le maintien de l'appellation « cocotte-minute » dans le vocabulaire français. L'appareil est apparu d'un transfert du monde industriel (techniques de la pression à vapeur), dans les années 1950. Les ingénieurs (masculins) qui l'avaient mis au point tentèrent pendant des dizaines d'années d'imposer le terme plus technique d'« autocuiseur ». Mais rien n'y fit : « cocotte » exprimait mieux l'idée de la tendresse familiale mitonnée par la cuisine, spécialement par la mère.

Reprise de souffle

Ainsi s'ouvre la grande période de la vie où les repas, institution lourde et cadrée, opèrent comme architectes de la famille. Une divergence se manifeste toutefois rapidement entre pratiques et représentations. Car, quel que soit l'idéal de communion du point de vue des parents, l'enfant commence très jeune à exprimer des désirs d'autonomie, sous forme de refus du rituel collectif ou de revendication d'aliments particuliers. Inaugurant la guerre récurrente entre famille et autonomie individuelle. À l'adolescence puis à la jeunesse, il élargit de plus en plus ses sphères d'autonomie, jusqu'à son emménagement dans un logement indépendant. Qui est l'occasion d'une nouvelle révolution des repas familiaux pour les parents. La tablée en effet ne se contente pas de se réduire. À cet épisode de la vie, qualifié habituellement de « nid vide » et marqué par une détente des rythmes, la motivation générée par la dynamique du lien social perd son élan. Les repas deviennent à la fois plus tranquilles et moins pleins. Le « cuisinier » (qui la plupart du temps est une cuisinière) prend alors conscience de l'immensité de l'effort qu'il a produit pendant des années, notamment quand les enfants étaient petits, se demandant parfois comment il a pu à ce point réussir à déplacer des montagnes. Avec l'adolescence et le développement de l'autonomie, la pression avait déjà commencé à retomber un peu. Surtout dans certaines familles, où l'individualisation impose progressivement sa loi au détriment de la mobilisation familiale. Maïté en est bien sûr l'exemple extrême. « Quand les enfants étaient plus petits, je faisais un peu plus à manger, parce qu'on était tous à table. Mais en ce moment, on est rarement à table ensemble, alors... ». Alors c'est sandwichs au jambon et le frigo pour tout le monde.

Le regard rétroactif vers l'époque de la mobilisation familiale étonne un peu la responsable des fourneaux. Comment avait-elle donc fait pour trouver l'énergie nécessaire ? Et pourquoi le poids de la pénibilité des tâches à accomplir ne lui était-il pas davantage tombé sur les épaules ? Car au moment où elle se désengage (ou souhaite se désengager), elles lui apparaissent plus lourdes. Alors qu'elle en fait moins (ou voudrait en faire moins) cela lui semble paradoxalement plus difficile. Or c'est souvent à ce moment précis qu'il lui faut commencer à s'occuper des parents âgés. La « génération pivot », et tout particulièrement la femme, se retrouvant cheville ouvrière d'un réseau de services multiples pouvant provoquer une saturation [Attias-Donfut, Segalen, 1998]. Yvette est au bord de la crise de nerfs. « Quand j'ai en charge le grand-père qui mange à heure fixe, l'autre qui m'amène sa fille à garder, je peux pas dire non, sinon je passe pour une grand-mère indigne. Alors, quand il faut faire à manger pour tout ça, moi, des fois, j'ai envie de me coucher et de faire le mort » [1]. Marjolaine n'est pas loin de penser la même chose. « C'est quand même une corvée d'avoir beaucoup de monde, il faut le dire. Et avec l'âge, cela devient encore plus une corvée, on n'a plus envie de s'embêter trop. On a donné quand même ! Pendant pas mal d'années. » Elle n'a pourtant que 52 ans. Mais sous l'impulsion de son amour de la cuisine et de son désir de repas conviviaux, elle s'était vraiment longtemps donnée corps et âme, se relançant elle-même quand sa motivation fléchissait face aux tas de légumes à éplucher. Sa fatigue précoce vient de l'importance de l'effort passé. Et du fait que ses enfants apprécient beaucoup les tablées familiales. « Mais c'est du style à se mettre les pieds sous la table. C'est l'habitude qui a été prise comme ça. » Marjolaine est, et a toujours été, la seule et unique fée du logis ; ni son mari, ni ses enfants ne l'ont jamais aidée. Elle est tiraillée entre deux injonctions contraires : le souhait de continuer à fabriquer la famille par les repas, et l'envie de souffler un peu. C'est manifestement cette dernière qui est actuellement la plus forte, face à une autonomisation des enfants qui tarde à se consolider. Comme s'il existait un décalage entre un moment de la vie, aujourd'hui venu, où est intuitivement ressentie la nécessité de diminuer les rythmes, et une structure des pratiques familiales qui continue un peu trop à fonctionner de la même manière.

---

1. 58 ans, citée par Claudine Attias-Donfut et Martine Segalen, 1998, p. 70.

Pour Madeleine au contraire, il y a eu synergie, et elle éprouve une indéniable sensation de plaisir à cet allègement du quotidien. « Ah oui autrefois quand il y avait les enfants, je me cassais la tête. Là c'est cool maintenant ! Je peux vous dire que des fois à dix heures je me dis : tiens qu'est-ce qu'on va manger ? Et je prends quelque chose dans le congélateur. » Le discret bonheur, à peine avouable, qu'elle ressent en éprouvant cette nouvelle légèreté rappelle indubitablement Danièle, cette célibataire que nous avons vue s'amuser à ne pas savoir ce qu'il y a dans son réfrigérateur. C'est aussi en tant que femme que Madeleine se sent libérée.

Voici pour le côté brillant des choses. Il en est cependant un autre, plus sombre et pénible. La vie est devenue légère et tranquille certes, mais il y a un prix à payer : les repas ne sont plus ce qu'ils étaient. L'effort fabriquait du lien, de la dynamique vitale. Les conversations, bien que pas toujours faciles, étaient animées. Même le travail culinaire est entraîné par cette logique de diminution. « L'autre soir on a discuté, et on s'est rendu compte qu'il y avait toute une série de plats que je faisais quand les filles étaient encore à la maison, que je ne fais plus. Je les avais oubliés » (Charlotte). Une rapide analyse lexicale des entretiens permet de relever les termes qui reviennent le plus souvent : « importants » et « intéressants » pour qualifier les repas d'« avant » ; « simplicité » pour « après ». « On était plus nombreux à table, c'était plus intéressant » (Maïté) ; « D'abord, je prenais plus de temps. Et puis j'essayai de faire des choses plus… maintenant ce qui me décide pour un plat, c'est la simplicité. Maintenant qu'on est tous les deux, c'est moins important » (Hortense). La vie, plus simple, a baissé d'un ton.

Le retour des enfants

Sauf quand les enfants (le week-end ou plus irrégulièrement pour telle ou telle fête) viennent reconstituer la grande tablée. Encore plus animée lorsque s'ajoutent des partenaires conjugaux, puis les babillages des petits-enfants. Le contraste devient alors frappant entre les petits repas ordinaires, tout de calme et de simplicité, et les soudaines tablées sonores. Deux configurations familiales scandent la vie des repas. Deux configurations qui ne se vivent pas avec la même intensité, et cela d'autant que les grandes tablées sont moins fréquentes. Car elles concentrent alors davantage la symbolique familiale. « Maintenant ce qui est important, c'est quand il y a les enfants. Là, pendant les fêtes, on va les avoir » (Hortense). Sans protocole exagéré, la table est mise néanmoins avec les manières, les mets sont plus copieux et choisis. Et surtout la cuisinière à nouveau ne compte plus son temps, emportée comme autrefois par le désir de faire famille. « J'aime bien préparer quelque chose de spécial » (Babette). Nul festin pour Babette ; des plats simples, familiaux. Des plats exigeant un travail qui ne lui coûte pas une seule seconde. Eugénie a ritualisé le pot-au-feu, transmué en emblème de la rencontre. « Ah ! un pot-au-feu, on se régale ! Là ça fait longtemps que je n'en ai pas fait… pour nous deux c'est pas… ». Alors, elle téléphone à ses enfants. Elle ne dit pas : voulez-vous venir samedi, je ferai un pot-au-feu ? Mais elle inverse la proposition, le pot-au-feu lui-même devenant le prétexte et le déclencheur. « On fait un pot-au-feu samedi, vous venez ? ». Et ils viennent, toujours ; ils adorent le pot-au-feu. Tout autant que sa variante, la potée. « Ou bien une autre fois, ça va être une potée. Ils aiment ça ! Ils aiment ça !! ». Ce plaisir intense qu'ils ont à manger sa cuisine la remplit secrètement de bonheur et de vitalité ; le sang familial coule plus vif dans ses veines.

Une force irrésistible pousse les parents à faire davantage, à rompre avec la nouvelle simplicité de leurs petits repas tranquilles. Un peu par sens du devoir et par peur d'être mal jugés. Ils s'évertuent donc à ne commettre aucune faute. Plus les invitations familiales sont espacées, plus l'enjeu de la rencontre les incite à une mise en scène qui soit au-dessus de tout reproche. Aliments de qualité, table bien mise. Ceci débouchant sur un paradoxe, que j'avais déjà relevé dans un autre contexte, lors de la rencontre amoureuse [Kaufmann, 2002a] : le désir de forte

présence à l'autre, de proximité et d'authenticité peut
provoquer des effets de présentation de soi, des artifices,
des mensonges. Être moins « naturel » pour se présenter
sous son meilleur angle. L'anecdote racontée par Charlotte
est très révélatrice à ce sujet. À l'époque où ses filles étaient
petites, elle n'avait pas toujours le temps, dans la boucu-
lade ménagère ambiante, de faire la cuisine idéale dont elle
rêvait. Elle avait pris le parti d'en rire avec son mari, et le
thème était devenu l'objet d'une plaisanterie récurrente,
comme il en existe dans toutes les familles, sortes de
phrases magiques qui malgré leur pauvreté répétitive
déclenchent toujours l'hilarité générale. Les enfants étaient
même passés en première ligne du rituel, prenant l'initiative
de prononcer la formule. « Ah ! il y avait la petite qui nous
disait : tiens, qu'est-ce qu'elle nous a fait ? de la boîte, de la
barquette ou du sac ? ». Or les parents ne rient plus du tout
aujourd'hui. Ils regrettent sans doute d'ailleurs de s'être
trop laissé aller autrefois à monter en épingle cette plaisanterie. Désormais gênés par cette référence, ils se sont diplomatiquement évertués, depuis quelques années, à faire
disparaître la phrase magique de la mémoire familiale. Et
surtout, ils font très attention à ne pas prêter le flan au
moindre soupçon de critique. « J'achète des plats tous prêts
quand on est tous les deux avec mon mari. » Mais jamais,
jamais, de boîte ou de barquette quand les enfants reviennent. « Alors, là, je fais attention à ce que je fais. »

Le sens du devoir et la peur d'être mal jugés sont toutefois secondaires. L'essentiel de l'injonction vient des
profondeurs d'un désir indéfinissable, qui pousse à faire,
sans se poser de question, à se donner, par amour. L'élan est
cependant directement contraire à cet autre désir : souffler
un peu. Tout dépend donc du contexte domestique et relationnel (du caractère solitaire ou non du travail de la cuisinière, de la capacité des enfants à prendre leur envol, de la
situation des grands-parents). Dans une subtile dialectique
de la genèse du lien social et de la peine au labeur, il faut
que l'écrasement ne soit pas trop lourd pour que l'envie
renaisse. Suzette pensait justement que ce ne serait pas
possible. Elle fut véritablement affolée quand son fils lui

annonça qu'il reviendrait manger tous les midis. « J'ai eu peur. » Non pas qu'elle fut déjà écrasée par les tâches culinaires. Mais, après avoir donné beaucoup quand les enfants étaient petits, elle était entrée dans une phase de reprise de souffle radicale et prolongée. Son mari ne revenant pas le midi, elle redécouvrit par ailleurs le bonheur du grignotage et sa légèreté savoureuse. Peu ou pas du tout de préparation, des rythmes un peu fous : elle avait trouvé un nouvel accord avec une autre elle-même, qui renouait avec d'anciennes aspirations, qu'elle croyait oubliées. L'annonce de son fils percutait de front cet univers existentiel si séduisant. Elle fut d'abord désappointée (comment allait-elle faire ?), déçue, et coupable d'être déçue. Mais le réflexe familial la délivra de ces pensées mauvaises : dès le premier repas, elle eut envie de faire un bon petit plat. Depuis, chaque jour la passion s'allume un peu à nouveau. Pour son fils, pour qu'il se régale, ses mains se mettent en action presque aussi facilement qu'autrefois. « Mon fils vient maintenant manger le midi. Au départ, je me suis dit : oh là là ! ça va me poser des contraintes ! Alors que moi, toute seule, je me contente d'une tranche de jambon. Finalement, je me suis surprise, parce que je fais des préparations qui demandent un peu de temps, de la blanquette, de l'osso buco, des choses comme ça. Parce qu'il est là, qu'il vient le midi. C'est curieux, mais ça ne me déplaît pas du tout d'avoir à faire ces préparations. C'est mieux pour lui parce qu'il a des repas. Et c'est mieux pour moi. Tout ça, c'est un ensemble. »

Agapes familiales

Il faut souvent que l'autonomie des jeunes ait créé une certaine distance pour que renaisse le désir des retrouvailles commensales. Le schéma le plus fréquent est celui d'une trajectoire biographique rythmée en trois temps. D'abord l'intense mobilisation familiale et la guérilla quotidienne contre les tendances fissionnelles. Puis au contraire le besoin de souffler, l'agacement et la fatigue quand l'autonomisation des jeunes tarde à se dessiner. Enfin, nouveau retournement, alors que les repas ordinaires se simplifient, l'envie recouvrée de fabriquer la (grande) famille par les tablées animées.

Du point de vue des enfants, le revirement est tout aussi spectaculaire. Leur adolescence et leur jeunesse passées à la maison ont été marquées par la quête d'une autonomisation plus grande, jusqu'à l'emménagement dans un logement indépendant, quand ils deviennent avec plaisir des picoreurs sans contraintes. Nous avons noté toutefois qu'au long de cette montée de l'aspiration individualiste, les repas familiaux, en parallèle, n'étaient pas toujours considérés comme des abominations. Quelque chose les y attachait déjà, qui s'exprime avec beaucoup plus de force après qu'ils aient organisé leur propre structure domestique. Ils ne cherchent plus à fuir ; et ils sont contents de revenir. Les raisons de cette attirance sont multiples. Il y a bien sûr, au niveau le plus concret, les strictes considérations alimentaires. Le bonheur du picorage trouve en effet vite ses limites. Puisque le système (ou plutôt l'anti-système) mis en place ne permet guère de mieux manger même quand on le souhaiterait, la solution se trouve dans l'usage de structures fonctionnant comme prestataires de services : restaurant, ou encore mieux, papa-maman. Les parents partagent une préoccupation voisine. Ils sont vaguement inquiets de la désorganisation des repas de leurs enfants, et cherchent un peu à la compenser : offre de produits du jardin et de petits plats à emporter, et surtout, invitations. « Les enfants, ils n'ont pas le temps, c'est des plats préparés et même des fois, sandwichs. Donc quand ils viennent à la maison j'essaye exprès de faire des plats traditionnels que m'a transmis maman » (Madeleine). Ils sont nourris, gavés, et ne demandent qu'à se remplir ainsi. « Je me goinfre c'est pas possible, maman rigole. Je mange pas comme ça d'habitude » (Cannelle). Ils mangent au-delà de la faim, car ce remplissage les rassure, effaçant les doutes de la vie, à la fois par le sentiment de satiété et par l'accord retrouvé avec des goûts originels. Il y a là comme une évidence chaude, au creux de la famille. Tzvetan Todorov signale que l'enfant a besoin de se blottir pour « être réconforté ». Ce « comportement primaire »

[2003, p. 93] n'a pas totalement disparu à la jeunesse. En pleine apogée de l'autonomisation déstructurante, se blottir, un peu, un moment, fait encore du bien. Retrouver des repères familiers, se lover dans des habitudes qui n'ont pas bougé, et surtout dans l'« ambiance ». « Quand je suis revenue à la maison, ça m'a fait du bien parce que j'ai retrouvé… l'ambiance de la maison. C'est un peu l'image du port, c'est une stabilité, et c'est clair que ma mère je suis attachée à elle. C'est aussi au niveau de mes petits frères, quand je ne les vois pas pendant un temps ça me manque. Quand je rentre, c'est l'image du cocon un peu. De se sentir un peu à l'abri, tranquille » (Marie-Anne)[1]. L'ambiance familiale est à son maximum d'intensité et de capacité d'enveloppement lors des repas. Tout semble alors harmonique et plein pour le groupe réuni, même la cuisine n'a jamais été si bonne. « Ils trouvent toujours ça drôlement bon quand ils reviennent ! » (Babette). Car les goûts sont porteurs d'autre chose, d'assez inexprimable, au-delà des saveurs d'enfance : en partageant le même plaisir, les convives redonnent vie à la famille. *Agapê* est le terme grec (avec *Eros*) désignant l'amour. Les agapes conviviales autour d'une table ont donc pour racine la même expression qui désigne le sentiment amoureux et fraternel, et ce n'est pas par hasard[2]. Car la famille communie et fabrique ses moments d'intensité les plus forts à cette occasion. Cela se vérifie encore quand plus tard la compagnie s'élargit et que les enfants, jeunes parents, adjoignent à la grande tablée leurs bébés. Ils viennent d'accomplir une mutation identitaire et sont en pleine révolution domestique, redécouvrant même les vertus de la table, de sa discipline et de ses manières. Le sentiment intuitivement perçu ajoute alors une nouvelle dimension. Les enfants-nouveaux-parents revoient leur enfance et se représentent autrement le rôle de leurs propres parents à leur égard, rendant presque palpable l'idée de la transmission et de la filiation. La durée se lit dans l'instant.

---

1. Citée par Elsa Ramos, 2002, p. 209.
2. Historiquement, les agapes étaient des banquets débordants de victuailles et unissant fraternellement dans une communion divine. Elles seront condamnées après la symbolisation eucharistique.

Les repas, bien sûr, ne sont pas toujours qu'harmonie et plénitude. De même que le poids de la charge ménagère peut gâter l'envie de faire famille par la cuisine pour les parents, la rigidité de la discipline et le choc des cultures générationnelles peuvent atténuer le désir des enfants. Trop d'écarts entre les rythmes et les manières, ou des invitations trop fréquentes, finissent par émousser le désir. L'important est d'ailleurs beaucoup plus la montée de ce dernier que son expression concrète. Il existe en effet un décalage manifeste entre la représentation des tablées familiales (idéalisées car elles sont porteuses d'une symbolique qui tient à cœur) et la réalité de leur déroulement (pas toujours aussi agréable à vivre que l'on veut bien le dire et se le dire). Tout se passe comme si chacun ne cessait de se convaincre que son bonheur est complet… alors que le désir de fuite le reprend parfois comme à l'adolescence. Les fêtes de fin d'année sont tout à fait symptomatiques de ce décalage entre imaginaire et réalité. Dans l'ambiance du moment, où le décor urbain incite à l'envol imaginaire, la scène des retrouvailles a été longuement visionnée à l'avance, entre scintillements de bonheur et chaleur communicative. Or la réalité résiste, refusant de concrétiser trop parfaitement le rêve. « J'ai pourtant déjà presque le goût de la dinde dans la bouche. Ma mère me fait des patates que pour moi à côté des marrons ; c'est les meilleures du monde. Mais faut le dire, faut le dire : qu'est-ce que ça peut être chiant aussi Noël ! C'est jamais ce qu'on avait cru avant. On venait pour la carte postale, toutes les musiques, la neige, les étoiles, un conte de fées quoi. Et puis patatras, on se dit mince je m'emmerde ! Le pire c'est la mauvaise conscience, c'est la carte postale qui marche pas. Pourtant l'année d'après on y croit encore, tous les ans ça recommence » (Cannelle). Du côté des parents organisateurs, l'enthousiasme n'est pas non plus toujours aussi étincelant qu'on aimerait pouvoir le vivre. Claudine Attias-Donfut et Martine Segalen [1998] notent que toutes les personnes interrogées dans leur enquête ont signalé ces repas de fêtes comme particulière-ment importants pour leur famille. Mais elles ont aussi souligné la lourdeur de la tâche quand la parenté prend la dimension d'une tribu et que les parents vieillissent. Autre problème : qui dans la génération pivot doit prendre le relais ? Les tensions et les agacements peuvent déchirer la belle harmonie autour de la table. Face au micro de l'enquêteur, une femme exaspérée de s'être retrouvée seule à assumer la tâche festive en arrive à cette conclusion radicale : « C'était toujours les mêmes qui travaillaient et les autres qui faisaient rien. Je crois qu'il faut qu'on abolisse Noël comme ça il n'y aura plus de problèmes. » [1]

Déprise ou reconjugalisation ?

L'installation des enfants dans un logement indépendant ouvre pour les parents un nouveau chapitre, où ils vont devoir gérer les repas selon un double périmètre familial. La grande tablée des générations réunies, attirante et fatigante à la fois. « On se creuse plus la tête quand arrivent les fêtes ou qu'on invite les enfants, pour faire quelque chose qui les change de la cuisine vite faite » (Madeleine). Et la petite structure conjugale, réinstauration du strict face à face après le long épisode parental, sorte de retour à la légèreté de la jeunesse ; les années en plus, l'inventivité et l'incertitude en moins. Car les habitudes se sont solidement installées. « Maintenant que le cercle de famille diminue, nous on commence à devenir un peu plus routiniers, c'est incontestable » (Madeleine). Pourquoi chercher à innover puisque l'expérience culinaire de toute une vie permet de faire, efficacement et simplement ? « Ah ! maintenant, je varie moins, on reste plus traditionnels. Et puis à notre âge... J'innove moins, j'innove moins, c'est vrai. Comment dire ? Je suis... C'est moi aussi : je vis sur les acquis » (Madeleine).

Mais à bien écouter, on comprend vite que l'expérience et les routines accumulées ne sont pas seules en cause. Hortense commence par souligner le poids des habitudes à l'âge mûr. « À l'âge qu'on a, c'est pas maintenant qu'on va changer de façon de vivre. » Écoutez cependant la précision qu'elle donne ensuite. « Essayer des nouveaux produits ?

1. Citée par Claudine Attias-Donfut et Martine Segalen, 1998, p. 12.

Non, plus maintenant qu'on est deux. » La vie à deux après
le départ des enfants est à l'opposé de la vie à deux de la
jeunesse, qui provoquait innovation et engagement dans le
nouveau lien à créer. Au contraire, la restriction au seul face
à face crée ici une perte de ressort, un désengagement, une
démotivation relative. Ce qui explique d'ailleurs le renfor-
cement des routines : les cadres de socialisation structurent
davantage les individus parce que ceux-ci perdent la capacité d'investissements subjectifs provoquant des décalages
avec les attendus de la socialisation [Kaufmann, 2004].
« Quand tu n'es que deux et que tu sais que ton mari n'est
pas compliqué, tu ne vas pas t'embêter non plus » (Anneth).
Anneth ne s'embête donc pas, la vie devient plus simple. Le
prix à payer est cependant très élevé : la simplification par
les routines atténue l'intensité et installe dans une position
de spectateur par rapport à sa propre existence. Or après le
départ des enfants, un second événement biographique se
produit (avec souvent peu d'écart entre les deux
événements) : la retraite, qui pousse exactement dans le
même sens du désengagement et de l'autoprotection par les
habitudes acquises. S'enclenche alors un processus de
« déprise », qui a été analysé dans le détail par Vincent
Caradec [2004]. Les repas sont conjointement un indicateur
très précis du degré atteint par la déprise, et un instrument
majeur de son ralentissement ou de son accélération. Car de
la même manière qu'ils fabriquent la famille au temps de la
mobilisation effervescente, ils produisent une délitescence
du lien quand ils se sclérosent en routines. Dans l'enquête,
le ton employé pour parler des différentes époques biographiques a été particulièrement révélateur. Enjoué, voire
s'enflammant dès qu'il était question des grandes tablées (y
compris pour exprimer la fatigue, voire l'exaspération
parfois ressenties), il baissait soudainement de volume et se
transformait en murmure monocorde presque morne pour
décrire les repas d'après le départ des enfants. Eugénie
répond par des phrases courtes, sans couleur, sans relief.
Sans vie. Parce qu'elles disent un moment de la vie où il y
a justement moins de vie. D'un coup, son débit s'accélère,
du rythme apparaît, de la force, de l'émotion dans sa voix.

« C'était surtout quand mon mari travaillait, qu'il était en déplacement, qu'il rentrait le vendredi soir. Bon ben là, c'était vraiment… c'était vraiment… Je faisais un petit truc, du saumon grillé… un petit truc qui sortait de l'ordinaire. » Aujourd'hui, plus de « petit truc » ; il ne reste que l'ordinaire. Même rupture de tonalité pour Madeleine, dont nous venons de voir qu'elle innovait moins désormais. Soudain dans l'entretien, son corps se redresse à l'évocation d'un passé récent, qu'elle revit avec animation. « Oh ! souvent entre collègues de travail on s'échangeait des recettes ! Oh tiens elles disaient, j'ai vu ceci ou cela ! Ah vous pouvez pas savoir ! On discutait, on se copiait telle recette. Et le lundi matin au bureau, c'étaient les commentaires. Ah c'était bon, ah c'était pas bon ! Et ceci, et cela. »

Un ensemble de facteurs convergents concourent à la déprise. Le besoin de souffler, la difficulté d'assumer à nouveau le face à face, la télévision qui s'installe dans un rôle plus clair de dévoreuse de la conversation. Et les préoccupations diététiques ou des prescriptions alimentaires de source médicale. C'est en effet à ce moment précis du désengagement familial que se manifestent des petits soucis de santé liés à l'avancée en âge. Avec souvent les mêmes conseils, incitant à réduire les plaisirs gourmands et à diminuer les portions. Diminuer est le maître mot de ce passage biographique, où tout semble se réduire : l'inventivité, le tonus, les portions, le temps passé à faire la cuisine, qui est divisé par deux [Guilbert, Perrin-Escalon, 2004], la taille de la tablée, l'intensité des échanges, les plaisirs gourmands. Tout se fait plus fade et plus petit. Sauf la réflexion sur les questions alimentaires, qui prend une place centrale dans les esprits [*Idem*]. Si elle en reste à un premier degré d'évocation rapide, elle peut entrer en synergie avec les autres facteurs qui poussent à la déprise, en incitant simplement à manger moins. Ce qu'exprime très bien Eugénie à un moment de l'entretien. « Mon mari avant il travaillait, c'était dur son métier. Maintenant il ne fait rien, c'est comme moi, alors on va pas manger beaucoup. Et puis faut faire attention à notre âge. » Mais si la logique de réflexivité s'emballe un peu, l'effet peut se retourner en son contraire, en introduisant un principe d'innovation. Alors que (comme nous l'avons vu dans la première partie), la réflexivité du mangeur solitaire menacé par la perte de repères peut le déstabiliser et le conduire à des errements, elle amène à l'inverse une capacité de réactivation du lien social là où celui-ci a tendance à se scléroser. D'ailleurs, la même Eugénie qui parlait d'un ton morne de la réduction des portions, s'anime un peu pour évoquer quelques débuts de réformes. « Depuis qu'on est en retraite, on mange bien plus équilibré, j'essaie de faire des choses moins lourdes, des salades, des choses comme ça. C'est pas de faire des choses compliquées, mais qui changent un petit peu. » Babette est beaucoup plus avancée dans cette perspective. Sur conseil médical, elle a décidé avec son mari de faire un régime. Outre la réflexion importante qu'ils développent sur les questions alimentaires, elle en profite pour révolutionner son art culinaire, se lançant dans des recettes de cuisine légère. Les idées sanitaires deviennent mobilisatrices d'un nouveau type d'engagement dans le lien conjugal : manger sain pour protéger la qualité de vie à deux. Et elles ne provoquent pas de désengagement culinaire. Ses nouvelles recettes lui prennent même souvent plus de temps (environ deux heures le dimanche matin) que les anciennes.

Il n'existe donc aucune fatalité de la déprise. La transition biographique liée au départ des enfants, particulièrement délicate à gérer en général pour le couple, peut même à l'inverse être retournée en occasion de le redynamiser. Les enfants jouant moins leur rôle de fédérateur de l'échange, il devient en effet possible d'instaurer des moments de véritable interaction conjugale, inscrits dans un mouvement plus large de « renouveau identitaire » [Caradec, 2004]. Il s'agit donc d'une période particulièrement décisive, où la vie peut basculer soit dans le sens de la déprise, soit de la redynamisation du couple en lui-même. Plusieurs types d'activité peuvent être utilisés dans cette optique favorable : sports, loisirs culturels, voyages, voire sexualité. Mais les repas, par leur quotidienneté instaurant le face à face autour de la table, constituent sans doute la plus cruciale. Les repas ordinaires, et la qualité de leur conversation. Et les ruptures de l'ordinaire, par des moments festifs indiquant l'engagement des deux partenaires et le caractère vivant du lien. Est réapparu ici dans l'enquête, comme dans les premiers temps du couple amoureux, le « petit apéro ». Instrument comportant certains risques (car pouvant dégénérer en alcoolisme chronique effaçant toute idée de rupture), mais d'une utilisation facile pour créer la communion à moindre frais personnels. « La fin de semaine faut bien marquer » dit Babette. Malgré le régime, ce sera donc « un porto le samedi soir et le dimanche midi ». Pour Hortense, c'est vendredi, samedi et dimanche, et le rituel est nouveau dans sa vie, très clairement en lien avec la volonté de marquer un « temps différent », celui du couple, qu'il n'est pas toujours facile d'exprimer autrement. « Autrefois ça n'existait pas comme ça l'apéro, c'était pas toutes les semaines. Maintenant, nous, c'est le vendredi soir, le samedi soir et le dimanche midi. C'est un temps qu'on prend tous les deux, c'est un temps différent. On le prend toujours au salon, et on passe à la salle à manger après. »

Créer une rupture de l'ordinaire et redynamiser le lien conjugal par les repas n'est cependant pas simple dans la conjoncture de décélération alimentaire qui caractérise cette période de la vie. (Ce qui explique le succès du petit apéro, bien commode.) Il faut imaginer des articulations subtiles pour résoudre la schizophrénie. Voyez Charlotte. Sa cuisine de la semaine est vite expédiée. « Il faut dire que je ne suis plus que seule avec mon mari. On se contente d'un potage, du pain et du fromage, un yaourt, et puis c'est fait. » Mais en mangeant cette simple soupe ou ce yaourt, ils ne cessent de parler cuisine, échafaudant les plans des repas futurs qu'ils feront avec leurs enfants. Elle prépare ses listes deux jours à l'avance. Ils ont donc deux vies parallèles : la frugalité conjugale et l'exubérance familiale, qu'ils parviennent à associer sans que cela pose vraiment problème. La difficulté vient des dimanches sans les enfants, quand ils sont réduits à deux, pour un repas à une date habituellement festive. Que vont-ils décider : frugalité ou abondance, simplicité ou intensité ? Ils ont trouvé la solution. Une boîte de conserves. Pas n'importe laquelle. Une spécialité ramenée

de leur dernier lieu de vacances (ils reviennent toujours très
chargés). Une cuisine rapide donc, mais évocatrice d'un fort
moment conjugal, en rupture avec l'ordinaire. La dégustation
de la boîte est l'occasion de conversations nourries, leur
permettant de revisiter ce moment de vie à deux dans un
autre décor. Madeleine, elle, rêve en secret d'un putsch
culinaire ; contre elle-même. La démobilisation familiale a
provoqué une véritable déprise alimentaire et conjugale.
Elle n'innove plus et vit sur ses acquis comme elle nous l'a
dit plus haut. Parallèlement pourtant, elle est passionnée par
la cuisine créative, moderne et légère. Elle adore aller la
déguster au restaurant. Pourquoi alors ne pas tenter de
l'introduire chez elle ? « C'est paradoxal, mais ça serait
idéal à notre âge. » Hélas, « c'est compliqué ! » Compliqué
car il ne s'agit nullement d'une décision technique, isolable
du contexte relationnel. Madeleine s'est profondément
inscrite dans une structuration sociale assurant le confort
psychologique par la répétitivité conjugale, qui rend
difficile à mettre en œuvre le sursaut secrètement rêvé. Les
bricolages permettant une certaine redynamisation ne sont
possibles que si le couple n'est pas sérieusement engagé
dans le processus de déprise.

Famille et repas

À mesure qu'elles s'accumulaient, les données de l'enquête
m'ont permis de vérifier à quel point le lien entre famille et
repas est étroit. Ce qui n'était pour moi au départ qu'une
hypothèse parmi d'autres s'est donc progressivement
imposée comme ligne directrice de la recherche. Car à
chaque détour des épisodes biographiques, les repas appa-
raissaient comme opérateurs du lien et indicateurs de sa
qualité. Nous avons vu en particulier combien le cycle familial imprimait un rythme commensal, de la mobilisation
autour des enfants au risque de déprise après leur départ.
L'histoire de Biscotte à elle seule résume cette problématique. Les débuts de la vie à deux furent dominés par la
fadeur, culinaire et conjugale. Contre sa mère, qui l'incitait
à faire davantage, elle refusait de s'investir trop dans la

cuisine ; le destin d'une femme n'était pas dans les casseroles. Quant au couple, les deux partenaires imaginèrent peu de ruptures de l'ordinaire ou de rituels de communion, ceci n'étant pas sans lien avec une faiblesse de leur engagement. Biscotte parvint pourtant à assurer une cuisine honnête lorsque naquirent les enfants. Pour les enfants. Mais elle était seule à tenter de se mobiliser, le couple étant passé de la fadeur à l'acidité ; ils divorcèrent. C'est alors qu'elle fut prise d'une véritable fièvre culinaire, pour faire famille, avec ce qu'il en restait. « Du matin jusqu'au soir je faisais la cuisine », notamment des farandoles de gâteaux, alors qu'elle ne les apprécie guère. L'élan se brisa net quand les enfants partirent du foyer. Elle essaya une fois de se faire un petit plat. « Lorsque j'ai été face à l'assiette, toute seule, c'est pas passé. » Elle préfère donc grignoter sur le pouce ; un morceau de fromage, un yaourt, un fruit. Et découvre qu'en réalité elle a ordinairement très peu faim. Cuisiner n'a plus d'intérêt, se mettre à sa grande table provoque un blocage. Le contraste est saisissant avec les scènes qui lui reviennent en mémoire. « J'avais une tablée qu'aimait bien les bonnes choses, je savais que j'allais leur faire plaisir. Et en même temps je me faisais plaisir. » Elle avait le plaisir de donner du plaisir. Au temps de sa vie familiale et des repas.

Indépendamment de la trajectoire biographique, le rapport étroit entre famille et repas se repère aussi dans de multiples contextes particuliers. Ainsi, c'est bien connu, les repas sont-ils des cristallisateurs et des marqueurs des moments d'intensité pour les réunions de la grande famille. Olivia ne ressent pas la moindre lassitude malgré le travail accompli pour Noël. « On est 25 ou 30, mais tant que je pourrais continuer à le faire, je le ferai. Pouvoir tous se réunir, se retrouver, c'est un bonheur, ça. » Il suffit d'ailleurs de feuilleter les albums de photos pour constater que nombre des événements qui scandent ce récit illustré du mythe familial ont été immortalisés par des clichés de repas [Kaufmann, 2002b]. « Des choses importantes de notre vie, on les a toujours marquées par un repas. Par exemple, quand on a fini de payer la maison, ou des résultats d'examens, des

choses comme ça. Toujours on a marqué par un repas. Les
enfants s'en souviennent encore » (Madeleine). Le rapport
étroit se lit aussi dans des contextes moins grandioses, quand
il s'agit de fabriquer le groupe au quotidien, contre les forces
de dispersion et l'individualisation. Joël Meissonier [2002]
prend l'exemple intéressant des banlieusards contraints à de
longs temps de trajet, qui mangent à l'extérieur le midi et
rentrent tard le soir. Le plus fonctionnel serait que la femme
et les enfants mangent seuls plus tôt, et que le voyageur
grignote éventuellement dans les transports. Mais il n'est
pas question que de fonctionnalité, la symbolique familiale
est en jeu. « Ça fait partie du minimum incompressible »
dit monsieur Ranime [1]. Sans les repas pris ensemble, que
resterait-il du lien qui unit la famille ? Jusqu'à la limite du
tolérable, le groupe résiste, même si « les enfants sont là à
dire "j'ai faim…" » (madame Lescure) [2]. Le mari de
Suzette rentre tard lui aussi. Il n'y a pas chez elle ce
problème des enfants criant famine ; ils ne sont plus « que
tous les deux » le soir. Mais bien des choses devraient la
pousser à ne pas l'attendre. Le fait qu'elle ait pris goût à
manger seule, d'une façon plus légère (avant que son fils ne
revienne le midi). La même inclination pour l'autonomie
(pas pour la légèreté alimentaire) chez son mari, qui, fervent
téléspectateur, s'accommoderait volontiers d'un plateau
individuel devant le poste. Enfin, la faible intensité des
échanges pendant le repas ; il ne s'agit pas véritablement
d'un rituel de communion. Or c'est justement cette
faiblesse, indiquant une anémie du lien conjugal, qui
l'incite à s'accrocher au repas du soir, sorte de dernier
rempart maintenant leur couple un peu vivant. « Le soir il
arrive tard, je trouve que c'est tard pour moi. Mais je fais
l'effort d'attendre parce que… C'est mieux qu'on soit tous
les deux… même si on n'échange pas beaucoup de paroles,
il y a quand même toujours quelque chose à dire au cours
d'un repas. »

---

1. Cité par Joël Meissonier, 2002, p. 231.
2. *Idem*, p. 230.

Les deux extrêmes relationnels, l'intensité et la fragilité, incitent particulièrement à utiliser les repas pour dynamiser le lien. L'intensité de la séduction amoureuse ou de la mobilisation autour des enfants ; la fragilisation provoquée par la déprise, par l'individualisation, ou la fragmentation du groupe. Il faut encore plus tenter de faire couple ou de faire famille par les repas quand le couple ou la famille sont moins. Claudine Marenco [1992, p. 248] cite cette femme séparée : « Déjà, il n'y a pas l'ambiance familiale, parce que le papa n'est pas là... moi, ce que je veux, c'est quand même l'ambiance familiale pour ma petite fille, alors le soir, je m'installe quand même avec elle, même si j'ai pas faim, alors là c'est vraiment le repas, avec un petit hors-d'œuvre, avec un plat de résistance, avec du fromage, c'est vraiment le repas... je m'oblige à m'installer et manger avec elle, pour que ça fasse quand même famille. » Mais instrumentaliser les repas en situation de fragilité relationnelle n'est pas toujours facile, surtout quand le conflit émerge. Car la situation d'intimité rapprochée autour de la table peut tout autant exacerber la discorde qu'elle exalte la communion. Jacqueline Burgoyne et David Clarke [1986, p. 41] notent que les personnes interrogées dans leur enquête ont eut « recours très spontanément à des récits souvent longs et détaillés touchant à la nourriture » pour évoquer leur divorce et leur remariage. Perte d'appétit à table, amaigrissement, vaisselle cassée ; puis retour de l'appétit et du plaisir commensal avec la formation du nouveau couple. Hélas, pas pour la pauvre madame Graham. Après son divorce, elle s'était ingéniée à faire famille par les repas avec ses trois filles. En inventant leur repas à elles : un goûter prolongé leur tenant lieu de dîner. Elle avait cru redécouvrir l'amour avec Martin. L'épreuve des repas allait pourtant démontrer que ce n'était qu'un rêve. Elle n'avait pas la motivation pour lui faire à manger ; il ne parvenait pas à s'intégrer dans leur système. Ce qui semblait un détail prosaïque apparut alors comme le révélateur d'une difficulté majeure.

Non-familles et non-repas

Le rapport étroit existant entre lien familial et repas se vérifie aussi par la négative : les situations non familiales induisent très clairement une déstructuration commensale. D'ailleurs, les personnes interrogées l'ont spontanément constaté, multipliant les exemples comparatifs entre les différentes situations qu'elles avaient traversées. « Si on est que tous les deux, ça sera des trucs plus simples » dit Melba. Le couple moins que la famille après le départ des enfants. Mais la personne vivant seule (ou seule pour un repas) encore moins que le couple, beaucoup moins. « Ah quand t'es seule tu t'embêtes moins. Quand t'es deux, tu t'obliges à faire à manger » (Maryse) ; « La cuisine c'est pour la famille. Parce quand on est seul on a tendance à moins cuisiner » (Anneth) ; « Ah quand je suis toute seule, je vais pas passer deux heures à mijoter quelque chose pour moi toute seule ; c'est du rapide ! » (Bélangère). Diverses conjonctures biographiques accentuent le désengagement culinaire et commensal. La jeunesse et la griserie jubilatoire de sa légèreté existentielle, qui pousse au simple picorage ; ou la déprise, qui diminue tout. Mais en dehors de ces conjonctures, notamment dans des âges moyens, la désaffection pour la cuisine et les repas se confirme. La cuisine et les repas ordinaires. Car les célibataires ayant assez souvent une vie relationnelle très active, compensent ce déficit ordinaire par des invitations amicales et surtout des repas pris en groupe au restaurant [Kaufmann, 1999]. Dans le chez soi, tout est simple et rapide : la cuisine est sommaire, les portions allégées, la table mise à la va-vite. Quand il y a table. Cette dernière en effet, irradiante de symbolique familiale, est souvent fuie. Les célibataires continuent souvent longtemps à rechercher des lieux plus bas, plus mous, plus nomades pour manger, comme à la jeunesse. La vie en solo se caractérise d'ailleurs profondément par une tentative visant à ne pas perdre la jeunesse, sa légèreté, son avenir ouvert. Et cette quête se marque dans la façon de faire la cuisine et de prendre les repas.

Dans la famille, il est fréquent que certains mangent seuls pour un repas. Ce qui ne pose généralement guère problème aux mangeurs-grignoteurs armés de leur frigo. Mais que fait la cuisinière quand cela lui arrive, elle qui est habituée à se mettre aux fourneaux quelles que soient les conditions ? Elle décélère brusquement la plupart du temps, perdant la motivation pour la cuisine, et prenant conscience qu'elle n'a faim que de choses plus légères. Le vendredi soir, Melba se retrouve seule pendant que son mari fait du sport. « C'est la fin de la semaine, j'en ai un peu marre. » Elle se contente de picorer. Suzette s'est relancée dans la cuisine, pour son fils de retour le midi, non sans un certain plaisir. Mais elle a encore en mémoire un tout autre plaisir. « C'était pas grand-chose, des fruits, du fromage, pas comme un vrai repas, pas de la cuisine. Je m'étais habituée à ma petite vie tranquille de prise de repas toute seule devant mon émission de télé. » Pour Biscotte, la phase de solitude est plus marquée, et le blocage contre tout l'univers alimentaire aussi. Contre la cuisine. « Ça ne m'intéresse pas. » Pour des portions minimum. « Je ne mange pas, rien, ça ne m'intéresse pas. Un peu de fromage, un yaourt, un fruit, mais rien de préparé. » Contre la table et sa symbolique familiale. « Me mettre seule devant mon assiette, ça me bloque complètement l'appétit. Je préfère prendre un morceau de fromage et le manger comme ça, en regardant la télé. Comme ça, ça passe. »

Certes ce qui vient d'être décrit représente un modèle, schématisant les comportements majoritaires : tous les célibataires (ou les personnes momentanément seules) ne sont pas des grignoteurs sur le pouce. Il en est quelques-uns qui aiment manger, et même faire la cuisine. Leur envie est si grande qu'elle n'est pas brisée par le manque d'élan familial. Il est d'ailleurs intéressant de voir comment elle parvient à s'exprimer. Pour les hommes, plutôt sous l'effet de la gourmandise et de la faim, qui les pousse malgré tout à copieusement s'attabler. Jean-Pierre Corbeau [2002] donne l'exemple de Boris, célibataire de 40 ans doté d'un sérieux coup de fourchette (il pèse plus de 120 kg). Même lui cependant ne s'attable guère au domicile, préférant les grignotages solitaires et les restaurants avec des amis. Pour les femmes, plutôt sous l'effet de la passion et de l'art culinaires, qui emportent irrésistiblement. Candy fait parfois des petits plats en l'absence de ses enfants. « Ça me détend. » Prune a toujours cuisiné, pratique consubstantielle à l'éthique qui structure toute son existence. « Même quand j'étais célibataire, je faisais des paupiettes, avec des petits pois frais, des carottes. » Donc certains ne perdent pas l'appétit, d'autres le goût de faire la cuisine. Mais tous ou presque maintiennent une défiance centrale contre la table bien mise, au cœur du logement. Elle est ce qui symbolise le plus le lien unissant famille et repas.

Les repas fondateurs

Il est particulièrement intéressant d'étudier le premier repas scellant l'existence (restant parfois à confirmer) d'un nouveau lien familial. Car il est traversé par une dualité problématique. Comme tout repas il doit fabriquer le groupe, avec d'autant plus de nécessité et d'urgence qu'il s'agit d'un lien intime supposé pouvoir engager la vie entière. Mais il est rare en même temps, dans notre société de la modernité individualiste et réflexive, que chacun n'hésite pas avant de s'engager, ne cherche pas à observer le ou les partenaires, à évaluer la qualité du lien en cours de formation. Les repas devraient donc à la fois produire une familiarisation accélérée et être utilisés comme des instruments critiques permettant de tester la situation ; ce qui est bien entendu contradictoire. Je l'avais déjà constaté, dans un livre précédent, à propos du premier petit-déjeuner conjugal [Kaufmann, 2002a]. La plupart des témoignages relataient les délicates articulations entre ces deux processus contraires ; l'envie amoureuse de faire couple tout de suite butant sur les habitudes alimentaires étranges ou les manières de table déroutantes. C'est par exemple Agathe, pourtant très éprise de John, se demandant dans quel monde elle est tombée quand elle essaie de finir l'énorme sandwich à la saucisse aux côtés de John, dans le lit défait, alors qu'elle préfère les services en porcelaine et les délicatesses sucrées. Ou Vincent, dérouté par l'écart culturel qu'il découvre entre ses habitudes urbaines et l'univers rural d'Aglaé. « C'était du lait que j'aimais pas du tout. Parce que c'était du lait de vache, j'étais pas habitué du tout, il avait un goût fort. » Quant à Aglaé, elle restait silencieuse et renfrognée à l'autre bout de la grande table, face à son verre d'eau et son cachet d'aspirine. Était-ce bien là les débuts d'un amour radieux ?

L'individualisation réflexive a défait le caractère institutionnel des anciens rituels fondateurs, comme ces banquets de mariage d'autrefois où deux familles fusionnaient en une seule [Segalen, 2003]. Aujourd'hui, les rituels (tels le petit apéro) sont bricolés plus tard, pour créer de l'élan et de la densité. Il reste cependant quelques situations, particulièrement intéressantes, où un repas sanctionne d'emblée un nouveau lien. Notamment quand l'enfant vient présenter son partenaire conjugal à sa famille. Le choix amoureux a déjà eu lieu, et les parents font effort sur eux-mêmes pour ne pas intervenir, bien qu'ils n'en pensent pas moins [Cosson, 1990]. La présentation n'a donc officiellement nulle valeur d'examen, et est censée se résumer à un rite de passage à l'état pur, un accueil dans la parenté. Renouant avec la tradition de la « parenté par la bouillie », c'est donc ici encore le repas qui va opérer l'élargissement du groupe familial. Mathilde Perrot [2000] a mené l'enquête sur ces repas très spéciaux. Au vu de son travail, il apparaît d'abord que le maintien de ce rituel fondateur tient sans doute à une erreur de perception de la part des acteurs. Constatant que les repas donnent un caractère particulièrement libre et aisé à la conversation habituelle, ils pensent qu'ils peuvent donc idéalement permettre de produire un petit rituel bien adapté à notre époque, simple et authentique, souple et décontracté. « Quand on est devant une assiette, on engage plus facilement la conversation que devant un verre. Le nez dans l'assiette, ça remplit, ça meuble un petit peu, ça aide à mettre en route la conversation. C'est plus convivial » (madame Simonet[1]). Tout est d'ailleurs souvent fait pour

---

1. Citée par Mathilde Perrot, 2000, p. 36.

tenter de dédramatiser et de déritualiser, de faire comme si
l'enjeu était faible et qu'il s'agissait simplement de se
connaître en passant ensemble un moment agréable. « Ce
n'était pas les grandes présentations pour la vie, pas comme
si c'était le bon mais comme quelqu'un avec qui j'étais »
(Delphine [1]) ; « Officialiser c'est un mot un peu fort. C'était
leur montrer que je vivais avec quelqu'un que j'aimais, avec
qui je comptais faire ma vie même si ça ne s'est pas dit dans
ces termes là. C'était… On peut dire quand même officialiser, le mot est un peu fort mais il n'y en pas tellement
d'autres » (Marie [2]). Très vite la table va en fait révéler
l'intensité redoutable des mécanismes sociaux qu'elle
libère. La décontraction de la conversation ordinaire qui s'y
déploie est étroitement liée à l'existence d'une familiarité
entre les convives. Or cette dernière est ici justement encore
à produire, dans l'urgence. La surprise est alors de découvrir que la commensalité n'est pas aussi souple qu'on
l'imaginait, que le repas déroule en réalité une procédure
longue et figée. « Le repas constitue une scène statique, au
déroulement assez lent, ce qui permet aux uns et aux autres
de s'observer tout à leur guise » [Javeau, 1984, p. 93].
L'obligation d'intimité rapprochée, en face à face imposé,
produit le contraire de ce qui était attendu ; la décontraction
n'est qu'apparente, les angoisses et les tensions sont palpables, les effets de mise en scène se multiplient, très loin de
la simplicité et de l'authenticité rêvées.

À vrai dire, avant même que n'arrive le moment crucial,
la pression avait déjà sérieusement commencé à monter.
Pauline se souvient du stress qui avait progressivement
envahi sa mère. « C'était censé être à la bonne franquette.
On devait casser une petite croûte, mais sous cette petite
croûte il y avait quand même plus. Elle avait essayé de faire
les choses bien, pas une salade tomates-oignons comme
d'habitude, non ! Elle avait fait quelque chose de bien
consistant, donc le bœuf-carottes, qu'elle nous sort par
trente degrés à l'ombre !! C'était adorable, mais il se trou-

---

1. *Idem*, p. 29.
2. *Idem*, p. 27.

vait que Benjamin n'était pas non plus fan de ça, déjà en règle générale, alors par ce temps ! Maman était dans ses petites souliers [1]. » Émilie avait été très impressionnée quand elle était arrivée chez les parents de son copain pour le fameux repas. « La table, c'était celle qu'ils utilisent à Noël et elle était vraiment dressée. » Les parents ressentent que, paradoxalement, eux aussi vont être évalués et qu'il ne faut pas décevoir ; ils ont tendance à en faire trop. Cette sensation de veille d'examen est encore plus forte du côté des jeunes soupirants, qui évoquent toutes les questions possibles pour se préparer, l'enfant de la maison établissant un descriptif précis de la culture familiale et des caractères de chacun pour que le prétendant fasse bonne impression et déjoue les pièges. Juliette avait insisté sur son père. « Sur maman, rien de spécial, mais j'avais prévenu Vincent que papa pouvait poser des questions chiantes, qu'il aurait sûrement droit à un petit examen de passage, un petit interrogatoire, un petit test, pour savoir, ressentir ce qu'il sentait pour moi, s'il était intelligent, sensible, tous ces trucs-là [2]. » Sylvain trouva que Gwénola était une formatrice un peu trop légère, il aurait aimé des briefings plus serrés pour diminuer son angoisse. « Il faut que tu me dises de quoi il faut que je lui parle, de quels sujets on peut parler parce que moi je sais pas du tout ! ». Alors je lui dis : « Je sais pas moi, tu n'as qu'à lui parler des vacances, il aime bien les voyages, tu peux lui parler de la bourse… Tu veux pas lui parler de la bourse ? Ah oui, non, c'est vrai que tu n'y connais rien ! Bon ! Tu ne peux pas lui parler de foot parce qu'il n'aime pas ça, bon, je ne sais pas… On verra ! ».

Conversation et manières de table, ces deux centres habituels du repas architecte de la vie familiale, s'avèrent particulièrement délicats à gérer. La conversation tout d'abord. L'injonction à créer une sorte familiarité instantanée sans se connaître implique d'éviter les thèmes, très nombreux, qui pourraient révéler des désaccords. « Tu évites d'aborder les sujets dits critiques, la politique, les syndicats, la religion,

---

1. *Idem*, p. 35-36.
2. *Idem*, p. 38.

les débats qui peuvent être tendancieux, au moins ce jour-là tu les évites, genre : je suis anti-pape, le préservatif, ou "Vous faites quoi comme boulot ? Je suis au chômage. Je vous sers à boire ? Non, je suis ancien Alcoolique Anonyme". Tu fais vachement gaffe » (Matthieu). Autre sujet tabou : des interrogations trop prononcées de la part des parents, qui pourraient faire penser qu'ils évaluent le promis ou la promise, notamment sous l'angle de son avenir professionnel. Les parents ont d'ailleurs bien du mal à réprimer leur envie de savoir. « Il voulait instaurer une relation amicale. Mais c'était quand même des questions sur " Qu'est-ce que vous allez faire plus tard, au niveau des études, à moyen et à long terme ? " » (Sophie). Donc le mieux est d'en rester à des banalités, qui sonnent étrangement aux oreilles en ce repas, vécu intuitivement comme un rituel fondateur, et dont le stress qu'il provoque fait sentir l'importance. Comment peut-on parler de tout et de rien en un moment aussi décisif ? J'avais déjà remarqué ces banalités prononcées à cause de l'importance des enjeux lors du premier petit-déjeuner conjugal [Kaufmann, 2002a], et le trouble que cela procure. Mathieu, qui n'avait pas saisi la subtilité diplomatique de la situation (et qui suspectait un mauvais jugement sur sa profession de photographe), était à deux doigts de l'explosion. « Petit à petit ça me gonflait qu'ils ne s'intéressent pas à ce que je faisais. Dès que je commençais à en parler, ils changeaient de conversation en disant « Oui, O.K., c'est bien, ça roule, c'est bon, tiens, sers-lui du poulet ![1] ». La nourriture partagée est toujours le sujet qui délivre quand la conversation devient problématique.

Les bonnes manières ensuite. L'invité ne connaît pas les habitudes du lieu. Par peur d'être mal jugés, les parents ont par ailleurs dressé la table mieux que d'ordinaire. Tout concourt donc à ce que le jeune postulant à l'adoubement familial se conforme à un idéal protocolaire placé très haut, à des années-lumière de la souplesse et de la décontraction supposées. « J'essayais de me tenir droite, j'avais bien mis ma chaise, je faisais attention à prendre les bons couverts, je

---

1. *Idem*, p. 48.

me suis forcée à boire du vin mais pas trop, parce qu'il y a un rôle à tenir, tu n'as pas envie de passer pour la pochtronne ! » (Gwénola [1]) ; « Éviter la gaffe, prendre l'apéro mais sans excès, ne pas sortir de gros mots toutes les trois minutes… Sauf si eux le font ! Tu attends qu'il y ait des signes qui te permettent de te lâcher. Et en reprendre, toujours en reprendre, en disant que c'est bon ! Et ne pas tenir sa fourchette comme une pelle [2] » (Delphine). Mathilde Perrot donne un contre-exemple intéressant. Le prétendant avait manifestement multiplié les gaffes (faisant tomber une chaise en posant sur le dossier son lourd blouson de motard, etc.). Après quelques instants de surprise, la famille prit le parti d'en rire. Car il était très jeune, et l'histoire n'apparaissait pas sérieuse. Les mésaventures de l'infortuné (et les réactions consternées de la promise) étaient justement la preuve qu'il ne s'agissait pas d'un véritable rituel fondateur. Chacun, libéré, pouvait tourner l'événement à la plaisanterie. Au contraire, le véritable rituel fondateur, un peu empesé, structure l'unité groupale avec une rapidité étonnante. Il ne s'y est pourtant pas dit grand-chose d'important. Mais l'essentiel est ailleurs : dans la discipline collective (héritière d'un long passé expliquant sa rigidité) qui s'est installée sans que les uns et les autres en aient bien conscience. La question des places à table est un des quelques indices permettant de pressentir l'ampleur de la mutation accomplie. « Tu ne percutes pas au début mais dès le deuxième repas tu t'en rends compte ! » (Benjamin). « Le fait de reprendre sa place au repas suivant est un acte assez manifeste de l'incorporation à la vie, aux coutumes du groupe familial » [Perrot Mat., 2000, p. 44].

Choisir son groupe

« Le choc… le choc culturel [3]. » Pauline est encore ébranlée à la seule évocation du souvenir de la rencontre avec les parents de Benjamin. Le repas révèle en quelques instants

---

1. *Idem*, p. 41.
2. *Idem*, p. 40.
3. *Idem*, p. 67.

combien la famille du partenaire conjugal est différente de
soi, étrangère et étrange. Mathieu était impressionné par
l'argent des parents de Sophie. Il en avait conclu qu'il lui
faudrait être particulièrement irréprochable du point de vue
des manières. C'était une erreur ; il ne parvint pas à saisir la
situation et à s'inscrire dans la culture du lieu. « J'en avais
marre de parler de bouffe, il n'y avait jamais de conversation. Les parents de Sophie sont à la fois plus friqués, plus
bourges, mais à la fois plus populaires dans l'attitude. Ils
s'engueulent à table, chez moi on ne regarde pas la télé, on
mange, on discute. Chez eux tout le monde s'assoit, chez
moi c'est plus vieille France. Dès le début, j'ai voulu
montrer que j'étais un bon gars et que j'avais de l'éducation
et donc j'étais derrière ma chaise avant que sa mère ne
s'assoit. Son père me disait de m'asseoir mais je disais en
rigolant que j'attendais la maîtresse de maison. J'attendais
pour commencer mais très vite j'ai compris leurs codes et
ça m'a gêné [1]. » L'anecdote le braque instantanément, il se
sent paradoxalement stigmatisé alors qu'il voulait bien
faire. Dans de telles circonstances, la réaction habituelle est
de rétablir l'estime de soi en se figeant sur ses acquis identitaires et en développant un regard critique sur l'environnement. Ce que fit Mathieu. « Finalement, je voulais garder
mes distances, ma bonne éducation, je ne voulais pas me
déculturer entre guillemets. Je gardais mes repères pour me
faire respecter, ma personnalité [2]. » Le rituel de familiarisation instantanée, de « parentalisation par la bouillie », avait
échoué. Mathieu ne s'intégrerait pas avec empathie dans la
culture familiale des parents de Sophie ; le repas avait été
l'instrument de ce constat d'impossibilité et sa preuve.
Sophie était dans l'obligation de devoir choisir, entre le jeune
couple en formation et sa famille d'origine. Contrairement
aux idées reçues, il n'est pas rare en effet que la belle-famille
soit privilégiée au détriment des siens [Lemarchant, 1999].
Tout dépend du fragile équilibre conjugal en cours d'élaboration. Quand l'un des deux partenaires développe une

---

1. *Idem*, p. 66.
2. *Idem*.

dissension voire une inimitié avec ses beaux-parents, l'autre doit arbitrer entre le couple et ses propres parents. Les repas sont décisifs pour basculer dans un sens ou dans l'autre. En l'occurrence, Sophie choisit Matthieu contre ses parents. « Avec ses parents on discute beaucoup, avec mes parents beaucoup moins, avec les siens on éteint la télé, avec les miens on continue à regarder les infos. C'est moins profond [1]. »

Il y eut choc culturel aussi chez les parents de Pauline. Mais, contrairement à Sophie, celle-ci se rangea immédiatement du côté de ses parents. Benjamin se retrouva totalement isolé, face à un groupe unifié et hostile. Pauline reconnaît ce qu'avait eut de violent sa réaction ; elle n'avait pu se contrôler. « Il y a des choses qui me choquent, manger avec son couteau par exemple, ça m'horripile, et Benjamin l'a fait parce qu'il n'a pas eu cette éducation-là. C'est très intolérant de ma part, rigide, mais je n'y peux rien [2]. » Pressentant un risque d'incident, elle avait pourtant minutieusement préparé l'événement, en développant une formation spécialisée pour chacune des deux parties. D'ordre général et éthique vers ses parents. « Benjamin étant issu d'un milieu assez modeste, je l'ai dit à mes parents pour qu'ils soient moins choqués par certains comportements [3]. » Dans une visée plus pratique vis-à-vis de Benjamin, pour l'inciter à maîtriser ses manières de table. « Je lui en ai reparlé, on s'est engueulé, je lui en ai reparlé, on s'est encore engueulé. Je lui ai vite dit que cela ne se faisait pas trop, en tout cas chez mes parents et surtout chez ma grand-mère parce qu'elle est très à cheval là-dessus. C'était pour son bien, pour qu'il ne soit pas catalogué, que ce ne soit pas un mauvais départ pour lui dans l'intégration. Il a pris ça comme une attaque personnelle, directe, avec tout ce que cela comporte, son éducation, donc ses parents [4]. » Pauline est persuadée de se situer dans une sorte de vérité universelle (celle des bonnes manières) et d'agir par amour, pour gagner Benjamin à ce qu'elle imagine devoir être leur vie

---

1. *Idem.*
2. *Idem*, p. 42.
3. *Idem.*
4. *Idem.*

future. Benjamin se sent jugé, diminué, humilié, en tant que personne, ainsi que toute sa famille. Il hésite un instant à critiquer les siens pour se sauver individuellement. « C'est vrai qu'à la maison, c'est un peu la bonne franquette [1]. » Mais les attaques redoublent, et le drame éclate, en plein repas, à cause du couteau. Comme à son habitude, il coupe un morceau de fromage et le met directement à sa bouche avec l'ustensile. Pauline surveillait depuis le début ses moindres gestes et remarqua immédiatement sa faute de conduite. Les parents, qui avaient vu, n'avaient pourtant rien dit. Ce fut elle qui fit publiquement la leçon à Benjamin, montrant à quel point le regard de ses parents passait avant tout, même avant Benjamin. Celui-ci fut mortifié. Le repas avait révélé le rapport de forces entre les groupes, et il n'était pas en sa faveur. Il s'expliqua par la suite avec Pauline. « Je lui avais dit : "C'est ça l'éducation, de reprendre les gens devant tout le monde ?" [2]. » Mais la manière dont il en parle montre que pour l'essentiel lui et sa famille s'avouaient vaincus. Un aspect de l'avenir du couple s'était joué, en un repas, dans des micro-luttes autour de la table, à coup de regards en coin et de façons de tenir ses couverts. Un simple couteau avait contribué à orienter une destinée.

Le syndrome de la météo

La table, la conversation qu'elle instaure, et les manières associées, fabriquent concrètement le lien familial et dessinent la configuration des groupes, que ce soit par l'ordinaire du quotidien répété, par les ruptures festives qui marquent l'intensité et la vivacité, par les rituels fondateurs qui indiquent le sens de la recomposition relationnelle. La table, la conversation et les manières fabriquent aussi d'autres types de liens sociaux, professionnels ou amicaux. Repas amicaux pris au restaurant indépendamment de la famille, ou invitations à la maison quand la famille s'ouvre à son réseau d'amis.

---

1. *Idem.*
2. *Idem.*

L'amitié est un lien vivant, qui évolue avec le temps. Elle meurt ou du moins s'étiole quand l'évolution logique des centres d'intérêt de chacun ne parvient pas à maintenir des synergies [Bidart, 1997]. Ici encore, les repas permettent de vérifier l'état du lien. Et cela d'autant que les réceptions ont de moins en moins un caractère institutionnel et obligé, et se fondent désormais davantage sur l'envie de passer un moment ensemble [Lehuede, Loisel, 2004]. La discipline des manières de table est aussi moins stricte et protocolaire. Soit que l'on improvise au dernier moment un petit repas informel (pâtes, omelette). Soit que la réception au contraire ait été mûrement réfléchie et travaillée, mais pour produire un événement, une ambiance, plutôt qu'une stricte disposition attendue des objets. La créativité est à l'ordre du jour, dans le domaine culinaire comme pour le décor.

Le rêve des convives est de partager ensemble un (agréable) moment d'intensité, de communier par toutes les sensations réunies. Plaisirs du palais mais aussi ambiance enveloppante et douce. Dans la conversation, il faut donc comme en famille éviter les sujets qui fâchent (la politique) ou qui ennuient (le travail). Les légères polémiques sont encore plus contrôlées que dans le domaine familial : plus que jamais ici l'important est ce qui soude le groupe, sous l'emblème de la gentillesse et de la positivité. Deux thèmes s'imposent : les enfants et les vacances. Les différentes familles réunies confrontent leurs mythes de félicité et tentent de les associer dans une même communion vouée au bonheur. Cette logique groupale se vérifie notamment dans l'autocontrôle qui pousse à sanctionner ceux qui sont tentés de se mettre trop en avant personnellement [*Idem*]. À l'inverse, ce qui doit dominer est l'oubli de soi et la générosité, pour parvenir à « faire groupe » totalement, à vivre cet instant fort tout en fabriquant à plus long terme le lien amical par ce repas communiel.

Les rencontres amicales n'ont lieu qu'épisodiquement. L'enjeu des repas est donc loin d'être négligeable. Selon le constat qui en sera tiré (chaque famille participante dresse immédiatement et séparément son bilan) dépendra la suite de la relation amicale. Il est donc logique de chercher à aller toujours plus profond dans l'intensité de l'instant et la communion groupale. En multipliant les artifices (décoration originale, mets recherchés, exaltation éthylique). Et surtout en s'efforçant d'avoir encore davantage de disponibilité à l'autre, d'aller plus loin dans l'échange intime. Une conversation ordinaire alors ne suffit plus, la gentillesse et la gaité non plus. Tout en restant unis, il faut parvenir à se livrer de façon profonde et sincère. Certains thèmes unanimement proscrits montrent que l'on a lamentablement échoué. Notamment ceux, comme parler de la pluie et du beau temps, qui sont coutumiers avec des personnes inconnues ou dans la simple politesse de voisinage [*Idem*]. Discuter plus de quelques secondes de la météo est le signe évident que l'on reste en surface, que le repas ne s'engage pas dans la communion. Et que l'avenir du lien amical s'annonce incertain.

Petite histoire de la table (*second épisode*)

Pour les amis comme pour la famille, la table, encore et toujours, est un instrument central de la fabrication du lien. J'avais, dans la première partie, débuté le récit de sa discrète histoire. Je résume en deux mots. Elle est l'héritière des autels de sacrifice dressant les offrandes vers le ciel. Dans l'Occident chrétien, malgré la référence fondatrice à la Cène, la surélévation tabulaire se maintint cependant longtemps sans s'établir vraiment, à cause de l'indécision du sens des repas, tiraillés entre jouissances conviviales et symbolique religieuse [Verdon, 2002]. Avec le début du processus de civilisation autour des manières de table, elle se fit l'outil d'un grand théâtre social. Le caractère public de cet éphémère spectacle des apparences ne permit pas néanmoins à l'objet de s'installer de façon solide et durable. Des planches étaient simplement mises sur des tréteaux le temps de la fête. La vraie table telle que nous la connaissons aujourd'hui ne s'impose que tardivement, aux alentours du XVIIIe siècle, spécialisée dans ses fonctions, permanente, entourée de sièges. « Le Moyen Âge ignore partiellement la chaise, qui est un attribut du sacré, réservé aux rois et aux images saintes. Le commun s'assied partout, sur le sol, sur les rebords de cheminée, sur des coussins, des coffres, des bancs, conformément au rang et dans une proxémie frappante » [Roche, 1997, p. 190]. La chaise commence à apparaître, sur trois pieds, au XVe siècle. Mais il lui faut quelque temps pour se rapprocher de la table, avant de constituer de façon établie, au XVIIIe siècle, l'ensemble canonique que nous connaissons désormais (les chaises disposées en face à face autour de la table) et que nous percevons comme une évidence. Le *Benedicte* de Lebrun gravé par Duflot date du début du siècle. « On y voit la famille rassemblée, le père et les enfants assis, la mère debout, dans un climat spiritualisé, référence probable à la Cène. L'alimentaire banal n'est pas séparable de la vision qui rend compte de toute chose à Dieu. La table, création moderne (pendant longtemps on a su s'en passer) rassemble désormais de multiples situations sociales » [*Idem,* p. 191]. Le monde chrétien s'appuie sur le nouvel objet pour imposer une symbolique mélangeant des références sacrées et une forme sociale qui se cherche encore mais commence à se trouver. Nous avons vu dans la première partie que c'est un peu plus tard, au XIXe siècle, que les repas vont cristalliser la quête familialiste de l'ensemble de la société, autour de la discipline instaurant de façon rigide le face à face maniéré du petit groupe domestique. Or nous voyons ici que l'instrument matériel ayant permis d'obtenir ce résultat avait commencé à opérer avant que les idées ne soient encore complètement en place. Historiquement aussi, la table a joué un rôle central ; elle a été pionnière dans la fabrication de la famille moderne.

Parallèlement à l'univers domestique, dans le monde professionnel (ceci est sans doute un curieux hasard), la table est également régulièrement montée en puissance depuis les débuts de la modernité. Elle est un instrument basique des administrations et autres bureaucraties, qui sont une composante intrinsèque des sociétés réflexives [Weber, 1922]. Elle est pareillement un outil primordial de toutes les professions intellectuelles et de service, qui connaissent un

fort développement. Les métiers qui travaillent manuellement la terre, le fer ou le charbon diminuent ; ceux, plus ou
moins intellectualisés, qui utilisent une table sont au contraire
en augmentation régulière. L'organisation et les méthodes de
travail ont également changé. Les commandements hiérarchiques ont fait place à des techniques de discussion et de
négociation (ainsi qu'à des temps de formation), qui se
déroulent souvent autour d'une table. Assis en face à face,
dans la forme canonique dont j'ai tracé brièvement la
genèse.

Cette synergie confère indéniablement une puissance à
l'objet, que l'on a du mal à considérer dans toute son
ampleur tant il semble anodin. Il produit pourtant des formes
sociales par sa matérialité structurante (quotidiennement, en
famille comme au bureau, dans l'ensemble du monde) sans
que les acteurs en aient conscience. Bien que discret dans ce
rôle essentiel, il n'en dégage par moins une symbolique qui
n'est pas sans effet. Ainsi, la culture coloniale s'était-elle
armée de ses tables pour imposer ses modèles (bureaucratiques, éducatifs, et commensaux). Dans les sociétés où la
coutume voulait que l'on mangeât par terre, avec ses mains,
les manières rigides autour de la table haute installèrent des
espaces de distinction sociale dans les restaurants européa-
nisés. Le colonialisme parti, les tables restèrent. La table
constitue un indicateur comme un autre de l'influence du
modèle occidental sur la planète. Le constat est sur ce point
très net : l'élévation tabulaire est générale, y compris dans
les sociétés arabes ou asiatiques habituées à d'autres
postures corporelles. À y regarder de près cependant, l'on
constate qu'il ne s'agit pas d'une hégémonie franche et
systématique. Au Japon par exemple, il est fréquent
aujourd'hui que plusieurs types de tables coexistent dans la
maison. En Chine, bien que les progrès de la table haute
soient fulgurants, elle occupe la salle à manger alors qu'une
table basse reste active au salon [Desjeux, Zheng, Boisard,
Yang, 2002].

Il est amusant de constater que dans le même temps où les
tables allongent leurs pieds à travers le monde non occidental, l'Occident quant à lui découvre les plaisirs nouveaux

et plus doux des tables basses, permettant de rompre avec l'ordinaire des repas trop disciplinaires. Comme si, après l'époque des influences hégémoniques, un consensus mondial se mettait en place autour de l'idée d'une variété tabulaire dans la maison. Les significations ne sont cependant pas les mêmes : ce qui pousse à aller vers le haut ou vers le bas ici est très différent ailleurs [Desjeux, 2002]. À chacun ses tables, et ses façons de fabriquer la famille par les repas.

La table seule ?

Nous avons vu dans la première partie combien l'individualisation des pratiques alimentaires était forte, et comment l'affaiblissement du rôle traditionnel de la femme (au profit de sa légitime émancipation) impulsait le développement de produits prêts-à-manger et d'une cuisine plus rapide. Puis nous avons vu dans la deuxième partie à quel point, à travers des agitations diverses et la variété de ses usages, la table était pourtant structurante du groupe familial. Avant de poursuivre plus avant, sur les questions culinaires, et de voir ce qui se trame derrière les fourneaux, il convient de se poser la question de savoir si la table seule (associée au congélateur et au frigo) ne pourrait pas demain fabriquer la famille. En dehors des aspects diététiques et nutritionnels, qu'ajoute donc la cuisine du point de vue de la production du lien social ? Est-elle encore nécessaire aujourd'hui pour « faire famille » et pourquoi ?

Quelques personnes interrogées dans l'enquête ont esquissé des réponses négatives, convaincues que la table seule, sans travail culinaire, pourrait désormais être suffisante. Karim Gacem [1997] en donne un exemple emblématique avec le cas de la famille Pécheur. Sans remonter trop dans les détails de leur histoire, il est utile de signaler que Pascale, la maman, a joué un grand rôle dans l'établissement de leur mode de vie commensal. Féministe refusant l'enfermement ménager de la femme, et ayant par ailleurs traversé des épisodes anorexiques par le passé, elle n'était guère prédisposée à passer son temps à mijoter des petits plats. « Même si ce n'est que de faire réchauffer des trucs tout prêts, ça me débecte profondément [1]. » Non seulement c'est une table sans cuisine qui chez eux est structurante, mais aussi une table peu axée sur les plaisirs gustatifs. « La nourriture est pas fondamentale chez nous, c'est alimentaire [2]. » L'objet lui-même montre le peu d'intérêt qu'ils portent au contenu des assiettes. Il s'agit d'une table de jardin détournée de son usage, recouverte d'une toile cirée abusivement appelée « la nappe ». Les verres ont la simplicité de leur origine moutardière ; les couteaux et fourchettes sont placés au petit bonheur. Comme dit Simon, c'est un « vrai bordel [3] ». Ce négligé des manières dissimule toutefois une forte institutionnalisation de la fonction conversationnelle des repas, favorisée par les caractéristiques de l'objet. La table est ronde et petite, installant le groupe dans une position de débat rapproché. « Là on est tous autour de la table bien en vis-à-vis [4] » (Pascale). Plus que les sensations gustatives, ce sont les paroles échangées qui nourrissent le groupe, habitué à une animation démonstrative et à une intensité sonore élevée. À tel point que le moindre silence donne immédiatement une impression de vide. « Quand on entend voler les mouches, c'est vraiment détestable. J'aime pas du tout qu'on se mette à table et que personne ne décoche un mot. Ça donne envie de fuir [5] » (Pascale). Chez les Pécheur, il semble bien que la table seule soit suffisante pour « faire famille », ce d'une façon vivante et dans un authentique esprit communiel. L'institutionnalisation du groupe est en effet plus forte que ne pourrait le laisser penser les apparences. Bien qu'ils soient très attachés à l'autonomie individuelle de chacun, le moment du repas est dominé par l'éthique groupale, impliquant même une certaine discipline, notamment le respect des horaires permettant d'être tous ensemble. Pascale le reconnaît à contrecœur. « On ne va pas commencer à régenter le nombre de bouchées par minute. On ne va pas se faire

---

1.   Citée par Karim Gacem, 1997, p. 76.
2.   *Idem.*
3.   *Idem,* p. 79.
4.   *Idem,* p. 67.
5.   *Idem,* p. 70.

suer en s'imposant des contraintes [1]. » Elle doit admettre cependant que le groupe est très agacé quand l'un de ses membres tarde à venir s'attabler. La table structure d'autant plus un temps familial que les individus sont plus libres par ailleurs.

Ce modèle d'une existence en deux temps contrastés (la conversation commensale contrebalançant l'autonomie) n'est cependant pas général. L'individualisation des pratiques s'élargit parfois sans trouver de réel contre-feu groupal. Jusqu'à cette situation extrême rencontrée chez Maïté, où, en semaine, chacun fait son sandwich et mange séparément. Sans en arriver là, il est fréquent dans nombre de ménages, que la cuisine rapide et le prêt-à-manger permettent à la table seule d'opérer, mais plutôt dans une fonction défensive, de sauvegarde de ce qu'il reste de collectif. « Même si ce n'est qu'une demi-heure, ça permet de se retrouver, tous ensemble » dit Melba, n'affichant guère d'autres ambitions. Les Pécheur d'ailleurs ont bien du mal à vivre continuellement à la hauteur de leur modèle. L'obligation de face à face rapproché et de conversation intense provoque inéluctablement des désirs de fuite, notamment de la part des enfants. La table est alors abandonnée, au profit des plateaux-repas emmenés sur les canapés du salon, où apparaît le monstre strictement interdit aux autres repas : la télévision. Les parents tentent de coordonner le mouvement, pour maintenir un minimum d'existence groupale. « Il y a quand même une consommation rapprochante [2] » dit le père. Bien loin toutefois des débats animés autour de la table ronde.

La table a en réalité beaucoup de mal à « faire famille » à elle seule. Car la conversation est un liant délicat à manier. Ingrédient parmi d'autres, elle peut être réduite à un bavardage agréable qui ne pose pas problème. Mais si on lui demande trop, elle menace au contraire de provoquer des fatigues et des tensions. L'idéal communiel, nous l'avons vu, est désormais plutôt fondé sur un syncrétisme sensible.

---

1. *Idem*, p. 83.
2. *Idem*, p. 67.

Où la conversation tient sa place, sans dépasser toutefois
certaines limites. La satisfaction de l'appétit et les plaisirs
gustatifs participent de façon primordiale au syncrétisme.
Surtout quand le repas marque une rupture avec l'ordinaire.
Y compris une toute petite rupture : il suffit que les
convives aient le sentiment d'être pris par l'événement. Ce
qui est dans l'assiette n'est donc pas un élément négligeable, ainsi que la manière dont cette nourriture a été
produite. Parce qu'elle s'inscrit dans une histoire (une
mémoire longue et des pratiques très récentes) qui parle aux
mangeurs. La cuisine domestique ajoute une dimension,
apte à densifier le syncrétisme.

Retournons une dernière fois chez les Pécheur pour le
constater. Laurent, le papa, a dans un coin de ses souvenirs
une secrète nostalgie pour un tout autre type de repas familiaux, où les odeurs annonciatrices du rituel gourmand
envahissaient puissamment la maison. Il ne regrette nullement leur choix actuel, il adore ces bouches qui parlent et
ont tant à dire autour de la table du dîner ; d'autant qu'il
s'imagine mal se mettre aux fourneaux. « Je trouve que
c'est quand même une corvée de faire à manger [1]. » Pourtant, sans qu'il s'en rende compte, petit à petit, d'une façon
dérobée, il s'est mis à faire à manger et a ainsi inventé un
nouveau rituel. « Le matin, on mange ensemble, c'est une
tradition familiale qu'on a prise. C'était pareil aussi chez
mes parents [2]. » Après des années où chacun prenait son
petit-déjeuner de son côté, Laurent a instauré ce nouveau
temps collectif. « Je tiens à ce que ce soit un vrai moment
familial [3]. » Il n'a rien imposé. Cela est venu progressivement, par son travail culinaire de préparation, cela est venu
d'une irrépressible envie de faire. Aliments nombreux et
variés (pain grillé, jus d'orange, boissons chaudes multiples), décoration de la table, lumière tamisée, fond musical.
Le contraste est frappant avec le négligé sans saveur de la
table du soir. Chacun dans la famille s'est étrangement

---

1. *Idem*, p. 101.
2. *Idem*, p. 102.
3. *Idem*.

laissé gagner, avec douceur, par ce monde de sensations élémentaires. Et le plus étonnant est que pris par cette ambiance, ils en oublient presque de parler. Les Pécheur sont méconnaissables. « Même en retard, on déjeune quand même tranquillement. On se presse après. C'est très serein. Il n'y a pas beaucoup de discussions mais on démarre ensemble pour la journée [1] » (Pascale). La cuisine a permis d'inventer une autre manière de « faire famille ». Clémentine confirme. Il y a d'abord les sensations de l'instant. « Se retrouver ensemble devant une assiette qui ne donne pas envie, ce n'est pas vraiment se retrouver ensemble. » L'attraction gustative pousse à l'engagement, le mangeur est davantage « dans son assiette », selon son expression, employée au premier degré. Et le travail culinaire fait davantage encore, il crée une dynamique impliquante, travaillant le groupe en amont de la scène du repas. « Depuis que je cuisine, j'essaie d'attirer mon petit monde avec moi » (Clémentine).

Par quelle magie un travail solitaire peut-il attirer le « petit monde » domestique et fabriquer du familial ? Le temps est venu de pousser la porte de la cuisine et de nous rendre aux fourneaux.

---

1. *Idem*, p. 103.

TROISIÈME PARTIE

AUX FOURNEAUX

5

Il y a cuisine et cuisine

Le chef

L'activité culinaire donne manifestement de l'ampleur à la production du lien familial. Elle ne se résume cependant pas à cela. L'individu qui cuisine a aussi des rêves et des intérêts plus personnels, riches et complexes. Nous allons pénétrer dans le détail de ses pensées. Il faut préalablement le nommer, d'une façon claire et juste. Dans les pages qui précèdent, je me suis autorisé par commodité à l'appeler « la cuisinière », étant donné qu'il s'agit la plupart du temps d'une femme. Le nombre toutefois ne change rien sur le fond à l'affaire : attacher la fonction au genre féminin serait politiquement très incorrect du point de vue de l'égalité entre les sexes. Ce serait d'une certaine manière inciter les femmes à rester prisonnières de leur rôle traditionnel. Bien que les hommes soient assez rarement aux fourneaux, un masculin générique doit donc indiscutablement qualifier la fonction.

Nous allons voir bientôt la somme impressionnante d'alternatives de toutes sortes qui se présentent à l'esprit du « cuisinier » (qui est donc de fait plutôt une cuisinière). Il doit continuellement choisir des types d'aliments, une manière rapide ou plus élaborée de les préparer, un style de repas, etc., qui auront des conséquences tant nutritionnelles que sur la forme future de la famille. Sans même s'en rendre compte très souvent, il ne cesse de prendre des décisions, dont la portée est plus importante qu'il ne l'imagine. Davantage qu'un travailleur culinaire, il est d'abord et avant tout un responsable, un chef, commandant peu mais guidant la destinée du petit groupe domestique depuis ses fourneaux. Or ce terme de « chef » est très connu en cuisine. Pour d'autres raisons (la structure hiérarchique quasi militaire des brigades) il désigne la fonction de responsable (ici très masculine) dans l'univers professionnel. Nous verrons par la suite combien employer le même terme pour désigner le responsable de la cuisine familiale n'apparaît pas usurpé, tant le chef est intensément un décideur (qui consulte parfois mais gouverne en général de façon très solitaire). Le seul défaut de l'appellation est le masculin, qui traduit mal la réalité concrète très féminine de la fonction. Il conviendra donc de l'avoir à l'esprit : quand j'écrirai « le chef » (terme générique) dans les pages qui suivent, il faudra souvent traduire par « la » chef pour se représenter plus concrètement la réalité contemporaine du partage des tâches ménagères.

Deux mondes

La plupart des personnes interrogées ont réagi aux premières questions de la même manière, très révélatrice. Soit en demandant quelle cuisine était le sujet de l'enquête (plus précisément encore, laquelle des deux cuisines : celle de tous les jours que l'on s'efforce d'expédier, ou celle au contraire que l'on fait par plaisir et passion, en prenant son temps). Soit en ne parlant que de la cuisine-passion. D'emblée il apparaissait que la cuisine était en fait composée de deux mondes, très différents, qui allaient même par la suite des investigations se révéler systématiquement opposés. « Ça dépend de quoi on parle » rétorqua immédiatement Clémentine, poursuivant : il y a la « cuisine ordinaire », qu'elle compare au ménage, et « LA cuisine », qui s'inscrit dans un tout autre univers. Candy refuse même d'employer le même mot pour désigner l'activité quotidienne quelque peu rébarbative. Elle en cherche un autre, vainement. À chaque fois dans l'entretien, elle précisera dans laquelle des deux catégories ses propos devraient être classés. De nombreuses personnes n'ont cessé elles aussi de marquer l'opposition, renvoyant la première cuisine dans l'univers du quotidien répétitif, de la course contre le temps et des « tâches ménagères » à la connotation peu flatteuse ; la seconde à la créativité, l'envie, la rupture de l'ordinaire. « C'est plus créatif que les autres tâches ménagères. Par contre, j'aime pas la cuisine de tous les jours. La cuisine de tous les jours, les repas deux fois par jour, midi et soir, c'est une corvée » (Biscotte) ; « la cuisine de tous les jours, c'est pas très agréable à faire, c'est une tâche ménagère comme les autres. Mais la cuisine en tant que soi [1], c'est autre chose. Rien que de faire un plat qui change de l'ordinaire, et avoir le temps... ». Ces derniers mots employés par Melba sont faussement anodins. Changer l'ordinaire n'est pas une simple variation, c'est une rupture, qui tente et tend à donner plus de vie à la vie familiale. Quant à inverser le rapport au temps, il s'agit d'un mystère plus profond encore : comment ce temps toujours trop court et qui crée justement par sa rareté la pénibilité de la cuisine habituelle peut-il s'inverser et produire son contraire, l'abondance temporelle offrant les conditions du plaisir dans l'autre cuisine ?

Dans l'esprit des personnes interrogées, le clivage est extrêmement clair : deux mondes de la cuisine totalement opposés divisent l'existence. Et il est vrai que deux régimes contradictoires de pensée et d'action sont à l'œuvre. Nous allons voir cependant qu'ils ne sont pas séparés de façon stable ni étanche. Ils s'entremêlent continuellement, dans le détail des gestes minuscules, ajoutant justement à la pression décisionnelle du chef, qui doit opter à chaque instant entre des positions antagoniques. La clarté et la force des réponses expriment le fait que les chefs ont en tête deux modèles, qui guident de façon différente leur pensée et leur action. Cette schématisation modélisatrice pousse à grossir les points de clivage les plus visibles. Ainsi, l'inversion du rapport au temps a-t-elle été très souvent rapportée à l'opposition semaine/week-end. Qui n'est pas aussi tranchée que

---

1. Son lapsus grammatical est délicieux. Elle veut dire bien sûr « la cuisine en elle-même ». Comment ne pas penser que « la cuisine en tant que soi » ne révèle pas les profonds enjeux identitaires des engagements culinaires.

les propos les plus généraux pourraient le laisser penser. Savarin reconnaît par exemple qu'il y a des « weekends rapides » et à l'inverse des passions culinaires qui s'allument en semaine « quand se présente une occasion ». Paule-Dauphine revient souvent sur le même thème, la nécessité de « casser la routine ». Ses gestes culinaires sont pourtant étonnamment routiniers, inscrits dans un système d'action bien établi avec lequel elle fait corps. « Je suis très cuisine traditionnelle. » Son cas illustre la complexité sociale qui se cache derrière les modèles simplificateurs. Car la routine dont elle parle est ailleurs, dans l'état des relations conjugales, portées par la structure des repas. Elle casse la routine en poussant son mari à l'emmener au restaurant, pour manger des choses différentes, découvrir des goûts inconnus. Elle ne tentera pas de reproduire l'expérience à la maison, se reposant sur son mode d'action bien rôdé. Les deux cuisines sont plus antagoniques dans les têtes, qui modélisent l'opposition, que dans la réalité quotidienne des faits, beaucoup plus touffue. Anneth s'embrouille d'ailleurs un peu dans sa réponse, parfaitement contradictoire. « La cuisine c'est une tâche ménagère comme une autre. C'est plus agréable parce que ça permet de faire ce que t'as envie de faire, et de l'offrir, à des amis ou ta famille. »

L'ancien régime

La façon dont est énoncé avec force le contraste entre les deux modèles culinaires est d'autant plus notable que cette bipolarisation est historiquement nouvelle, et n'est pas encore établie dans la masse de la population. Une proportion non négligeable de chefs se situe encore (comme Paule-Dauphine) dans un cadre de pratiques beaucoup plus régulier et continu, sans vraies ruptures du régime de pensée et d'action. Un cadre marqué par le sens du devoir, l'obligation d'agir, et fondé sur le rôle traditionnel de la femme, se donnant corps et âme.

L'émergence de la bipolarisation est justement ce qui place le cuisinier dans un rôle de chef, dont les décisions continuelles engagent l'avenir de la famille. Il doit en effet arbitrer entre une cuisine plus rapide nécessitée par le déclin du rôle traditionnel de la femme, et un investissement passionnel inversant le rapport au temps. Dans ces deux cas toutefois, c'est l'individu-sujet qui est au centre. L'individu autonome et émancipé dans la cuisine rapide ; le créateur d'un mouvement donnant sens à sa vie dans la cuisine-passion. Ce qui correspond très exactement aux deux figures complémentaires de l'individu dans la seconde modernité [Kaufmann, 2004]. Il n'est donc pas étonnant que cette coupure en deux de la cuisine ne soit apparue que récemment, autour des années 1960, et que, malgré son développement accéléré, elle ne touche pas l'ensemble de la société avec le même degré d'intensité. Dans l'enquête, les quelques exemples exprimant le maintien d'une cuisine unitaire sont donc intéressants en ce qu'ils témoignent d'une manière d'être en voie de disparition. Le trait distinctif le plus remarquable est le poids des structures d'obligation, qui « tiennent » la personne et mettent son corps en action, à partir du système mis en place. Pas ou peu de ruptures des régimes de pensée et d'action, la vie culinaire et commensale se déroule comme attendue (avec le temps fort très institutionnalisé et ritualisé du dimanche). Ce qui ne signifie pas que l'individu au centre du système (en l'occurrence une femme, car cette logique d'action dévoreuse de temps est impossible sans l'assignation féminine au foyer) soit un simple support des structures, sans pensées ni émotions particulières. Au contraire, hier comme aujourd'hui, certains aimaient faire la cuisine et la faisaient bien, d'autres aimaient moins et ne la faisaient pas aussi bien ; la variation des appétences et des compétences était même (et est toujours) considérable. Elle devient d'ailleurs aujourd'hui un élément-clé expliquant le mode d'engagement de chacun. Or dans l'ancien régime culinaire, elle ne changeait rien au devoir d'action. La cuisinière (dans ce contexte, il est possible de parler de cuisinière) assurait, quelles que soient les conditions, ce qu'elle avait à faire. Avec évidemment plus ou moins de goût et de réussite. À l'époque lointaine de la soupe dans les campagnes, ces différences étaient peu prononcées d'un ménage à l'autre. Avec la hausse du niveau de vie, la multiplication des produits et l'augmentation du temps libre, elles devinrent cependant plus marquées, entre les cuisinières se contentant de fournir le devoir minimum, et les véritables artistes. Sans qu'il y ait comme aujourd'hui des ruptures subjectives faisant soudainement basculer d'un monde culinaire dans l'autre, le positionnement général de la cuisinière était marqué par un engagement plus ou moins poussé selon les familles. J'ai choisi deux cas qui, au-delà de leurs spécificités, illustrent cette graduation des manières de tenir son rôle dans ce qui ressemble encore beaucoup à un ancien régime culinaire. Eugénie pour la version basse, Prune pour les sommets gourmands.

Eugénie se sent inscrite dans un cadre d'existence qui lui fixe impérativement son devoir d'action, d'une manière à la fois précise (« Pour le mari ») et plus largement insaisissable (« Pour tout ça »). « Par moment, c'est vraiment un devoir familial. On se dit : bon, faut que je fasse à manger, pour le mari, pour tout ça. Tandis que si l'on est toute seule, on va pas faire de la cuisine. Finalement, ça oblige. » Elle se sent obligée. Malgré son manque d'envie, elle s'attache à exécuter honnêtement son labeur. « Moi quand je la fais, je la fais, j'essaie de faire bien, mais c'est pas ma tasse de thé, c'est pas un réel plaisir. C'est pas une corvée, mais c'est une chose à faire, voilà. Ça jamais été une passion pour moi. » Elle se contente de faire ce qui doit être fait, dans la continuité de ce qu'elle a toujours fait, déroulant sa vie comme on lit un livre page après page. « Faire simple », « ne pas se compliquer l'existence » : ces termes ne cessent de revenir dans ses propos, martelant le principe éthique commandant son action. « Je ne me complique pas l'existence. Je me dis que les meilleures choses sont les plus simples. Je fais les choses que je sais que je sais faire. Je vais pas me lancer dans des livres de recettes et tout ça, dans des trucs terribles. Ça passe dans le courant, c'est vite fait. » La cuisine est vite faite, et elle « passe dans le courant » des choses obligatoirement à faire dont elle sait qu'elle sait les faire. Malgré le peu d'enthousiasme qui l'anime, il ne lui viendrait jamais à l'esprit d'imaginer sa vie autrement. « Si tu ne fais plus de cuisine, si tu ne fais plus de ménage, qu'est-ce que tu fais alors ? ». Bien qu'effectué sans passion, le devoir domestique compose l'essentiel de son existence.

Prune aussi déroule son implication domestique d'une façon régulière, sans jamais se poser de questions. Mais elle le fait avec facilité et intensité, compétence et passion. Le devoir s'est trouvé pour elle correspondre avec une appétence individuelle qui le fait oublier en tant qu'obligation. « Même éplucher les légumes, cela ne m'ennuie jamais. » Elle est tellement prise par ce qu'elle fait, qu'elle préfère être seule dans sa petite cuisine, que personne ne la dérange, tout entière à ses amours (amour de la cuisine, plaisir de la table, amour de la famille) magiquement concentrés dans le mouvement de ses mains. C'est pourquoi elle préfère les plats à cuisson lente demandant une longue préparation. « Un ragoût c'est toi qui mets le goût, c'est les ingrédients que tu mets, le temps que tu mets, c'est toi qui… ». Par son temps amoureusement donné et jamais compté, Prune a la sensation de produire une cuisine qui n'est pas simplement alimentaire. Elle a des images plein la tête. Images du passé (les joyeuses tablées de son enfance) et du futur immédiat (le repas à venir). Images de famille. Jour après jour, repas après repas, elle se vit comme fabriquant sa famille par son engagement culinaire, par ailleurs inscrit dans la tradition. Ce qui explique son hostilité aux cuisines innovantes ou exotiques. « Qu'est-ce que c'est finalement un riz cantonais ? De l'omelette, des petits pois. Un ragoût, c'est toi qui mets le goût. » Prune a 33 ans. Malgré ce jeune âge (et son attachement à la modernité d'une famille affective et relationnelle), elle perpétue le modèle de l'ancien régime culinaire, dans sa version la plus riche et pleine. Cuisiner est un sacerdoce.

Alléger la cuisine

Eugénie ou Prune illustrent chacune à leur manière une posture devenue rare aujourd'hui, car le dévouement obligatoire est désormais ressenti comme intolérable. Nourrir, oui ; inlassablement se donner corps et âme, non. Les contraintes temporelles, liées notamment aux charges professionnelles, suffiraient d'ailleurs en elles-mêmes à interdire cette possibilité. Mais s'y ajoute aussi le désir d'émancipation personnelle, surtout pour les femmes. Ou bien il y a élan passionnel, à certains moments personnellement choisis, ou bien la cuisine doit savoir se faire moins continuellement écrasante. Les nouveaux produits et services permettant de se décharger d'une partie de l'activité sont donc largement utilisés. Un repas acceptable peut se préparer en quelques minutes. L'individu qui s'engage dans ce premier monde culinaire de la simplicité et de la rapidité d'exécution rompt assez nettement avec le rôle de la cuisinière traditionnelle. Un indice très parlant est la fréquente apparition de séquences de pénibilité, qui peuvent sembler paradoxales pour cette cuisine peu exigeante. Eugénie, qui n'apprécie guère l'activité, se refuse pourtant (dans le cadre de l'ancien régime qu'elle illustre) à la qualifier de « corvée ». Car elle est malgré tout en accord avec l'idée du devoir, et ne se projette pas dans des identités alternatives : toute sa vie est dans ce qu'elle fait. Au contraire, dans la modernité du premier monde culinaire, quand le modèle idéal de la rapidité s'impose avec trop de force, le moindre petit geste demandant un peu de temps (une salade à nettoyer, une boîte difficile à ouvrir) peut soudainement provoquer un amollissement corporel ou de l'agacement. La pénibilité est toujours le signal d'un dédoublement identitaire. L'individu surpris par les quelques minutes de travail qu'il n'attendait pas se retire mentalement de l'action en cours, et évalue ce qu'il est en train de vivre à partir du regard extérieur venant d'une autre composante de sa personnalité. L'autre lui-même lui dit qu'il perd du temps, qui pourrait être mieux occupé, pour son travail ou ses loisirs.

Contrairement à ce que pourrait laisser penser une représentation fonctionnelle des nouveaux produits et services, la cuisine rapide nécessite donc la mise au point de tactiques très subtiles. Excepté dans l'usage extrême du prêt-à-manger individualisé (comme chez Maïté où chacun se fait son sandwich), le modèle de la rapidité ne doit pas être exagéré dans l'imaginaire du chef, son rêve de promptitude devant être ajusté à la réalité des faits. Pour éviter cette dérive, il lui faut maintenir au minimum l'idée de devoir familial (la rupture avec l'ancien rôle n'est donc pas vraiment radicale). Le devoir, peut-être pas de faire de la vraie cuisine, mais au moins de nourrir honnêtement, de présenter sur la table des aliments convenables. La rupture n'est pas absolument radicale non plus sur la question des routines. Ces dernières structuraient l'action dans le système prémoderne, le corps étant habité par les habitudes elles-mêmes intégrées dans les disciplines de la tradition. Ce que Guy Thuillier [1977] appelle l'« ancien régime des gestes ». En théorie, la modernité émancipe l'individu, devenant libre et créatif. En réalité, il n'émerge ainsi que dans certaines séquences d'existence, et cherche au contraire dans d'autres moments à reconstituer des habitudes pour baisser la pression mentale et fluidifier son action. Mais celles-ci sont malheureusement difficiles à stabiliser dans la cuisine rapide. Car le chef, tiraillé entre des injonctions contradictoires (ne pas perdre de temps/assurer cependant une cuisine décente) ne cesse de varier ses modes d'implication. Nous verrons même bientôt comment il introduit soudainement de brèves séquences d'engagement passionnel dans la cuisine la plus ordinaire. Il ne parvient que rarement à unifier son mode d'action de façon durable. Selon les contextes et la conjoncture du moment, il s'intègre dans le modèle de la rapidité extrême, ou dans l'idée d'un devoir familial minimum à assurer (il cherche alors à réinstaller des routines facilitant l'action). Ou bien encore, l'envie lui prend de s'impliquer de façon plus créative, d'ajouter une « petite touche » plus personnelle (il brise alors les routines). L'enquête montre que l'idée d'un devoir minimum à assurer est souvent l'axe le plus constant. Le chef se convainc qu'il est légitime de dépenser un peu de temps, sans le calculer, et il lance l'action en réactivant des routines simples. « Si j'appuie dans ma tête sur le bouton "purée", la machine est lancée. Ça se passe tout seul » (Cannelle). Une fois opéré le choix d'une séquence culinaire plus exigeante mais bien routinisée (la purée pour Cannelle), le chef doit parvenir à inverser son positionnement temporel. Il cherchait la rapidité, et soudainement il ne compte plus son temps, se sentant totalement « habité par le rythme de l'agir » [Giard, 1994, p. 216], comme dans l'ancien régime culinaire. L'ultra-rapidité se présente alors sous forme de soudaines séquences alternatives, quand les circonstances (le manque de temps, une fatigue soudaine) l'imposent. « Oh ! des fois je me dis : ce soir, allez hop, hein ! une tranche de jambon et une salade verte, et puis ça y est. Ça arrive, hein ! » (Hortense). La rapidité est encore accélérée par l'individualisation des pratiques et le nouveau rôle joué par le réfrigérateur. « De toute façon, il y a le frigo. Si ça va pas, ils se débrouillent » (Amandine). Le chef dispose de toute une gamme de stockages d'aliments impliquant des degrés différents d'engagement culinaire. Le congélateur par exemple permet une préparation très rapide, quand les circonstances interdisent de prendre un temps plus long. Le frigo représente le degré extrême. Car il permet au chef de s'effacer totalement en tant que tel, et de devenir un simple mangeur, comme les autres membres de la famille.

La variation des régimes d'action et des degrés d'engagement personnel explique l'essentiel de la pénibilité latente associée à la cuisine rapide. J'ai analysé ses mécanismes (à propos du ménage) dans un livre précédent [Kaufmann, 1997]. La capacité de développer des gestes bien routinisés se développe parce que des schémas d'action sont stockés dans une strate infraconsciente du cerveau. Ce n'est nullement par magie ou par une simple habitude abstraite que, pour Cannelle, la purée « ça se passe tout seul ». Mais bien en raison de l'existence de schèmes très précis constituant une mémoire de ses enchaînements gestuels. Or la variété des régimes d'action implique que d'autres possibilités puissent être imaginées (ouvrir une boîte de conserves plutôt que faire une purée), renvoyant à des schèmes d'action divers (conscients ou infraconscients). Il en résulte alors une confrontation entre schèmes concurrents, provoquant une dissonance cognitive, qui est toujours à la base des sensations de pénibilité. Tel n'est pas le cas pour Cannelle, qui est si motivée par sa purée qu'elle fait mentalement bloc avec son corps en mouvement, une fois que l'action est lancée. Généralement toutefois, l'hypothèse toujours à portée de main d'une alternative plus rapide introduit de la dissonance à la moindre hésitation dans l'action en cours (par exemple, lors de l'épluchage des pommes de terre pour faire une purée).

À cette pénibilité lancinante (rarement intense, mais sourdement agaçante) s'ajoute dans la cuisine rapide une tonalité morale (négative) exacerbant le tracas. L'idée d'un devoir familial minimum à assurer n'est déjà pas à la hauteur de bien des rêves. Or le décalage s'aggrave encore quand, pour une raison ou une autre, le chef décide de faire encore plus vite. Bien qu'il tente de se convaincre qu'il est dans son droit, il ne peut s'empêcher de ressentir une certaine culpabilité, elle aussi très agaçante. Amandine en donne un exemple qui étonne. Comment peut-elle en effet se sentir coupable alors qu'elle fait chaque jour trois cuisines différentes (dont le fameux régime crétois pour son mari) et que ses fils ont une attitude critique systématique (ils dénoncent le manque de variété, tout en s'activant à manger toujours la même chose) ? Pourtant, il suffit d'une remarque pour qu'elle se dise qu'elle aurait pu agir autrement, choisir un degré plus fort d'engagement. « C'est vrai que dès fois je culpabilise, que je me dis que là j'exagère. J'achète des trucs tout prêts. » Ou des fois j'oublie : « Ah mince, je leur avais déjà fait ça il y a deux jours ! ». Ils s'en aperçoivent. « Ah ça, on a déjà mangé ! ». Amandine est surprise par une attente qu'elle n'avait pas imaginée. Un des problèmes de la cuisine rapide est la juste réponse aux désirs des convives, le don de soi et d'amour anticipant ces désirs difficiles à évaluer. Un désir mal compris, ou plus paradoxalement trop de désir, peuvent provoquer culpabilité et pénibilité. Charlotte continue à travailler cependant que son mari est à la retraite. Très gourmand, il se met pourtant rarement aux fourneaux. Elle déteste sa nouvelle habitude consistant à « venir mettre son nez dans mes gamelles ». Car, contrainte de faire une cuisine assez vite expédiée, elle sait qu'elle ne peut pas répondre à ses désirs. Charlotte devine l'autre elle-même capable, si le contexte le permettait, de s'engager de façon plus amoureuse. La pénibilité nouvelle vient de là.

Le coup de cœur

L'ancien régime culinaire, monolithique et institutionna-lisé, a fait place à deux modèles d'action opposés, tirant à hue et à dia le pauvre chef fatigué par tant d'indécision. Le premier modèle, la cuisine rapide, est faussement simple, car travaillé par des logiques hétérogènes. Le second au contraire, regroupe l'individu sur lui-même, corps et esprit étant enfin emportés par une évidence unique. Cet état parti-culier de l'individu en action repose sur des mécanismes précis. Il en va de même pour la pénibilité, qui s'explique par une dissonance cognitive. Ici c'est un élan émotionnel qui joue le premier rôle ; la cuisine comme passion. Comme grande passion parfois, mais aussi comme « passion ordinaire », pour reprendre le titre du livre de Christian Bromberger [1998]. Les passions ordinaires constituent une donnée majeure dans la société de la seconde modernité. Car l'individu réflexif, se mettant en question et se posant des questions sur tout, est menacé de fission existentielle. Il doit d'une manière ou d'une autre recoller les morceaux de sens éclatés de sa vie, bricoler une unité de soi, dut-elle être très provisoire [Kaufmann, 2004]. Il existe plusieurs méthodes, mais rien n'est aussi efficace que la passion, même une petite passion pour des choses toutes simples. La passion emporte dans un mouve-ment qui fait sens, crée l'évidence, combat la froideur mortifère de la modernité réflexive. Il n'y a pas plus moderne que les petites passions.

Les personnes interrogées ont très bien exprimé le carac-tère émotionnel de ce second régime d'action culinaire. Notamment, par l'emploi récurrent d'un terme central : l'« envie ». Une envie aux contenus mal définis et fluc-tuants, mêlant le désir de créativité, l'attente d'un plaisir gustatif personnel, le don d'amour pour la famille. Une envie généralement soudaine, qui saisit comme les plus grandes passions alors que l'on ne s'y attend pas. « Même en semaine, ça m'arrive d'avoir une idée, d'avoir envie. Je peux très bien avoir une envie comme ça » (Marjolaine). Une envie qui fait oublier les pesanteurs de l'ordinaire. Suzette dit qu'elle fonctionne « au coup de cœur », ou plutôt fonctionnait, car « maintenant, c'est fini, c'est plus possible, je calcule ». Elle regrette d'autant l'époque ancienne des coups de cœur qu'aujourd'hui sa cuisine est devenue plus difficile à effectuer et que le lien conjugal s'est quelque peu distendu. La passion rend la vie plus légère, mais elle ne se commande pas.

L'intensification du lien familial par la cuisine passionnelle vient donc, nouveau paradoxe, d'un sentiment ressenti individuellement, voire d'une sensation encore plus secrète et fugace, une simple envie. Les désirs, qui se limitaient à rendre le travail de la cuisinière plus facile dans l'ancien régime culinaire (et qui étaient réprimés dans le modèle bourgeois des manières de table) deviennent donc aujourd'hui l'instrument majeur d'une socialisation renforcée. Le changement de la position des petits plats dans l'architecture générale est très révélateur. Hier, ils étaient imperturbablement au centre des repas régulièrement reproduits par la cuisinière. Aujourd'hui, ils tendent au contraire à représenter une exception, marquant une rupture : ils signalent justement que le chef, délaissant la cuisine rapide, s'est engagé dans la passion. Certes, il lui faut pour cela rencontrer une attente ; il n'est guère facile d'aimer sans retour. Amandine le sait bien. Elle rêverait de pouvoir se donner davantage, de familialement vibrer par la magie de ses casseroles. Hélas, excepté sa fille, elle ne rencontre qu'indifférence et rebuffades. Le chef seul ne peut donc rien. Mais une fois le désir établi chez les convives, l'élan ne dépend plus que de lui.

À la différence de l'amour, la cuisine-passion n'implique pas toujours des engagements durables ni très prenants. Il existe beaucoup de coups de cœur minuscules, d'envies de l'instant, ouvrant une séquence rapidement refermée, le temps de décorer un plat ou d'ajouter un ingrédient impliquant une légère manipulation. Le second régime d'action se manifeste parfois là où on l'attend le moins, même chez

Maïté. La semaine, c'est sandwich au jambon pour tout le monde. Le dimanche par contre, « tu ne peux pas manger toujours des sandwichs. J'ai un peu plus de temps, alors j'essaie de faire quelque chose un peu mieux ». Pressée de donner des détails, elle ne parvient malheureusement pas à allonger la liste de ses somptuosités dominicales : steaks, escalopes, frites, pâtes. Un vrai repas bien sûr, mais n'évoquant guère la passion. Soudain, sa voix devient plus vive : « On a même des fois... ». La suite hélas n'est pas à la hauteur de l'envolée vocale. « On a même des fois... un rôti. C'est vite fait, tu les mets dans le four, t'es tranquille. » Se sentant légèrement stigmatisée par la pauvreté de ses réponses, Maïté cherche quelles autres merveilles elle pourrait exposer. « Les pâtes, c'est pas toujours les mêmes, je varie, c'est spaghettis, tagliatelles, tout ça. » L'entretien allait se terminer quand Maïté lâche par hasard un mot sur les desserts. Les desserts ? Oui, elle fait des desserts maison tous les week-ends. Mais les desserts, ce n'est pas pareil, elle ne compte pas son temps, elle adore ça. « Ça j'aime bien faire, je ne sais pas pourquoi. » Elle aime tellement qu'elle ne pense à rien d'autre en les faisant, et qu'elle les avait donc oubliés. Les desserts du week-end la font basculer dans un autre monde de la cuisine, entraînant toute la tablée. « Et ça tombe bien parce que dans la famille, ils sont gourmands. »

Chez Maïté, la séquence passionnelle est bien délimitée et strictement ritualisée, ce qui en atténue un peu les effets. Car, comme dans toute passion, l'imprévu ici aussi attise la flamme. Ceci explique que ce mode d'action soit très souvent lié à des tentatives de créativité personnelle, qui entraînent le chef dans l'excitation inventive, et provoquent par ailleurs un effet de surprise pour les convives attablés. « J'ai assez de plaisir à essayer quelque chose de nouveau. Et puis ça change » (Marjolaine). Des fourneaux jusqu'à la table, le second régime d'action casse les routines, le chef s'implique mentalement pour inventer, et le repas s'organise autour de la nouveauté d'un petit événement. La logique de la vie conjugale et familiale est d'installer, irrésistiblement, des systèmes d'habitudes. Qu'ils le veuillent ou non (souvent ils ne sont secrètement pas totalement contre), les membres du ménage se protègent dans des routines qui rendent la vie mentalement moins fatigante. Qui la rendent plus ennuyeuse aussi. La cuisine-passion se présente alors comme un instrument commode permettant d'obtenir une petite rupture de ces routines. Très modeste certes, mais ce degré est à mettre en relation avec la simplicité d'emploi de l'instrument. À défaut de réinventer le couple autrement, la cuisine inventive introduit un peu de variété. L'entretien avec Olivia se déroule trois semaines avant Noël ; elle en a déjà plein la tête. Elle veut « changer de la dinde traditionnelle ». Changer la dinde, c'est un peu changer la vie. En feuilletant des recettes dans un magazine, une idée lui est venue : un poulet au lait de coco. La façon dont elle caresse de ses lèves ces derniers mots montre à quel point ils sont pour elle évocateurs. À la fois mystérieux et évocateurs. Du poulet au lait de coco, ce n'est plus du poulet. Le poulet est transcendé. Olivia et son mari ont fait l'année dernière un voyage aux Antilles ; le lait de coco porte bien sûr le soleil et le parfum des îles. De plus, elle se lance là un défi intrépide : cuire du poulet dans du lait de coco, jamais cela ne s'est fait dans sa famille. Elle va créer l'événement. « Comme c'est une fête, je veux un petit plus. » Mais l'angoisse n'est pas loin : comment donc les chairs peuvent-elles cuire dans le lait de coco, n'existe-t-il pas des risques, le goût ne sera-t-il pas sucré ? Elle a donc décidé de programmer deux week-ends de tests préparatoires. Le couple est maintenant mobilisé autour de l'expérimentation du poulet au coco. Une simple envie, apparue en lisant un magazine, a déclenché un mouvement collectif s'étalant sur plusieurs semaines.

Candy, elle, n'aime pas trop le poulet au lait de coco, ni tout ce qui est exotique. Elle en mange, mais plutôt en semaine, quand elle utilise des plats préparés ou des surgelés. Elle préfère « la cuisine traditionnelle », pour laquelle elle prend le temps nécessaire le week-end. Pourtant, elle nous parle d'invention tout autant que de plaisir et de passion. « Ça fait partie de mes loisirs de cuisiner le week-end. Même si je suis toute seule, je fais, je me cuisine mon petit

truc. Si je dis "je cuisine", pour moi cuisiner, c'est
inventer. » Elle invente à sa manière, manipulant intuitivement les aliments, sans dosages précis, sans suivre de
recettes. Il s'agit pourtant d'une improvisation réglée,
respectueuse de la tradition. « Le hachis Parmentier, je le
fais toujours de la même façon que faisait ma mère. »
Candy n'a pas conscience de la relative contradiction qui
traverse ses propos. À cause de ses improvisations intuitives. Mais aussi et surtout parce qu'elle sent très profondément qu'elle invente, sans pouvoir dire plus précisément
quoi : de la famille vivante et intense, contre la routine. Le
paradoxe étant que pour elle cette invention-là est encore
plus forte quand le respect de la tradition est plus prononcé,
en faisant revivre le lien avec les générations passées. Par
son simple hachis Parmentier, fait comme le faisait sa mère,
Candy invente réellement quelque chose. Les voies de la
passion culinaire sont infinies.

La pénibilité masquée

Les deux régimes d'action culinaire sont continuellement
mélangés, avec souvent une dominante passion le week-
end, et cuisine rapide en semaine. J'ai dit pourquoi la
cuisine rapide ne s'intégrait pas toutefois dans un modèle
parfaitement unifié : les variations de régime sont inces-
sants et provoquent un brouillage des références, source de
pénibilité. Une pénibilité ni très aiguë ni écrasante (comme
celle ressentie par exemple pour le nettoyage des vitres),
mais fluctuante, lancinante, agaçante. Tout le monde ne
ressent d'ailleurs pas le nettoyage des vitres comme une
corvée insupportable (bien que le sentiment soit fréquent).
De la même manière, les différences individuelles de
perception de la pénibilité culinaire sont très grandes.
Babette doit faire un effort de concentration pour trouver
une minuscule trace de pénibilité dans ses souvenirs.
« Alors, il fallait que je sois vraiment pas en forme. » Melba
ou Suzette au contraire sont continuellement envahies par
ce sentiment désagréable. « C'est pénible, souvent c'est
pénible, on s'oblige à préparer » (Melba) ; « La cuisine de

tous les jours, c'est vraiment ennuyeux, c'est vraiment casse-pieds » (Suzette). En moyenne cependant, excepté dans certains contextes particuliers que nous verrons bientôt, l'expression de la pénibilité a été peu importante dans l'enquête, énoncée brièvement, d'une voix faible, comme à regret. Ceci contrastait nettement avec une autre enquête que j'avais menée, sur le ménage [Kaufmann, 1997], où les éclats de voix proclamaient la pénibilité avec franchise et décision. La qualité particulière de la pénibilité de la cuisine rapide (agaçante mais insaisissable) explique une partie de cette différence. Au-delà de cette qualité particulière qui peut rendre moins perceptibles les agacements, la question qui se pose est de savoir si la cuisine ordinaire est globalement si peu pénible que le laissent supposer les réponses. Sur le fond, l'interrogation est d'ordre méthodologique : n'existerait-il pas un biais incitant les interviewés à ne pas tout dire ? L'entretien est un instrument d'enquête qui se révèle extrêmement performant pour la compréhension des processus sociaux et dans lequel les personnes sont capables de s'engager avec une sincérité étonnante [Kaufmann, 1996]. Elles mentent très peu délibérément, mais se mentent parfois à elles-mêmes. Le chercheur doit donc décrypter ces effets d'occultation quand ils se présentent. Or ils sont ici manifestes. Par bonheur, une question de la grille d'entretien me permit de les mettre en évidence. C'était le fruit du hasard, car, n'imaginant pas l'existence d'une telle dénégation de la pénibilité au début de l'enquête, j'avais formulé la question dans une autre perspective. Concluant l'entretien, elle invitait la personne au rêve absolu, hors de toutes les contingences du présent. Prune par exemple s'envola dans un grand jardin féerique, avec poules, lapins et chèvres ; elle faisait ses fromages à l'ancienne. Mais Prune est un cas à part. La très grande majorité avait une autre réponse, toujours la même : se débarrasser de la cuisine. Tout de suite, radicalement. « Pour avoir le temps de faire autre chose » (Belangère) ; « Je me mettrais les pieds sous la table » (Candy). Tony est un amoureux de la cuisine-passion, un artiste qui réalise des chef-d'œuvres chaque soir de la semaine. Pendant tout l'entretien, il n'avait parlé que de plaisir. À la dernière question, soudain le ton changea, révélant l'autre face de sa réalité culinaire. « J'embaucherais des gens, toutes sortes de cuisiniers. Pourquoi dans ce cas-là m'embêter à… ? ». Il hésita un instant, songeant sans doute à l'univers de la passion, avant de réaffirmer sa position. « Je serais là pour poser mes fesses, et manger. Je rebondirais plutôt sur d'autres trucs, je me remettrais à la photo. » Une autre passion, un peu oubliée depuis qu'il s'est mis avec tant d'allant à la cuisine.

L'occultation de la pénibilité latente s'explique par bien des raisons. Il y a d'abord la difficulté à se représenter de façon froidement équilibrée l'ensemble du panorama culinaire. La cuisine-passion, émotionnellement forte et attirante, mobilise l'esprit, reléguant dans l'ombre des pensées la banalité moins éclatante des gestes contraints. La cuisine-plaisir est un pôle d'identification autour duquel l'individu se regroupe, dans une vision de don de soi amoureux producteur de lien familial. Comment ne pas négliger l'autre cuisine, beaucoup plus éclatée et obscure ! Le second monde de la cuisine est par ailleurs fortement idéalisé dans l'imaginaire. Car la passion n'efface pas toute pénibilité. Emporté par son élan, il arrive que le chef se lance dans une épopée dont il n'avait mesuré ni l'ampleur ni les conséquences (horreur de la vaisselle, au moment où la motivation retombe). Or dans les souvenirs ultérieurs, ces désagréments collatéraux sont oubliés. La passion doit rester pure. Prenons le cas de Savarin. Il rejoint Tony en ce qu'il n'a que les mots de la passion à la bouche ; la cuisine est un loisir créatif et amoureux, il ne ressent jamais la moindre pénibilité. « C'est pas une corvée du tout, je prends vraiment ça comme un plaisir. » Alors pourquoi se contente-t-il parfois d'une pizza congelée ? « Quand j'arrive tard, il est trop tard, j'ai pas envie de cuisiner. On a envie de passer la soirée ensemble, j'ai pas envie de la passer dans la cuisine. » Hélas, la vraie vie n'est pas aussi simple qu'elle puisse clairement être divisée en deux. Bien des fois, Savarin doit arriver ni suffisamment tôt ni vraiment trop tard, et rester indécis. Bien des fois, il doit s'engager dans une épopée dont il regrette ensuite l'ambition exagérée, ou au contraire se dire qu'il aurait peut-être pu mieux faire que la pizza congelée. Car la cuisine n'est pas une activité comme une autre. Avec plus ou moins de don de soi amoureux, elle produit du lien familial. Or comment pourrait-on se dire qu'il est pénible de façonner sa famille en la nourrissant, de faire en sorte qu'elle forme un groupe vivant autour de la table ? Pensée totalement culpabilisante et inacceptable. Mieux vaut donc refouler les petits tourments de la cuisine ordinaire.

Trouver l'idée

Refouler les petits tourments, pas les grands. Ceux-là sont trop forts pour être niés. Dans certaines circonstances précises, la pénibilité latente s'affirme au contraire de façon plus ouverte et brutale. Par exemple, quand se croisent une pression temporelle importante, un sentiment de solitude ménagère et une baisse de la motivation familiale. Les routines incorporées deviennent alors moins opérantes, et deux kilos de pois à écosser peuvent se transformer en corvée interminable. Mais le contexte le plus favorable à l'émergence de la pénibilité est encore plus précis (et partagé par la quasi-totalité des personnes interrogées). Il ne s'agit pas d'une pénibilité physiquement ressentie. Elle provient du mental, mêlant paradoxalement la surcharge fatigante des pensées improductives et le désagrément de la sensation d'un vide intérieur : quand le chef ne parvient pas à « trouver l'idée ». « Oh oui des fois, je me dis : qu'est-ce que je vais faire ce midi, mais qu'est-ce que je vais faire ? Ça c'est pénible, ça c'est pénible, quand on n'a pas d'idée » (Paule-Dauphine).

Contrairement à la représentation commune d'une procédure simple et technique, « trouver l'idée » nous plonge au cœur de la complexité de l'alchimie culinaire. Car à ce moment particulier, se révèle l'immensité et la diversité des choix possibles. Le chef doit connaître ce qui lui reste en stock, être attentif aux goûts de chacun (rarement homogènes entre les membres de la famille), privilégier une gamme de critères (diététiques, gustatifs, relationnels), imaginer des architectures de repas possibles et des types de dynamiques commensales, inscrire les variations dans la longue durée (donc se souvenir des choix précédents), saisir des opportunités (offres commerciales), etc. Le développement de la réflexivité alimentaire, qui a été analysée dans la première partie de ce livre, ajoute désormais une dimension considérable à cette pression mentale. Chaque aliment est susceptible d'être mis en question, et les informations nutritionnelles envahissent les médias. Or – ce point est essentiel – il n'existe pas de choix qui puisse être entièrement satisfaisant. Car tous les critères sont profondément travaillés par des contradictions. Les goûts sont divergents, le plaisir et la santé font rarement bon ménage, les économies sur les achats se font au détriment de la qualité, etc. Tout choix est donc potentiellement insatisfaisant, pour une raison ou pour une autre. L'« idée », réalisée sous forme de repas, est susceptible de déclencher une remarque critique chez les convives (dans la famille, car les amis, eux, disent toujours apprécier), chaque individu ayant sa propre vision de cet ensemble contradictoire. Si l'on imaginait tout un laboratoire de sciences humaines se mobilisant autour d'une seule famille pour l'aider à formuler un choix parfait, il ne pourrait y parvenir tant la complexité des critères est grande. Et je n'ai pas encore évoqué la difficulté la plus coriace. L'indécision majeure concerne en effet le degré d'engagement du chef (cuisine rapide ou passion ?) et la forme du lien social à fabriquer (individualisé ou collectivisé, routinisé ou inventif ?). « Si on veut pas tomber dans une routine, il faut absolument se creuser la tête chaque jour. Ça j'aime pas du tout » (Suzette). Le plus fatigant (quand on n'est pas emporté par la passion) c'est l'amour.

Le chef développe donc des tactiques ingénieuses pour tenter de diminuer la pression. En évitant par exemple des programmations trop longues (quand il n'est pas aidé par un envol passionnel). Le culte de l'urgence et de l'improvisation réduit l'éventail des choix. Même Prune utilise ce procédé : « Je regarde dans le frigo ce qui me reste ». Tony a toute une gamme de tactiques, extrêmement sophistiquées. La principale est le dédoublement. Il programme, mais sans trop se fixer sur ce travail mental, sachant qu'à la moindre occasion il improvisera autrement. Ses projets sont reformulés dans l'urgence ou démentis. « Je prévois, mais souvent, ça dépend... de ce qu'il y a dans le frigo... ou d'envies comme ça... j'avais prévu un pot-au-feu et je me retrouve à faire des lasagnes. » La seconde tactique se fonde sur un indicateur matériel, les produits frais. Il stocke une grande quantité de légumes pour la semaine, sans trop réfléchir à l'organisation des repas. Ensuite, il « gère à partir des légumes », opérant des choix selon leur perte de fraîcheur. Plusieurs personnes ont décrit des procédés voisins, consistant fondamentalement à mettre au premier plan des questions d'ordre strictement technique et alimentaire, pour marginaliser la portée relationnelle des décisions, beaucoup plus délicate à « gérer ». Deux méthodes s'imposent. Soit l'improvisation d'urgence à caractère technique, soit au contraire l'envol passionnel, qui transforme en plaisir la recherche de l'idée. C'est l'entre-deux, entre urgence et passion, qui s'avère le plus problématique. Prune regarde dans son frigo pour voir si « ce qui reste » lui donne une réponse. Mais elle a aussi d'autres principes, très exigeants : jamais deux fois le même plat à moins d'un mois d'intervalle. « Des fois, ça te gave parce que t'as pas d'idée, surtout quand t'es pas motivée : qu'est-ce que je vais faire ? ». Le chef ne parvient en réalité à s'extraire de la surcharge mentale qu'en isolant un critère quelconque, souvent de façon très arbitraire, dans une sorte d'éclair de lucidité simplificatrice. « Ça peut être le temps de préparation, ou tout simplement l'envie que j'ai de manger ça plutôt que ça » (Clémentine). Nous retrouverons plusieurs fois par la suite ce mode de fonctionnement. La cuisine mettant en jeu des univers décisionnels d'une complexité insupportable, elle est mentalement avant tout un art de la réduction de cette complexité. Il faut se convaincre que rien n'est vraiment très compliqué dans les choix culinaires. Ainsi s'explique que l'indécision prolongée pour trouver une idée devienne si pénible. Car elle révèle la vérité qu'il faut se cacher. C'est parce que le chef refuse de la regarder en face que l'effort mental devient

encore plus désagréable. « Faut que je me creuse la tête, j'ai
pas envie » (Candy). À la question finale sur le rêve, Madeleine a répondu de façon originale. Contrairement à la
quasi-totalité des personnes interrogées, elle ne se débarrasserait pas des aspects manuels de la cuisine. La seule chose
qu'elle ne veut vraiment plus, c'est d'avoir à trouver l'idée.
« Et bien je vais être futuriste. J'aurais un ordinateur.
L'ordinateur, j'aime pas trop, mais pour ça, oui. De dire :
aujourd'hui lundi, voilà ce que j'ai comme légumes, comme
viandes… J'appuierais sur un bouton : que me proposez-
vous comme différents menus ? Et il sortirait un menu
idéal, ou deux, et je choisirais. Et il donnerait une recette en
disant comment faire. Le soir par exemple, un petit reste :
j'appuierais sur l'ordinateur, il me dirait : vous pouvez faire
ça, ça ou ça. »

Chaque chef a ses tactiques bien à lui pour résoudre la
difficulté. Suzette joue plutôt sur l'urgence. Mais cette
méthode comporte un risque : le soudain vide d'inspiration,
au déplaisant arrière-goût de vide existentiel. « Alors qu'on
a l'habitude de faire la cuisine depuis je ne sais combien
d'années, tout d'un coup on est bloqué, on ne sait plus quoi
faire. Et pourquoi on n'a pas d'idée ce jour-là ? ». Hortense
préfère donc quant à elle une programmation régulière.
« C'est rare que je prépare au dernier moment. Le matin je
déjeune, je me dis : qu'est-ce qu'on va manger à midi ? Et
je n'attends pas 11 heures pour aller faire mes courses. » Il
lui arrive même d'y penser « deux jours à l'avance »,
toujours au petit-déjeuner. Bélangère voit parfois encore
plus loin, imaginant un menu pour la semaine suivante.
« Alors je garde mon idée », sans la noter, dans un coin de
sa tête. Il lui faut cependant assurer aussi le futur plus
immédiat. Elle anticipe de façon très précise. « Je me dis :
tiens je vais faire ça. Je fais ma liste dans ma tête. » La pénibilité liée au fait d'avoir à trouver l'idée tient aussi au
caractère contraint de cet effort mental. « La corvée, c'est
quand j'ai pas d'idée. Et que je suis quand même obligée
de prévoir quelque chose. Ah ! c'est un souci quand arrive
5-6 heures et que je ne sais pas encore ce qu'on va
manger ! » (Marjolaine). D'autant que cette désagréable

surcharge mentale va bientôt être suivie d'une autre. Après avoir enfin « trouvé l'idée », il sera nécessaire d'établir un plan de programmation des différentes opérations et d'organiser leur coordination. « Et puis après, l'autre souci, c'est de tout prévoir. »

La passion change totalement la donne : la pénibilité se transforme en plaisir. Déjà, sans qu'il s'agisse toujours de cuisine vraiment passionnelle, un rapport au temps plus relâché (congés, retraite, etc.) avait souvent suffi pour rendre la quête de l'idée moins désagréable. Hortense par exemple passe sa semaine à tranquillement feuilleter ses livres de recettes, pour trouver ce qu'elle fera le week-end suivant, où les repas sont placés dans la catégorie de la « cuisine améliorée ». Madeleine plonge plus nettement dans le domaine de la passion, dès qu'il est question de desserts. Oublié le rêve de l'ordinateur qui lui dirait ce qu'il faut faire. Au contraire, penser aux desserts est un vagabondage des plus savoureux, auquel elle se laisse aller sans retenue. « J'aime bien cogiter sur les desserts. » Il y a cogitation et cogitation.

« Qu'est-ce que vous voulez manger demain ? »

Le chef se sent très seul quand aucune idée ne lui vient, solitude qui aggrave encore la pénibilité mentale. C'est alors qu'une phrase brève lui échappe, en forme d'appel à l'aide ne disant pas toujours son nom. « Ah, ils ne m'aident pas vraiment ! Des fois j'ai un trou : "Ah, qu'est-ce que je vais faire à manger ?" je leur demande. "Ah, je sais pas moi !". » Bélangère lance son S.O.S à la cantonade, sans s'adresser de façon intentionnelle à l'un des convives. Cri de délivrance ayant surtout pour vertu de rétablir un peu son équilibre psychologique. Lancé aussi dans l'espoir que la famille puisse comprendre l'intensité et la complexité du travail accompli. Hélas, l'abstraction du cri pousse les membres de la famille à ne pas se sentir concernés. Ils ont bien secrètement des goûts, des envies. Mais ils sentent diffusément l'effort que nécessiterait une réponse, d'autant qu'elle inclut un projet collectif (même n'afficher que ses envies personnelles impliquerait une prise de position – égoïste – par rapport aux autres). Ils préfèrent donc, comme d'habitude, laisser cette responsabilité au chef, quitte à être ensuite déçus de ses choix. Ne recueillant que silence et indifférence, Bélangère tente quelques interpellations plus précises. Le convive est malheureusement déjà installé dans une posture de retrait confortable, il réitère sa reculade. « Ah, je sais pas moi ! ». Elle éprouve alors encore plus le poids de la solitude et de la surcharge mentale. L'appel à l'aide a produit l'inverse de ce qui était attendu.

Certains chefs ont donc compris qu'il fallait manier cette phrase à portée thérapeutique avec beaucoup de précaution, en évitant notamment les formulations combinant à la fois l'abstraction et l'engagement. Soit il convient de préférer un cri libératoire, sans aucune attente de retour ; soit, au contraire, il faut formuler une demande précise, à un interlocuteur particulier. C'est la tactique adoptée par Babette. Trouver l'idée « est vraiment la seule chose qui m'ennuie ». Elle s'adresse à son mari d'une façon calme et posée, insistante et directe.

– « Des fois je lui dis :
– Qu'est-ce que tu veux manger ?
– Ce que tu veux…
– Alors ça, ça m'énerve ! »

Elle avait pourtant été particulièrement habile, ne demandant pas une « idée », impliquant un effort mental, mais questionnant sur ses envies : comment puis-je satisfaire tes désirs ? Il est difficile de distinguer ce qui est amour véritable (satisfaire tes désirs) et diplomatie subtile (tes désirs me donneront une idée). Qu'importe, le problème est qu'une telle ingéniosité se révèle tout autant improductive. « Ce que tu veux… », répond le mari. Le désengagement du partenaire porte l'agacement à son comble. Et répéter la question ne donne souvent guère mieux. Car le convive se convainc de sa bonne foi : il ne veut pas imposer ses goûts ni commander au chef, il saura humblement se satisfaire de ce qu'il y aura au repas. Face à tant d'indifférence, l'enfermant dans sa solitude incomprise, Paule-Dauphine a imaginé une méthode qu'elle croyait astucieuse. Plutôt qu'une phrase générale, plutôt qu'une interrogation sur les désirs, elle avance une proposition quelconque, simplement pour le faire réagir. « Des fois je lui lance une idée : "Tiens si je faisais ceci ou cela." Il me répond : « "Oh, bof !...", pas enthousiaste. Alors, je lui dis : "Alors, donne-moi une autre idée !". Alors, il me répond : "Oh fais comme tu veux…". Moi j'ai déjà passé du temps à chercher, alors il y a un moment, ça suffit, hein ! ».

Dans ces échanges à sens unique, l'agacement et la pénibilité font vibrer une corde très sensible. Le chef a appelé au secours parce qu'il se sentait seul, désemparé. Il ne s'agissait pas seulement de fatigue mentale, ni d'un problème strictement personnel. La cuisine fabrique la famille par les repas ; le chef ne peut s'engager dans le don de soi amoureux qu'en répondant aux désirs. Or il faut pour cela que ces derniers s'expriment. Sans désirs, le don de soi amoureux devient un sacrifice stérile, ingrat, pénible. Par sa question, très souvent le chef demande en fait que s'expriment des désirs, susceptibles d'exciter la dynamique culinaire et familiale. « J'aimerais bien que de temps en temps, il me dise : tiens j'aimerais bien ça, ça et ça » (Babette). Que s'expriment des désirs pour vivifier l'échange amoureux. Mais pas trop quand même, pas trop insistants ni précis, ce qui risquerait de transformer le chef en servile exécutant, taillable et corvéable à merci. « Ah ben, c'est bien quand les enfants ou le mari demandent : « Tiens, ça fait longtemps que t'as pas fait ça. » Ah ben je dis, oui, c'est vrai. Ca ne veut pas dire que je vais le faire, hein ! Mais c'est vrai, des fois on est à cours d'idées » (Hortense). La cuisine est une alchimie fluctuante, où l'échange amoureux menace à tout instant de se convertir en insupportable corvée. Ce n'est pas seulement dans les contes que les carrosses se transforment en citrouilles. Pour conjurer ce risque, Clémentine a imaginé une tactique rusée, mixant demande d'aide, dynamisation amoureuse et autodéfense personnelle. « Des fois, je vais lui demander : je fais plutôt ci ou plutôt ça ? Mais c'est des choses que j'ai envie de faire à ce moment-là. »

Dans la tête du chef

Trouver l'idée quand elle ne vient pas plonge dans la pénibilité, parce que cette désagréable expérience est totalement à l'opposé de l'idéal d'évidence qui domine la pratique culinaire. Toutes les pratiques culinaires, qu'elles soient traditionnelles, rapides ou passionnées. L'ancien régime imposait un cadre régulant l'action de façon régulière, et ce qu'il en reste (plutôt sous la forme de séquences de routines) devrait pouvoir lancer le corps dans des enchaînements d'automatismes. La cuisine rapide devrait alléger la portée des choix et les rapprocher des désirs des convives (pizza napolitaine ou au fromage : la fatigue mentale du chef reste limitée). Sans parler de la passion, qui efface les doutes par son envol. Ne pas trouver l'idée indique que l'on ne se situe dans aucun de ces registres, et qu'à vouloir être partout à la fois, on finit par être nulle part. L'urgence commande de reconstituer une évidence. Trouver l'idée, c'est aussi remettre le corps en marche en l'intégrant dans un régime d'action bien cadré.

Dès que le mouvement est relancé, divers contenus mentaux peuvent à nouveau envahir les pensées sans provoquer ni surcharge ni désagrément. Pas n'importe quels types de contenus cependant. Car chaque mode d'engagement culinaire implique une activité cognitive spécifique. La passion impulse des jeux d'images (représentant la famille, les repas, le chef-d'œuvre culinaire en cours de réalisation), qui mettent en scène des identités virtuelles ; la cuisine anime un savoureux petit cinéma intérieur [Kaufmann, 2004]. Les routines reposant sur des schèmes infraconscients bien installés libèrent les pensées, rendues disponibles pour des vagabondages insouciants (rêveries, évocations désordonnées). Ici peut prendre place un fond musical, ou même une écoute plus attentive de la radio [1]. Paule-Dauphine a pris cette habitude en semaine, elle agit en asso-

---

1. Une écoute attentive de la radio, mais pas la télévision, trop visuellement captivante pour que le chef puisse agir efficacement de ses mains. La télévision est réservée au repas, où la radio est moins présente.

ciation régulière avec ses émissions préférées [1], ses mains exécutant les chorégraphies apprises, cependant que sa tête est ailleurs. Dès qu'elles parviennent à libérer suffisamment leur esprit, Charlotte et Maryse préfèrent chanter. « Au départ, je suis obligée de me concentrer. Mais après je peux penser à toutes espèces de choses, il m'arrive même de chanter » (Charlotte) ; « Si je connais pas la recette, je suis concentrée. Sinon, je pense à rien, je chante » (Maryse).

Charlotte et Maryse ne chantent pas toujours. Il faut pour cela que les automatismes incorporés libèrent l'esprit. Or toute situation d'innovation, de complexité ou de dysfonctionnement culinaire oblige au contraire à se « concentrer », c'est-à-dire à guider consciemment l'action. « Je pense à ce que je fais, à rien d'autre. Je vais penser à la sauce, à la liaison de la sauce… « feux doux… tant de temps… ». Vraiment, je suis avec… je fais que ça. Même quand je l'ai déjà fait, c'est toujours nouveau… "Ça peut cramer…, comment je vais rattraper ça ?" » (Prune). Le chef est corps et âme dans ce qu'il réalise, tout entier regroupé dans son action. « Quand je fais la cuisine, je suis très dedans, je suis à fond dans ce que je fais » (Biscotte). Tellement à fond que la pression mentale ici aussi peut devenir intense. Mais contrairement à l'absence d'idée, elle n'est généralement pas désagréable. Elle vide même étonnamment la tête des discordances habituelles. « Je pense que cela vient de là que j'aime bien faire la cuisine, je suis rivée à ma cuisine, je ne pense qu'à ma recette » (Candy). La concentration regroupe l'individu sur quelques idées simples, rassurantes, débouchant sur un résultat très concret.

Seule une composante de la concentration peut introduire des perturbations mentales, voire de la pénibilité : la programmation et l'articulation des séquences d'action à venir. La raison en est simple. Cette activité particulière brise l'unification dans le présent. Le chef doit gérer des temporalités multiples, se projeter dans des séquences d'actions futures, avant de contrôler leur déroulement tout en restant concentré sur ce qu'il fait. Tant qu'il maîtrise

---

1. Sa cuisine ordinaire lui prend une à deux heures par jour.

relativement bien l'ensemble, cette donnée peut ajouter à la
concentration, l'impliquer encore davantage. Mais dès que
des dysfonctionnements font monter l'angoisse et l'agitation mentale, la gestion des programmations se transmue en
pénibilité. Le risque est si grand que le chef ne cesse de
développer des tactiques diverses pour diminuer tout ce qui
pourrait ressembler à une activité intellectuelle de planification, en renforçant les automatismes ou en fluidifiant les
enchaînements. Ceci explique par exemple que les appareils
incluant des programmations sophistiquées (fours, cafe-
tières, robots, etc.) déclenchent des résistances à leur usage
[Desjeux, Alami, Taponier, 1998]. Excepté les minuteurs,
qui au contraire peuvent décharger le chef en l'aidant dans
son contrôle d'une séquence de temps particulière. « Ça
m'est vraiment indispensable, parce que je pense souvent à
beaucoup de choses, beaucoup beaucoup trop d'ailleurs »
(Marjolaine).

Cet aspect est trop rarement pris en compte dans l'idée
que nous nous faisons de la cuisine. Cuisiner nécessite en
effet une véritable « intelligence programmatrice » [Giard,
1994, p. 222], qui est révélée dans toute son ampleur (par la
négative), quand un néophyte se trouve soudainement placé
dans le rôle de chef. Tel fut le cas de M. Chapman, après
son divorce, quand il dut faire à manger pour ses enfants. Il
n'aurait jamais imaginé une telle complexité intellectuelle
auparavant. « Au début, c'était dur pour moi, très dur, de
faire un truc aussi bête qu'un déjeuner du dimanche, je
courais dans tous les sens, une chose était prête avant l'autre
– je vous dis ça comme ça – la viande n'était pas cuite quand
les pommes de terre et les haricots étaient prêts. Quand la
viande était cuite, les légumes étaient froids. Il a fallu que je
mette ça au point, après pas mal d'essais et d'erreurs, pour
que tout soit prêt au même moment. » [1] Certes, l'habitude
permet d'incorporer aussi des schèmes d'articulations
temporelles, automatisant certaines associations. Même
M. Chapman s'en est mieux sorti par la suite. Mais cette
méthode ne vaut que pour la cuisine régulière, voire répéti-

---

1. Cité par Jacqueline Burgoyne et David Clarke, 1986, p. 36.

tive, comme elle l'était dans l'ancien régime. La moindre improvisation remet au premier plan la difficulté des projections dans l'avenir et du contrôle des temps. Il faut donc imaginer des procédés encore plus subtils. Bernard Conein et Éric Jacopin [1993] ont montré par exemple que le chef ne cessait de disposer des objets porteurs de signes minuscules, constituant autant de repères des futurs enchaînements et permettant d'éviter des oublis. Ainsi, le beurre peut-il être découpé en deux parties, et un couteau posé sur celle qui devra être découpée en petits morceaux le moment venu. Le couteau rappelle l'opération à effectuer, par une simple information visuelle ne chargeant pas les pensées. Certes, il a fallu que le chef l'installe de cette manière, à un moment d'implication dans une séquence de programmation. Mais le caractère manuellement manipulatoire et intuitif de l'action (poser le couteau) a évité une surcharge mentale. « Ainsi, l'effort nécessaire pour construire ce plan à partir des informations spatiales et perceptuelles est réduit au minimum » [*Idem*, p. 68].

« *Faire des petits tas* »

Tony aussi éprouve de la fatigue mentale à devoir articuler différentes projections temporelles. « Surtout la gestion du temps, pour que tout arrive à la fin, chaud, cuit à point. » Mais excepté ceci, la cuisine dans tous ses autres aspects a pour vertu de le détendre. « Je pense à rien, je pense à la cuisson, je pense au goût, je pense vraiment à rien, c'est pour ça que ça me détend, je suis concentré. » Ne penser à rien et être concentré (deux modalités pourtant à l'opposé d'un point de vue strictement cognitif) est équivalent dans son esprit. Car l'une et l'autre le délivrent d'autres pensées existentielles, angoissantes ou fatigantes. « La cuisine c'est mon anti-stress, c'est la seule que j'ai réussi à trouver qui me déstresse. En rentrant du boulot, ça me permet de souffler. » Comme d'autres vont « courir sous les arbres » jusqu'à la fatigue extrême provoquant un « bien-être solaire qui liquéfie les tensions » [Porel, 2003, p. 62], Tony s'immerge (plus ludiquement) dans sa cuisine. La cuisine peut s'avérer une thérapie. Candy l'utilise aussi de cette manière. « La cuisine ça me détend, j'ai moins à réfléchir. »

Quelques principes doivent toutefois être respectés pour atteindre ce résultat. Il convient bien sûr d'éviter toute sensation de pénibilité ou de surcharge mentale. Il faut donc, soit se laisser emporter dans un élan passionnel, soit se fonder sur des routines bien installées. Le chef doit être parfaitement regroupé sur lui-même. La thérapie atteint ses plus hauts degrés d'intensité quand il parvient à circonscrire encore davantage sa concentration, la fixant sur de simples manipulations tactiles. Oublier la cuisine, oublier sa vie même. N'être plus que ses mains, vivre par le toucher le plus élémentaire, le contact avec les matières, « tout au long des épluchages, découpages, pétrissages, cuissons et malaxages qui jalonnent la métamorphose du produit brut » [Frain, 2004, p. 97]. Retrouver par ces gestes le plaisir plein, à fleur de peau, de la prime enfance, la volupté du « tout-petit qui triture la terre mélangée d'eau » [Châtelet, 1977, p. 30]. Or « c'est aussi ça la cuisine, faire des petits tas qu'on malaxe » [Desbiolles, 1998, p. 24]. Le plus fort de la thérapie est dans la régression infantile.

L'enfant est un magicien, qui invente des mondes merveilleux par ses tripotages. Or le chef ne fait pas autre chose, à la seule différence que ses chimères à lui peuvent effectivement devenir réalité. La cuisine fabrique la famille par les repas. À travers bien des désagréments, des souffrances, des fatigues. À travers surtout des hésitations permanentes entre des hypothèses infiniment contradictoires. L'art culinaire le plus élevé est de savoir réduire cette complexité, de regrouper le chef sur ses évidences du moment. Encore mieux, de leur donner le poids de la concrétude, de les concentrer au plus sensible de ses manipulations tactiles. De cristalliser le nouveau syncrétisme fondant la famille par le mouvement des doigts annonçant le repas partagé. Le chef a parfois la vague sensation que ce n'est rien d'autre que l'avenir des siens qu'il façonne par ses malaxages. Il est dans ses mains, il est sa famille, sa famille est dans ses mains.

L'inversion du temps

La manipulation tactile a pour autre vertu de plonger dans le présent, imposant un rapport particulier au temps. Elle le dilate, bloque sa fuite, annihile se pénible tyrannie. Ce n'est pas parce que l'on a du temps que l'on cesse de courir après le temps ; c'est parce que l'on cesse de courir après le temps que soudainement, miraculeusement, l'on a du temps. L'inversion du rapport au temps ne se produit pas par hasard, et il ne suffit pas de la décréter. Elle résulte de mécanismes précis que la cuisine permet de bien comprendre.

Commençons par l'ancien régime. Les pratiques culinaires y étaient cadrées par des socialisations constantes. La cuisinière était solidement inscrite dans son rôle, qui déroulait des guides de comportement. Elle rêvait certes, mais ces rêves ne prenaient pas la forme de projections identitaires susceptibles de reformuler l'action [Kaufmann, 2004]. En conséquence, le temps disponible était une sorte de matière molle et neutre, adaptée au système de pratiques, qui était fait de gestes inscrits dans un rythme régulier, généralement assez lent. « La cuisine traditionnelle pour que ce soit bien fait faut pas être pressée, faut avoir beaucoup de temps » (Madeleine). Dans cette posture particulière d'ailleurs, le problème majeur qui apparaissait le plus souvent n'était pas le manque de temps, mais au contraire la difficulté à le remplir, voire à le « tuer » quand le trop de temps ouvrait des vides existentiels menaçants. « Faut tuer le temps aussi », dit encore aujourd'hui Maryse, qui préfère pour cela ne pas avoir de lave-vaisselle. La vaisselle à la main, comme la cuisine, « ça occupe aussi ». La nécessité devient alors vertu. « C'est agréable, j'aime bien prendre mon temps. Moi j'aurais bien aimé vivre dans les années 1950. On prenait son temps à cette époque-là. »

La seconde modernité introduit un bouleversement majeur du rapport au temps. L'unicité traditionnelle fait place à une diversité des options ; l'individu a à sa disposition plusieurs modes d'engagements temporels. Les contraintes de l'existence peuvent cependant réduire ces choix. Ainsi, les femmes en âge de travailler, qui ont développé leur implication professionnelle sans être pour autant déchargées des activités familiales [Fagnani, 2000], sont-elles souvent condamnées aux rythmes élevés et au manque de temps. Y compris dans les situations les plus extrêmes toutefois, les arbitrages sont omniprésents, prenant même un caractère plus nerveux. La société contemporaine incite à la formulation de projections identitaires, au visionnage imaginaire de « soi possibles » [Markus, Nurius, 1986] pouvant déboucher sur des projets d'actions. Le problème vient de l'inflation de ces soi possibles, beaucoup plus nombreux que les soi concrètement réalisables. L'individu, qui avait déjà dû faire le deuil d'identités imaginaires trop improbables, doit donc faire en plus le deuil de soi pourtant très possibles. Situation désagréable ; il a envie de toutes ces séquences biographiques variées, à portée de main. Le temps dès lors n'est plus une matière molle et neutre, mais se transforme en denrée rare, toujours insuffisante au regard des scénarios entrevus. Plus le temps accélère sa course, plus il semble paradoxalement manquer. Car il provoque par cette accélération l'excitation des projections nouvelles, et rend plus difficile l'adéquation avec les mouvements du corps. Ceci explique la singularité de la cuisine rapide, pénible parce qu'on n'a pas le temps alors que l'on agit plus vite et de façon sommaire. La raison n'est pas dans un manque de temps objectif, mesurable dans l'absolu. Mais dans le décalage entre l'action et la représentation de l'action. Bien qu'il fasse vite, le chef rêve de faire encore plus vite, pour être rapidement ailleurs, dans une autre séquence existentielle (manger, se détendre, travailler). Or c'est juste-ment parce qu'il est ailleurs, dans un autre lui-même, que le temps s'enfuit. Il lui faudrait au contraire soit être complè-tement absent, soit être pleinement là, pour que le temps stoppe sa course et se dilate.

L'oubli de soi dans la manipulation tactile arrête la course infernale du temps. Une simple routine bien établie peut produire le même effet. Il n'y a pas alors de décalage avec les mouvements du corps puisque les pensées ont disparu ; le chef rêvasse ou écoute la radio. La gestion de programma-tions complexes, bien qu'elle soit pénible, unifie également dans l'action ; le chef est tout entier à ce qu'il fait. Sans dilater véritablement le temps, elle stoppe ainsi sa fuite. Les qualités de l'inversion du temps sont donc très différentes selon les méthodes employées. La cuisine-passion est de ce point de vue remarquable. Certes, elle ne dilate pas aussi bien qu'une manipulation réussie ou qu'une routine solidement incorporée. L'excitation passionnelle peut même faire défiler le temps (ce qui n'implique toutefois aucune pénibilité). Mais ce temps a un goût. Par sa légèreté caressante, par l'étrangeté de sa longue durée, que le chef « ne voit pas passer » (Prune), il a la saveur du don de soi amoureux, attentif aux désirs et réalisant l'intensité familiale. « Hum ! C'est vachement bon ! Mais comment tu fais ? Comment tu trouves le temps ? » Et moi je leur dis : « Ça a besoin de mijoter, c'est tout ». « Oui mais attend, des trucs comme ça, y a que grand-mère qui en faisait » (Prune). Surtout, le chef étant pris par son engagement passionnel, il veut pouvoir le vivre dans les meilleures conditions. Contrairement à la manipulation ou aux routines, qui dilatent le temps d'une façon involontaire, ici le positionnement temporel est délibéré. Dès le début le chef installe les conditions d'une perception inversant l'habituelle fuite du temps. « Quand c'est vraiment pour cuisiner, de la vraie cuisine, faut prendre le temps, faut vraiment prendre son temps » (Olivia).

Il y a cuisine et cuisine. Presque toutes les personnes interrogées ont commencé l'entretien par cette mise en regard des deux régimes d'action opposés. Or c'est le rapport au temps qui les différencie le plus. Les réponses ont été très explicites sur ce point. D'un côté, la cuisine rapide, que l'on rêve encore plus rapide, pénible pourtant parce que l'on manque de temps. « J'achète très souvent des choses toutes prêtes, des salades, du jambon, des potages, un beefsteak » (Charlotte). De l'autre, la cuisine-plaisir, où l'on prend tout son temps. « Le samedi et le dimanche, je passe du temps, beaucoup plus de temps. » Charlotte oppose la semaine (cuisine rapide et même très rapide) et le week-end où elle s'adonne à sa passion. Elle a cependant un peu de temps dans la semaine, mais elle l'occupe à préparer le week-end : elle cherche des recettes, évoque des possibilités avec son mari, commence à préparer sa liste de courses deux jours à l'avance. Pour Biscotte, la projection est encore plus lointaine : « Je cherche longtemps avant le plat que je vais faire, je prépare toute la semaine ». Hélas, le moment venu, les plans ébauchés sont généralement abandonnés. Biscotte se contente de passions platoniques. En s'évadant dans ses rêves culinaires, elle goûte cependant un peu à ce temps particulier, ce temps d'abondance amoureuse où disparaissent les soucis de la vie. La rupture passionnelle est parfois plus brève, surgissant à l'improviste, en pleine cuisine ordinaire. « Que ce soit quinze minutes de plus, je m'en fous si je m'ennuie moins. » (Clémentine). La rupture s'inscrit dans un retournement temporel. Melba a longuement décrit le contraste entre les deux temporalités culinaires, ces moments où « on est à la bourre, il n'y a pas le temps de rêver » ; et ceux au contraire où elle s'installe d'abord dans l'idée lui disant qu'elle a tout son temps, et que le rêve est non seulement permis mais conseillés. Elle explique aussi comment cette inversion du temps change le rythme corporel. Quand elle est « à la bourre », ses gestes sont secs, vifs, sans affects. Le week-end, ils se font plus lents et caressants, au son de la musique. Le temps long est également plus doux.

Madeleine évoque son passé. Elle se souvient du rythme intense pour parvenir à faire face, la cuisine ordinaire étant sacrifiée. « On travaillait, on n'avait pas le temps dans la semaine. » Mieux valait la bousculade pour qu'un autre temps soit préservé. « Mais le week-end alors, on prenait tout le temps pour faire la cuisine. Et puis, c'était l'occasion pour parler [1]. La convivialité en fin de compte, c'était ça. » Aujourd'hui à la retraite, et les enfants partis du foyer, les contraintes ont disparu. La rupture temporelle se maintient pourtant assez nettement. « La semaine c'est des choses simples. » Madeleine n'hésite pas à attendre le dernier moment, vivant sur la réserve stockée dans le congélateur. La cuisine est vite expédiée. « Mais le week-end, c'est cogiter… oh ! je me dis déjà le vendredi : "Qu'est-ce qu'on va préparer

---

1. Elle évoque ici les repas, eux aussi plus longs le week-end.

pour dimanche ?". Et je varie. Il faut que ça change. » La tradition du dimanche festif explique une part de cette bitemporalité. Elle n'explique pourtant pas tout. Madeleine sépare ses cuisines de façon volontaire. Elle ne pourrait plus renoncer à ses ruptures de rythmes, à sa double vie.

La petite touche

Les interviewés exagèrent l'opposition entre semaine et week-end. Ils ont raison sur le fond, car deux modèles antagoniques partagent effectivement le temps. Ces modèles ne divisent cependant pas aussi nettement semaine et week-end. Ainsi, Madeleine parle-t-elle abusivement de « week-end », exagération simplificatrice qui masque le caractère léger (et souvent rapide) des deux dîners de fin de semaine, et l'irrégularité festive du samedi midi. La cuisine du « week-end » n'est pleine et entière qu'au déjeuner du dimanche. La passion d'ailleurs, ne saurait être régulière, et encore moins institutionnalisée. Elle ne se commande pas, et est donc sujette à variations. Le rêve du chef en week-end est celui du temps long et doux, de la cuisine relaxante et sensuelle ; la réalité est beaucoup plus incertaine et variable. Inversement, la semaine n'est pas que temps qui s'enfuit, routines, pénibilité. Bien au contraire (et c'est même peut-être là le plus secrètement intense), de brèves séquences d'engagement passionnel peuvent soudainement l'illuminer.

La dominante est l'idée de la simplicité et de la rapidité. Le chef ne se fixe pas des objectifs démesurés. Il bricole des liens entre séquences routinisées et aliments prêts-à-manger ou presque, il fait la chasse à la pénibilité provoquée par sa course contre le temps. Et soudainement, il a une envie. « C'est plus fort que toi, c'est l'art ça, je rigole pas hein ! T'as envie, tu sens un truc, il faut que tu fasses. Pas le David de Michel-Ange, hein ! C'est peut-être qu'un cornichon que tu vas couper en lamelles sur le jambon. Ben, il est pas obligatoire, il était pas prévu le cornichon ; c'est l'inspiration, et faut que tu fasses. Même quand t'as pas trop le temps des fois, il faut que tu mettes ta petite touche. » Emportée par le drolatique de ses propos, Cannelle en rajoute un peu. Elle exprime pourtant très bien (et sur le fond avec une grande sincérité) l'impulsion de la « petite touche ». Sa spécialité dans ce domaine (plutôt que le cornichon) est un usage abondant des épices, qui aurait pu l'induire en erreur dans sa façon d'analyser la petite touche. Car l'idée commune est que la touche personnelle est un simple ajout ; comme on ajoute du poivre ou du sel. Ce qu'elle est effectivement parfois. Mais ce qui la caractérise dans ses formes les plus abouties est beaucoup plus intéressant. Elle est fondamentalement une rupture de positionnement, inversant (brièvement) le rapport au temps ; le chef a un coup de passion traversant son ordinaire.

La passion, inutile de le rappeler, n'est pas contrôlable. Parfois, une « petite touche » entraîne dans une action beaucoup plus prolongée que prévue. Tel est d'ailleurs souvent le cas pour Cannelle avec ses épices. Elle croit juste ajouter, mais elle goûte, rectifie, pense à un nouvel ingrédient, etc. Le caractère gratuit et inopiné de la petite touche peut, dans l'instant, lui donner une intensité existentielle que n'ont pas toujours les grands élans culinaires longuement programmés et devant se maintenir dans la durée. La plupart du temps cependant, elle se canalise dans le registre d'une « inventivité modeste » [Giard, 1994, p. 300]. Plus pragmatiquement encore, elle est souvent utilisée dans un dosage savant visant à briser les effets néfastes de la routine ou à atténuer la pénibilité. Le chef ébauche un engagement passionnel pour dynamiser son corps, mais en veillant bien à ce qu'il ne l'entraîne pas trop. Michel-Ange est bien loin. « Je ne vais pas m'en débarrasser au plus vite, mais je vais pas non plus passer des heures » (Hortense). La séquence artistique est intégrée dans une économie d'ensemble qui reste dominée par la maîtrise de l'engagement. « J'améliore, je mets ma touche. Il faut que j'arrive à trouver quelque chose de varié, vite fait et pas cher » (Clémentine). La cuisine ordinaire est un malaxage permanent de régimes de pensée et d'action que tout oppose. La petite touche est un grain de passion en terre hostile, que le chef ne laisse guère s'épanouir avec ampleur.

Toute une organisation

Les séquences d'engagement passionnel sont d'intensité et de durée très variables. La petite touche est une modalité brève, aux contenus divers (du simple ajout distancié jusqu'à l'inspiration artistique ardente). Les coups de cœur peuvent impliquer un enchaînement plus durable. Par exemple quand Tony prépare ses ambiances rituelles des soirs de semaine. Plus intenses encore, les événements exceptionnels nécessitent à la fois un travail important et une longue préparation, pensée très à l'avance. Il peut s'agir des fêtes de fin d'année, d'invitations amicales, mais aussi de la cuisine festive plus habituelle dans certaines familles, qui se mobilisent autour de ce temps fort.

Le point de départ est la décision, impulsive et relativement aisée pour les uns, longuement mûrie pour les autres, qui hésitent entre les deux séquences de vie qui se présentent à eux. Soit la continuation de l'existence usuelle, quelque peu ennuyeuse mais tranquille, soit le saut dans un emballement culinaire. « Le plus dur pour moi, c'est de prendre la décision. Quand on a décidé, je vois pas comment on pourrait pas aller au bout de ce qu'on a commencé. Le temps ça ne compte plus une fois qu'on a pris la décision » (Suzette). La deuxième étape, plus ou moins marquée selon les personnes, est occupée à la rêverie, la projection imaginaire dans cette rupture existentielle, de façon libre, plaisante et gratuite ; le véritable travail mental n'est pas encore engagé. « Évidemment – tu pourrais me dire – je pourrais faire autre chose de ma journée que de penser à ma recette du samedi soir. Mais moi, ça me détend. Ça m'évite de penser à un dossier, tout ça, des problèmes de personnel compte tenu de mon boulot. Ça me détend. Mais ça n'empêche pas qu'il faut quand même réfléchir. Faut que ça soit rationnel » (Candy). La pure rêverie n'a en effet qu'un temps, le chef doit modifier son activité cognitive, abandonner un peu le jeu d'images agréables pour s'adonner à des réflexions plus froides et serrées. Le projet prend forme, le chef se transforme en stratège, l'esprit bientôt totalement pris par la bataille à venir. « Ah là, quand

j'ai des invités, là, je pense à rien d'autre ! » (Hortense).
Dernière étape avant le lancement des hostilités : la mise au
point du plan définitif. Car, contrairement à la cuisine rapide,
à la petite touche ou aux coups de cœur, ici l'action est plani-
fiée. C'est même, comme le dit plusieurs fois Candy, « toute
une organisation ». Un vrai labeur. « Recevoir, c'est
travailler un bon moment, faut s'organiser » (Melba). Une
activité très sérieuse, contrastant avec ce qui en sortira (la
convivialité joyeuse) au moment du repas. « Je me lève tôt,
c'est vraiment sérieux quoi » (Charlotte). L'organisation se
déploie d'abord à un niveau mental (avec comme support la
rédaction de listes). « Il faut que je m'organise. Je note. Je
note tout ce qu'il me faut. Je vérifie ce que j'ai à la maison
pour pas acheter en double. C'est toute une organisation, ta
tête est occupée. Je crois que c'est ça le plus pénible »
(Candy). Puis, la date approchant, certains objets commencent à être mis en place. « J'ai une organisation au préalable, c'est toute une organisation. Il faut que je sache ce
que je veux faire, que j'ai tout ce qu'il faut » (Candy).
Amandine commence le vendredi pour ses invitations du
lendemain soir. « Il y a plein de petits trucs à préparer. Par
exemple, éplucher plein de légumes, je prépare dans des
petits bols la veille. » Chaque aliment est mentalement situé
dans une trajectoire d'évolution que le chef essaie de croiser
avec d'autres trajectoires dans sa tête, jusqu'au final, dans
l'idéal parfaitement coordonné. Les préparations à
l'avance, outre leur nécessité fonctionnelle (libérer le chef
pour ses derniers coups de main) constituent autant d'indicateurs visuels déchargeant un peu le mental.

L'engagement suit un crescendo. Pourtant un peu soulagé
par ses travaux préparatoires, le chef se sent progressivement pris par la montée en puissance de l'action. L'intensité
de sa concentration (liée notamment à la coordination des
projections temporelles) densifie et excite l'événement
annoncé. Tout fait bloc : la sauce, la famille (ou les amis),
la décoration de la table, les odeurs. Il pense à ceci ou cela
sans aucune hiérarchie, ni sans distinguer les divers ordres
de réalité auxquels renvoient ses idées. La seule priorité qui
soit donnée est l'action, dans ce qu'elle a de plus concret et

urgent. Ses mains sont le centre du monde, elles regroupent et cristallisent par leur mouvement, en une seule œuvre culinaire. « Ah ! J'aime bien. Surtout quand ça se présente bien, que ça sent bon, tout ça » (Amandine) ; « Je fais tout jusqu'au bout, quand j'y suis, j'y suis » (Suzette). Le point d'orgue est atteint quand tout est enfin prêt, si possible au moment où les convives sont arrivés et passent à table. La séquence qui suit est très intéressante. Le chef devrait pouvoir se détendre, goûter les compliments tout autant que ses propres exploits culinaires. Hélas, il n'a plus très faim ! « Je pourrais très bien leur servir ce que j'ai fait et ne pas manger, ça ne me gênerait pas du tout » (Charlotte). Les interviewés ont multiplié les explications techniques. Ils avaient trop testé, grignoté, léché, parfois plus que le strictement nécessaire ; et ils n'avaient plus aucun effet de surprise. « J'ai trop eu l'odeur dans le nez pour avoir encore envie d'en manger » (Clémentine). Tout cela est vrai, mais secondaire, l'explication principale est ailleurs. Il suffit d'observer les chefs à table pour comprendre : ils sont un peu absents, comme en phase de récupération après que l'excitation soit retombée, incapables d'être attirés par un autre type de passion. « Après, à table, c'est pas désagréable, mais c'est fini en fait, c'est terminé, c'est plus pareil. C'est avant, quand je prépare, que j'avais plus de plaisir » (Amandine). Plus l'organisation a été complexe, la concentration intense et les émotions vives, plus une distance se crée entre le chef et le repas. Il s'est trop identifié ailleurs pour être pleinement là face à son assiette. Ceci explique que certains chefs développent des tactiques (cuisine simplifiée, préparations à l'avance) pour se sentir davantage disponibles, physiquement et mentalement. Mais revenons à notre chef à table, un peu absent. En réalité, contrairement à ce que dit Amandine, tout n'est pas vraiment terminé pour lui. Malgré la retombée émotionnelle, il se sent encore mobilisé. « J'ai toujours quelque chose en tête : est-ce que c'est cuit, est-ce que ceci ou cela... » (Clémentine). C'est seulement lorsque les convives sont sur le point de partir que la tension chute définitivement. « Quand t'arrives au café, que c'est fini, que les gens vont

bientôt se casser, là t'es contente. Là tu peux te reposer »
(Clémentine). Le repas constitue donc une sorte d'entre-
deux assez indéfinissable pour le chef. Il a coupé le plus
gros de son effort et de sa concentration, sans pouvoir se
relâcher totalement. Il n'est plus autant la tête dans son
« organisation », sans pour autant la quitter vraiment. Il
subit un relâchement, mais sans avoir la possibilité de se
détendre réellement. Il est donc ici sans y être et en vérité
nulle part, un peu absent.

Stress

Certains chefs préfèrent moins préparer pour être disponibles, d'autres n'abandonneraient pour rien au monde leur
plaisir solitaire d'avant le repas. Les variations sont également très grandes concernant le types d'émotions qui nourrissent le crescendo. Notamment autour de l'intensité et des
qualités particulières du stress. Tous les chefs ou presque
connaissent au moins un peu le stress quand l'organisation
est complexe, car il n'est rien d'autre qu'une conséquence
de la concentration extrême. Mais à ce stress dû à la pression mentale s'ajoute souvent pour certains un stress
d'angoisse, lié à la fois à l'évaluation incertaine de leurs
compétences, et aux modalités de leur engagement dans
l'événement. Les cas de figures sont multiples. Il y a les
chefs aux compétences culinaires effectivement limitées et
qui le savent (ceux qui l'avouent publiquement en tournant
le sujet à la plaisanterie, et ceux pour qui les réceptions sont
un martyre). Il y a les chefs beaucoup plus doués, mais qui
n'arrivent pas à prendre confiance en eux, comme Amandine, sans doute parce qu'elle doit sans cesse subir de désagréables remarques familiales. « J'ai vraiment peur de rater
un truc. Je me sens toujours un peu amateur. » Il y a les
chefs très sûrs de leur art, et particulièrement décontractés.
« J'ai pas peur de me lancer. J'aime bien quand j'invite des
amis, de faire une recette que j'ai jamais faite. Ça permet de
découvrir de nouveaux trucs » (Savarin). Biscotte représente sur ce point un cas extrême. Elle fait des recettes
nouvelles, sans les tester, et n'hésite pas à commenter abon-

damment en direct devant ses invités les aspects qu'elle considère ratés.

Et puis il y a tous ceux, quelles que soient leurs compétences, qui sentent soudainement qu'ils vont se faire évaluer. Ils n'y avaient pas pensé, ou très peu, lors de la prise de décision, ils étaient plutôt portés par des images de convivialité ou de plaisirs gustatifs. Mais à mesure que gonflait « toute l'organisation » et que le terme se rapprochait, l'angoisse, irrésistiblement commençait à leur serrer la gorge. Une angoisse assez incompréhensible au demeurant. Car de quoi s'agit-il ? De passer un bon moment ensemble, simplement, qui plus est avec des amis. Pourquoi donc s'en faire ainsi ? Pourtant l'angoisse finit-elle par atteindre des sommets chez certains. « Ah là là ! Qu'est-ce que je stresse, qu'est-ce que je stresse ! Déjà la veille, je m'endors pas, j'ai la tête toute chamboulée dans cette histoire » (Paule-Dauphine). Elle a malgré tout réussi à se calmer un peu : « Quand j'étais jeune, c'était carrément la panique. » L'évolution la plus courante est cependant plutôt dans l'autre sens, comme pour Suzette : « Dans les grandes occasions, je panique plus qu'avant parce que… je stresse même pour faire mes courses, même pour faire plein de choses. Y a moins de plaisir. »

Le chef pris par l'angoisse comprend mal ce qui lui arrive, et tente même parfois (vainement) de se raisonner. Le problème est que cette irrépressible montée émotionnelle ne vient pas par hasard. Nous avons vu combien les réceptions amicales étaient désormais dominées par la gentillesse, la générosité, la douceur, dans un rêve de communion groupale. J'ai néanmoins signalé que les convives tiraient le bilan de la soirée, et que l'amitié était un lien vivant, qui dépendait de la qualité de ces moments forts illustrés notamment par les repas. Les amis tiennent un double langage. Celui, très sincère, de la communion aussi parfaite que possible autour de la table. Et celui de l'analyse, ensuite, lorsque chacun est rentré chez soi. Les enjeux sont donc considérables. Non seulement le chef peut être évalué négativement sur sa prestation, en tant qu'individu. Mais c'est aussi et surtout le lien social qui est en cause, l'avenir de la relation. Ce qui pèse sur les épaules du chef va bien au-delà d'un simple repas. Les bienheureux qui ne ressentent pas l'angoisse conservent leur béatitude parce qu'ils ignorent cette face cachée de la cuisine. Hélas, cette naïveté n'est plus tenable quand les expériences traversées révèlent ce que le chef ne veut pas voir. Comme dans cette anecdote racontée par Maryse, au sujet d'une tante qui, il y a des années, avait organisé le grand repas familial rituel. Elle avait eu une envie, une idée de changement : des cailles aux raisins. « Personne n'en a mangé de ses cailles ! Mais quelle idée aussi elle a eu de nous faire des cailles !! ». Sa voix a monté d'un ton, vibrante, elle ne comprend toujours pas cette erreur incroyable. Le récit contant l'histoire des cailles est devenu une sorte de mythe négatif dans la famille. Les cailles aux raisins, fort appréciées ailleurs, sont devenues ici l'emblème de la distension d'un lien qu'elles ne faisaient sans doute que révéler.

Les retombées

Les invités une fois partis, le chef peut-il enfin se relâcher ? Hélas non ! Il lui reste la vaisselle. « J'adore préparer, mais je déteste après, laver, ranger, tout ça. J'aime pas du tout, du tout, du tout, du tout. Gratter les fonds de casseroles, des choses comme ça, j'ai horreur de cela. Et en plus j'aime bien qu'elles soient propres, alors ça me pose un problème » (Amandine). Le chœur des chefs est unanime. Même ceux pour qui la vaisselle n'est pas habituellement un problème évoquent la soudaine pénibilité qui les écrase ; leur corps devient lourd. Car les tas informes et malodorants dépassent largement la capacité structurante des routines ordinaires. Le caractère inhabituel des objets accumulés, leur quantité impressionnante, le rythme insolite de la journée ; tout concourt à briser les routines qui quotidiennement facilitent la vie. Le chef est nu, privé de repères dans cet univers étranger peu ragoûtant. Ce qui lui arrive alors (certes désagréable pour lui-même) est passionnant pour le sociologue. Je rappelle les épisodes précédents. Il y avait eu la décision, puis l'imaginaire délicieux, la pression mentale de « toute l'organisation », enfin la montée en puissance des coordinations temporelles, de la concentration, de l'activisme et du stress. Toutes ces étapes s'inscrivaient dans une même rupture du régime de pensée et d'action. Les cadres ordinaires de la socialisation et la vie tranquille des automatismes anciens avaient été abandonnés au profit d'une projection identitaire tournée vers un avenir à réaliser. Ce but, continuellement remémoré, produisait l'énergie nécessaire. Car telle est la grande différence avec la routine bien installée : la projection identitaire doit renouveler constamment la production d'une énergie mettant le corps en mouvement. Stress, angoisse, images idéalisées, auto-persuasion, rationalité technique : tout est bon pour reconstituer l'évidence de l'irrésistible marche en avant. Mais quand les invités sont partis, cette architecture mentale particulière commandant l'action s'effondre (puisqu'elle était tournée vers un but qui a été atteint). Le chef est vidé de son énergie, sans pour autant pouvoir réinstaller facilement les routines habituelles. Comment va-t-il procéder ? Olivia l'explique très bien. « Après la fête, c'est vrai que c'est le souk, c'est une corvée. C'est sûr que les gamelles, tout ça… mais on n'a pas le choix. Ça fait partie quand même de la fête. Et puis après t'oublies ça, tu ne gardes que les bonnes choses. » La tactique est double. Se convaincre de l'obligation, essayer de penser le moins possible, comme dans une routine bien rôdée. Mais parallèlement, se bombarder d'images de ce qui vient de se passer, pour injecter de la signification dans les derniers gestes à accomplir. « Comme tout le monde, personne n'aime ça. Mais à partir du moment où on se lance, ça en fait partie » (Eugénie). Prolonger l'élan, même si le cœur n'y est plus.

La cuisine repose sur une mécanique extraordinairement complexe. Avec talent et lucidité, les personnes interrogées parviennent à en exprimer certains rouages. Mais elles le font nécessairement en simplifiant. Elles opposent un peu trop clairement semaine et week-end. Et évoquent les retombées pénibles surtout à la fin, quand les invités sont partis. Or la montée en puissance n'avait pas connu que l'exaltation joyeuse. Il y avait eu hélas la pression mentale de l'organisation et de la coordination temporelle, les diverses gammes de stress ; émotions négatives qui avaient été recyclées pour produire l'énergie. Il y avait eu aussi des séquences de pénibilité plus physique, face à des objets ou matières (légumes à éplucher, rangements, vaisselles intermédiaires), qui par leur masse rébarbative, ne parvenaient plus à être intégrés dans la projection imaginaire créant l'élan. « Du désordre, il y en a toujours. Bon ben, je range, faut bien passer par-là ! » (Candy). Privé du support des routines habituelles, le chef doit habilement manier l'alchimie des sensations pour combattre le négatif par le positif ou convertir le négatif en élan [Kaufmann, 1997]. Le cœur est à l'ouvrage. Car tel est le prix émotionnel à payer pour tout individu s'engageant dans un régime d'action passionnel, y compris quand il s'agit des passions les plus ordinaires. « La passion est une épreuve obstinée, un drame fait d'un mélange inextricable de souffrance et de jouissance » [Bromberger, 1998, p. 28]. Plus la montagne sisyphienne de « toute l'organisation » est élevée, plus les retombées émotionnellement pénibles sont nombreuses, plus le chef doit trouver les ressources imaginaires lui donnant l'énergie de poursuivre l'escalade jusqu'au sommet. Au moindre relâchement, à la perte de sens de ce qu'il fait, certes il continuera (désormais par devoir), mais l'élan perdu alourdira sourdement le poids des gestes. « Là où ça me pèse, c'est quand on est nombreux, qu'il y a beaucoup de pluches, des choses comme ça. C'est vrai que c'est quand même une corvée d'avoir beaucoup de monde » (Marjolaine). Avoir beaucoup de monde n'est pas toujours une corvée. Il suffit que le chef s'identifie à la projection existentielle en rupture avec l'ordinaire. Qu'il ait le désir de vivre cette aventure et soit disposé à être pris par l'événement.

Des recettes dans le placard

Le chef qui se lance dans « toute une organisation » rompt avec l'ordinaire de la vie. Il sort du cadre habituel canalisant son action (rôles établis et schèmes incorporés) pour s'engager, à force d'imaginaire et d'émotions mêlées, dans un univers d'invention de l'avenir culinaire et relationnel. À la différence de la « petite touche », impulsion brève, ce registre alternatif de l'action nécessite une « organisation », c'est-à-dire surtout des repères conscients, remplaçant les habitudes usuelles. D'autres supports sont les bienvenus pour renforcer cette architecture complexe surchargeant le mental (listes, objets-signes, etc.). Les recettes interviennent ici, précieuses par leur précision guidant l'action. Elles sont parfois utilisées pour rompre avec l'ordinaire lors d'un repas qui n'a rien d'exceptionnel ; c'est alors la recette et elle seule qui produit le petit événement. Inversement, le chef peut préférer réaliser un plat qu'il maîtrise parfaitement pour une grande réception ; c'est alors le repas qui produit l'événement et il ne veut pas prendre le risque de le rater. L'enquête a cependant montré que très souvent les deux ruptures sont combinées : le chef n'hésite pas à se lancer dans une œuvre novatrice au moment où les enjeux relationnels font pourtant monter la pression. L'explication de cette curiosité tient d'abord à la logique d'ensemble du processus, l'entrée dans une autre séquence existentielle, marquée par l'inclination à la rupture de l'ordinaire. Mais elle tient aussi et surtout à la cohérence des modalités cognitives de cette séquence alternative. Ayant quitté ses automatismes habituels, le chef (au cerveau bouillonnant d'images, émotions et réflexions) tend à privilégier des repères mentalisés, et à s'inscrire dans des disciplines explicites. Ceci éclaire un paradoxe relevé dans l'enquête : la posture très scolaire du suivi des recettes lors d'innovations majeures. Certains chefs sont plus intuitifs, et interprètent toujours les recettes à leur idée, à partir d'une base de connaissance qui leur est propre. Eux aussi cependant agissent plutôt ainsi pour des petits repas sans conséquences (comme Olivia, spécialisée dans l'art d'accompagner les restes), se faisant plus suivistes pour de grandes occasions. Suzette, qui n'est pas dans la catégorie des intuitifs, résume parfaitement la singularité du rapport entre le chef et sa recette. « J'aime bien innover, mais je ne suis pas très imaginative. Je vais regarder je ne sais pas combien de fois la recette quand je fais un nouveau plat. » La soumission totale au guide, l'obéissance aveugle, sont les conditions paradoxales de l'innovation. « Faut respecter. Quand on connaît pas, faut respecter » (Bélangère). Plus le chef obéit docilement, plus il entre dans un monde culinaire inconnu, plus il s'approprie ce qui va lui permettre de produire une rupture de l'ordinaire. La portée d'une telle observation dépasse largement le cadre de la cuisine : ce n'est pas simplement en s'isolant que l'individu devient plus libre et créatif, mais aussi en se nourrissant humblement du social. L'expérience des autres (ici consignée dans des livres) nous permet de nous inventer différents.

Les recettes ont également un autre usage : constituer le manuel du chef débutant. Il ne s'agit pas ici de rompre avec l'ordinaire mais de l'établir. La grand-mère de Clémentine lui avait offert un livre de cuisine pour sa mise en ménage. Clémentine s'était moquée de ce cadeau d'un autre âge. Sa grand-mère se trompait d'époque, les femmes n'entraient plus aujourd'hui dans la vie adulte en apprenant à devenir de bonnes cuisinières. Le livre avait donc été oublié sur une lointaine étagère. Un jour, elle l'ouvrit, et depuis il est devenu sa « bible », utilisée presque quotidiennement. Elle ne fait ses courses que deux fois par mois, accumulant un stock assez imposant, sans trop d'idées préconçues sur les réalisations finales. L'heure du repas approchant, elle choisit un aliment (par exemple, du poulet), et consulte aussitôt sa bible. « Poulet ? Hop là ! Poulet. Comment cuit-on le poulet ? Avec quoi accommode-t-on le poulet ? ». Elle est alors « très concentrée » sur sa lecture, suivant la recette à la lettre, vite déstabilisée quand les enchaînements n'évoluent pas comme décrits dans le texte. Son livre a déjà la patine (graisseuse et sucrée) que confère l'usage à défaut du temps. Les chefs plus expérimentés conservent souvent leur ancienne bible des débuts, livre devenu un peu vieillot mais auquel ils restent très attachés, le considérant inégalable. « Les nouveaux c'est tout beau mais c'est pas pareil. Il y avait vraiment les vraies bases dans ces vieux livres-là » (Madeleine). Ils s'y reportent encore parfois, quand un automatisme ou la mémoire ont une défaillance. Quelques chefs continuent à les alimenter de façon plus active.

Comme Paule-Dauphine, qui tient à jour un cahier, où elle note ses recettes favorites.

L'usage dominant est cependant aujourd'hui différent, la recette est plutôt utilisée comme instrument pour opérer une rupture existentielle. Cette modalité nouvelle explique le décalage considérable entre l'intérêt pour les recettes et leur utilisation réelle. Car autant le rêve d'une vie différente est fort, autant il n'est pas toujours simple de le concrétiser. Les placards sont donc remplis de livres, et encore plus de papiers découpés qui attendent (vainement) leur heure. « Je vois une recette qui me plaît, hop ! Je la découpe. Faut voir tout ce que j'ai accumulé ! » (Olivia). Maryse aussi découpe et découpe sans cesse, accumule les papiers sans plus les regarder ensuite. Pourtant, au moment où elle découpe elle y croit, elle s'y voit vraiment, et c'est pourquoi elle continue à le faire malgré les placards débordants. « Je me dis : je pourrais faire ça un jour. » Elle regarde aussi régulièrement une émission culinaire à la télévision. « Oh ! Il y a des recettes qui sont simples, et puis bonnes, hein ! Que tu peux faire par la suite. » Les a-t-elle souvent faites pour savoir qu'elles sont bonnes ? Non, pratiquement jamais. Mais c'est évident qu'elles sont bonnes, ça se sent, c'est comme si elle les avait réellement goûtées. Dans la pratique, Maryse préfère s'en tenir à son expérience acquise ; elle utilise très rarement une nouvelle recette. Est-elle illogique ? Ce serait ignorer que la vie n'est pas pure rationalité. Rompre avec l'ordinaire nécessite une puissante activité imaginaire préalable. Qui, comme tout imaginaire, prend ses libertés : il faut savoir délirer un temps pour que des scénarios alternatifs se mettent en place. Il faut savoir délirer au-delà de ce qui sera vraiment programmé puis réalisé. Certains, comme Maryse, préfèrent même s'arrêter à ce stade. L'identification risque toutefois de se fragiliser s'il n'y a pas, au moins de temps en temps, une concrétisation. Candy passe à l'acte un petit peu plus que Maryse, ce qui lui permet de croire à ses chimères, malgré la disproportion évidente avec le concret. Il faut dire que ses rêves d'une autre vie par la cuisine lui occupent beaucoup de temps. Elle aussi regarde des émissions spécialisées et lit de nombreux magazines. « Ça m'arrive de me mettre un soir dans le salon et de feuilleter des bouquins de cuisine. Pour me dire : tiens le week-end prochain je vais peut-être faire cela. » L'imaginaire identificatoire ne se limite pas à une phase préalable bien délimitée même si cela constitue son temps fort. Il est une alternative à l'ordinaire tout au long de l'action, surgissant par exemple, brièvement et par surprise, lors d'une « petite touche ». C'est pourquoi l'accumulation apparemment vaine dans les placards n'est pas totalement une erreur. Les recettes quelque peu jaunies matérialisent une réserve de rêves, des séquences de vie autre à portée de main.

Le déclic entraînant le chef dans l'action est de natures diverses. Pour Candy, il s'agit d'un aspect propre à la recette elle-même. Elle est prise au jeu des techniques exposées, travaillée par l'envie de les tester, de réaliser une œuvre personnelle. Anneth est davantage attirée par une logique de plaisirs, ses envies gustatives mêlées au désir de se donner, par amour des siens. Une nouvelle recette ? « Et bien ! c'est l'envie de la goûter, et de la faire goûter aux autres. J'ai envie de faire découvrir ce que j'aime. » Entre production d'une œuvre personnelle et don de soi amoureux, le chef ne sait pas toujours exactement quelle est la raison qui domine. Car tout s'emboîte intimement. Le chef produit à la fois une œuvre personnelle et du lien social ; il fabrique le lien social à travers l'œuvre personnelle qu'il réalise. Parfois l'œuvre n'est qu'un instrument, tendu vers un but unique : faire famille ou communier entre amis. Parfois, à l'inverse, le lien social est un prétexte commode pour se réaliser plus égoïstement. Généralement, le chef oscille entre les deux et ne les distingue guère, pris par le syncrétisme de l'action.

Variété et variation

Les ruptures du régime d'action sont intrinsèques aux évolutions les plus récentes de la modernité. Elles s'ajoutent à la multiplicité et à la diversité de l'offre de produits, qui accentuent la difficulté à « trouver l'idée ». Lors des périodes reculées de l'ancien régime culinaire (dans la société rurale traditionnelle), l'unicité du cadre de pratiques combiné à la pauvreté des denrées disponibles imposaient au contraire une continuité régulière des aliments. Le repas quotidien prenait la forme d'une « nécessité répétitive » [Roche, 1997, p. 257]. Au XIXᵉ siècle, alors que les produits disponibles se diversifiaient pourtant dans l'univers urbain, le modèle bourgeois de familialisation par les manières de table, qui se structurait autour de l'idée d'un ordre strict, ne pouvait que limiter les variations. « La régularité engendre l'habitude, laquelle assure en retour la régularité, et donc l'ordre » [Marenco, 1992, p. 127]. Il fallut attendre les débuts du XXᵉ siècle, surtout après la Première Guerre mondiale, pour qu'une conjonction de facteurs (notamment les progrès des techniques de conservation), ébranle définitivement cet ordre répétitif [Vanhoutte, 1982]. C'est à la même époque que la nouvelle science nutritionnelle prôna avec plus d'insistance la variété, « d'abord préconisée pour éviter que l'estomac ne se lasse, puis au motif qu'elle excite les sécrétions gastriques et donc stimule l'appétit » [Marenco, 1992, p. 159]. En vérité, l'intérêt physiologique de la variété alimentaire avait déjà été souligné dans nombre de diététiques anciennes, accentuant ce que Claude Fischler [1993a] a appelé le « paradoxe de l'homnivore » : le besoin de variété opposé à la crainte de l'inconnu. Le chef (qui alors était encore une cuisinière) voyait apparaître une nouvelle complexité, en forme de contradiction à résoudre. Comment associer routinisation facilitant l'action ordinaire (par l'incorporation de schèmes infraconscients) et la réflexion brisant les routines, conséquence de la variété ? Le chef (nous avons désormais l'habitude de ses procédés favoris) opéra par des bricolages subtils non dénués de légères tricheries sur le sens des mots. Spécialement par un glissement sémantique, introduisant un simple principe de variation en lieu et place de la variété. « Je ne suis pas très "diététique", mais je vais équilibrer quand même. Je vais pas faire à manger des pâtes pendant quinze jours, j'essaie de varier. En règle générale, je vais pas faire deux fois la même chose » (Savarin). La règle finale exprimant une norme opératoire (pas deux fois de suite le même plat) apparaît bien pauvre comparée à la théorie annoncée de la variété nutritionnelle. À la limite, il suffirait à Savarin d'une variété réduite à deux aliments pour la respecter.

Les personnes interrogées se sont peu exprimées de façon précise sur la variété alimentaire, qui dans l'absolu transformerait la cuisine en enfer de fatigue mentale. Non conscients du glissement sémantique, ils ont parlé de ce qui guidait réellement leur action : une technique de variation (ou encore plus simplement, de non répétition des mêmes aliments). Chacun a énoncé sans hésiter ses formules. Aux deux extrêmes, Suzette et Prune. Suzette pour la régularité de certains plats (je préfère oublier Maïté et ses sandwichs au jambon). « C'est pratique, c'est moins de soucis. Par exemple le samedi, je sais que c'est rosbif. Tous les samedis c'est rosbif. Les enfants aiment ça. C'est commode » (Suzette). Prune, à l'opposé, ne fait pas deux fois le même plat à moins d'un mois d'intervalle. Une telle ampleur de la variation, qui impose logiquement une réelle variété, est rare. Suzette est plus représentative (pour ses plats non fixes) : elle évite de faire deux fois la même viande chaque semaine. « Jamais deux fois la même chose. » Elle cuisine pourtant souvent des ragoûts, qu'elle reconnaît prévoir aussi pour le lendemain ; le principe souffre donc quelques exceptions. « Comme on dit, plus c'est réchauffé, meilleur c'est, hein ! ». Maryse se focalise sur le fait de « ne pas avoir de la viande tous les jours. Je fais : viande, poisson... ça dépend. Faut pas faire tous les jours la même chose. Mais du coup, c'est vrai, faut chercher ! ». Paule-Dauphine se conforme à une règle plus sophisitiquée : « J'essaie toujours de faire du poisson trois fois par semaine. Pour la viande, si j'ai fait du bœuf, après ce sera du porc ou du veau. » Mais c'est Babette qui nous donne la réponse la plus révélatrice :

– « Ah non ! Jamais deux fois de suite le même plat !
– Pourquoi ? demande l'enquêteur
    ...
– Pourquoi au fond ça vous gênerait de faire deux fois le même ?
– Oui, c'est vrai finalement, pourquoi ? »

Babette avait pourtant clamé haut son principe. Elle se rendait soudain compte (et exprimait avec sincérité) qu'il s'agissait d'une règle vide de signification claire. Car sa vertu est essentiellement opératoire et elle est d'ailleurs souvent elle-même routinisée, imposant automatiquement des ordres de succession (ou de non répétition) des aliments, sans surcharger le mental.

Le principe de variation résulte d'une contradiction (entre les bienfaits nutritionnels de la variété et la nécessité d'un ordre incorporé guidant l'action) dont les chefs se sortent en bricolant une solution approximative. Sans être trop regardants sur le sens des mots. Mais les évolutions récentes de la cuisine et des repas offrent de nouveaux contenus au principe qui restait jusque-là quelque peu abstrait. La variation a un intérêt relationnel. Le chef désormais prépare la communion groupale du repas par sa cuisine. Il y a hélas très loin du rêve à la réalité, la conversation par exemple n'est pas toujours à la hauteur des attentes. À défaut, la réponse à des désirs plus basiques peut alors nourrir l'échange affectif. Le chef, c'est la triste histoire d'Amandine, peut certes abandonner l'œuvre culinaire en se soumettant aux désirs les plus individualisés et régressifs (pizza-mayonnaise devant la télé). Il peut cependant aussi maintenir un projet éducatif, tout en provoquant des effets de surprise par une variation bien étudiée. « Ah ça l'autre jour – il m'a dit – le saumon, c'était bon, c'était bon ! Ça change aussi » (Maryse). La variation trouve ainsi un nouveau sens, par une rupture des répétitions trop régulières. Loin de toute idéalisation, il faut cependant préciser que c'est surtout par crainte des remarques négatives (les convives ont très bien intériorisé le principe de variation), que le chef fait tourner les plats. « Des fois, c'est les enfants aussi qui disaient : on a déjà mangé ça ! » (Madeleine). « J'essaie toujours de varier » dit Paule-Dauphine, qui avoue que c'est surtout par peur d'entendre la terrible sentence de son mari : « Oh ! Encore ça ! ». Même Suzette est sur le qui-vive pour son rosbif du samedi, attentive à la moindre remarque qui pourrait changer la donne. « Personne ne dit rien, personne ne conteste, pas de problèmes. Il ne faudrait pas faire toujours la même chose, mais c'est pratique. » Le chef est partagé entre facilité de l'action et don de soi pour les autres. Tel est continuellement son dilemme.

6

Cuisine, couple, famille

Transmission et autonomie

J'ai souligné dans la deuxième partie combien il fallait se méfier de la trompeuse linéarité historique de la soupe pour analyser les repas. Car, des anciennes exaltations divines à la communion profane d'aujourd'hui, les guerres de définition firent rage. Il en va un peu de même pour la cuisine. Le chercheur est logiquement attiré par un évolutionnisme descriptif très techniciste, allant des fourneaux à bois aux plaques à induction, et du poulet personnellement plumé à la main aux filets prédécoupés par l'industrie. Comme si la cuisine n'avait changé que sous l'effet des bouleversements du contexte et de l'apparition de nouveaux produits. Or c'est surtout de l'intérieur du régime d'action qu'une profonde mutation s'est produite. La différence avec les repas étant que les métamorphoses majeures sont plus récentes, liées pour l'essentiel à la seconde modernité. Un premier point a déjà été vu, le passage d'un unique régime d'action, encadrant les pratiques de façon institutionnalisée, à une autonomisation du chef devenu maître de son destin culinaire, et ballotté entre deux régimes d'action opposés : la rapidité simplificatrice ou l'engagement passionnel. Une autre modification cruciale est la rupture de la transmission directe de génération à génération, brisée justement par l'individualisation grandissante des pratiques culinaires, notamment à la jeunesse, âge où opérait la transmission. Car les deux principes sont contraires ; il ne peut y avoir à la fois autonomie individuelle et transmission.

Au début, l'autonomisation du jeune futur chef est indissociable de l'autonomisation du mangeur. C'est le même individu qui, du tiroir à bonbons au frigo, fonde son indépendance à partir de territoires minuscules, et invente des stratégies alternatives à la cuisine familiale. Leur dominante est oppositionnelle. Non pas agressive vis-à-vis de l'univers des parents, mais différente, en rupture, pour imposer une identité en propre. Le jeune mangeur autonome s'accroche à ses goûts, qui sont aussi ceux de sa classe d'âge. L'apprenti-chef, lors de ses toutes premières expériences, est beaucoup plus subversif, voire délirant. Il invente un nouveau monde. « Une fois, j'ai mis du chocolat dans mes raviolis, j'avais 14-15 ans, j'ai eu un délire comme ça. Je l'ai fait une fois, j'ai jamais refait [1] » (Thierry). Isabelle Garabuau-Moussaoui [2002a] a trouvé également dans son enquête des « chips au Nutella » ou des « corn-flakes à la sauce bolognaise ». « J'étais plus inventif, je faisais un peu n'importe quoi. Je mélangeais tout et n'importe quoi. On était très expérimentaux », précise Pascal [2]. Cette inventivité fantaisiste est d'autant plus facile à développer qu'elle porte sur des aliments secondaires et facilement manipulables (petites entrées froides, desserts, pâtes pour les plus chevronnés). Isabelle Garabuau-Moussaoui a noté que cette attirance pour les contours concordait parfaitement avec les interdits parentaux sur les plats centraux, notamment l'usage du four. La considération du risque pour l'enfant est souvent un prétexte bien commode pour le chef, qui n'est, quoi qu'il en dise, guère pressé de se faire détrôner : il garde la maîtrise absolue sur le cœur du repas. La consigne est pourtant d'autant plus aisément acceptée par le jeune que ce cœur familialo-culinaire, lourd, compliqué, ritualisé, n'est pas vraiment ce qui l'attire. Il reste essentiellement un mangeur-picoreur individuel, qui n'expérimente que pour lui-même ou pour un groupe de copains, s'aventurant dans les pratiques culinaires seulement pour des dégustations quasi-instantanées. Dans l'étape suivante de son apprentis-

---

1. Cité par Isabelle Garabuau-Moussaoui, 2002a, p. 106.
2. *Idem.*

sage, où il commencera à utiliser davantage la cuisson, ses
« inventions » prendront d'ailleurs souvent encore la forme
d'ajouts d'ingrédients personnels (épices, fromage râpé,
crème, ketchup). Toute la suite de sa trajectoire culinaire se
construira à partir de ces premiers gestes d'adjonctions
intuitives investis d'un sens identificatoire, dans une véritable stratégie de contournement allant de la périphérie
remise à son goût, vers un cœur du repas progressivement
reconstitué.

Mère et fille

L'autonomisation de l'apprenti-chef s'impose sans résistances, car les parents ne cherchent pas à reproduire la
transmission ancestrale. Le chef en particulier laisse faire,
concentré sur son propre ouvrage. À vrai dire, cette transmission ancestrale était davantage un modèle mythifié qu'une
réalité concrète depuis quelques générations, particulièrement dans le domaine de la cuisine. Les cuisinières
d'alors, s'accrochant d'autant plus à leur rôle qu'il
commençait à perdre de son lustre, oubliaient déjà un peu
d'éduquer leurs filles, quand elles ne cachaient pas discrètement quelques secrets. Car la cuisinière supplantée par sa
fille était reléguée vers le statut de vieille femme [Verdier,
1979]. Elle tentait donc d'éduquer sans être dessaisie, en
interdisant par exemple l'accès direct aux fourneaux (dont
provient à l'évidence l'interdiction parentale actuelle). Il
n'a donc pas été difficile pour le chef actuel d'amplifier un
mouvement déjà largement amorcé. Dans l'enquête, y
compris pour les générations plus anciennes, les exemples
de jeunes femmes s'étant installées à leur compte sans
savoir cuisiner sont nombreux. Maïté ne parvient d'ailleurs
pas à comprendre pourquoi. « Ma mère cuisinait énormément, moi je n'ai rien retenu. » Candy ne savait même pas
cuire un beefsteak. Melba improvisa dans l'urgence. « Je
me suis débrouillée toute seule. » Au-delà de cette rareté de
l'apprentissage direct, la discontinuité générationnelle du
degré de compétence est également frappante. Les cas de
mères cordons-bleus ayant des filles culinairement expédi-

tives ou peu douées sont fréquents, et vice-versa. Olivia est une artiste des casseroles, investie dans sa passion. Or cela ne lui vient pas de sa mère. « Elle ne cuisinait rien. » Olivia a tout inventé dans l'urgence, par essais et erreurs. « Oh ! Je me rappelle d'un rôti que j'avais cramé ! ». Quant aux mères cordons-bleus, davantage travaillées par l'envie de transmettre, la pression éducative sur leur fille produit souvent l'inverse de l'effet recherché. La fille ne pense pas tellement aux techniques et coups de mains dont parle sa mère ; elle voit derrière elles un rôle social, d'enfermement ménager de la femme, qu'elle est bien décidée à ne pas endosser [1]. Elle résiste davantage à cet avenir d'un autre âge qu'aux techniques culinaires en elles-mêmes. « Ma mère me disait tout le temps : mais fais de la cuisine, fais de la cuisine ! Quand tu te marieras, tu ne sauras rien faire. Je disais : non, non, non ! Je regarde, je vois comment tu fais » (Biscotte). Madeleine, 60 ans, est une des rares à avoir appris sagement auprès de sa mère qui, dans un véritable rite de passage, l'avait aidée à prendre progressivement en charge le plat central du repas du dimanche. Mais elle n'a pu reproduire l'expérience avec ses propres filles. « Elles, c'étaient les livres. » Elles voulaient inventer leur propre voie. Sa fille aînée vient d'avoir un bébé. Prise par la mobilisation familiale, elle se lance à corps perdu dans la passion culinaire. À sa manière très personnelle.

La rupture de la transmission n'est cependant pas totale. Le plus visible est le mouvement d'opposition, qui pousse les jeunes à définir eux-mêmes leurs façons de faire, et les femmes plus particulièrement à refuser d'être enrôlées d'office sous la bannière du devoir ménager. Dans les profondeurs implicites ou simplement plus discrètes cependant, la transmission continue à opérer. L'implicite infra-conscient stocke une masse considérable de schèmes (à commencer par ceux ayant trait aux manières de table) qui pourront être réactivés beaucoup plus tard. Sur un mode un peu plus conscient (sans être fortement mentalisé), d'innom-

---

1. Paradoxalement, le transfert direct de compétences culinaires est parfois plus facile aujourd'hui avec un garçon.

brables détails sont remarqués du coin de l'œil et plus ou moins enregistrés dans une mémoire dormante. Biscotte nous l'avait d'ailleurs dit dans la fin de sa réponse à sa mère : « Je regarde, je vois comment tu fais. » Elle regardait en étant consciente d'observer. Le plus souvent, les enfants observent et enregistrent sans même le savoir. « Mine de rien on observe, et on apprend comme ça. On retient plein de choses en fait » (Amandine). Luce Giard [1994, p. 16], relatant sa propre expérience, a parlé avec talent de cette transmission à la dérobée. « Je croyais n'avoir jamais rien appris, rien observé, puisque j'avais voulu me soustraire, avec obstination, à la contagion de cette éducation de fille, puisque j'avais toujours préféré ma chambre, mes livres et mes jeux silencieux à la cuisine où s'activait ma mère. Pourtant, mon regard d'enfant avait vu et mémorisé des gestes, mes sens avaient gardé le souvenir des saveurs, des odeurs, des couleurs. Je connaissais déjà tous ces bruits : le chuintement de l'eau qui frémit, le grésillement de la graisse qui fond, le battement sourd de la main qui pétrit. Une recette, un mot inducteur suffisaient à susciter une étrange anamnèse où se réactivaient par fragments d'anciens savoirs, de primitives expériences, dont j'étais l'héritière et la dépositaire sans l'avoir voulu. Il fallut m'avouer que, moi aussi, j'étais nantie d'un savoir de femme, qu'il s'était glissé en moi, trompant la surveillance de mon esprit. »

Premiers pas

Au domicile des parents, l'adolescent, plus mangeur que vraiment cuisinier, a improvisé quelques expériences extravagantes, et plus discrètement observé une infinité de détails, voire s'est familiarisé avec certains ustensiles (micro-ondes souvent, poêle quelquefois). Plus tard, l'arrivée du jeune dans un logement indépendant va précipiter le mouvement d'apprentissage ; en quelques jours, il doit s'improviser chef, ne serait-ce que pour deux modestes œufs sur le plat. « Les œufs avaient collé au fond. Je ne savais pas moi qu'il fallait mettre du beurre. Je les avais super bien cassés, j'étais super fière ! Mais j'avais pas mis de beurre. On apprend vite, la fois suivante c'était bon » (Cannelle). Le jeune chef cherche à faire au plus simple et à mobiliser dans l'urgence tout le savoir disponible (en tentant de se remémorer, en lisant les modes d'emploi sur les boîtes, en discutant avec des amis). La suite de son apprentissage prend surtout la forme d'une expérimentation par essais et erreurs. Il est un autodidacte, et il s'en targue. Il sent que progressivement ses coups de main s'automatisent, qu'un véritable style culinaire commence à s'installer. Un style qu'il croit personnel mais qui correspond en fait pour beaucoup à cette position particulière, d'apprentissage autodidacte, dans les trajectoires culinaires contemporaines. Isabelle Garabuau-Moussaoui [2002a] a détaillé ses caractéristiques essentielles : bases aisément manipulables, art des combinaisons, liants polyvalents, épices. Les bases sont constituées d'aliments « fluides », sans os, sans arêtes, sans noyaux, ne nécessitant ni préparations, ni épluchage, ni lavage. Le travail sur les bases se limite à quelques manipulations simples : cuisson à l'eau pour les pâtes, découpage en morceaux pour les filets de viande. L'habileté du chef consiste ensuite à improviser une combinaison originale, en jouant de ses liants (crème, fromage râpé) et épices. Les épices sont souvent l'arme majeure du débutant : le surplus d'identification personnelle est tapi dans les petits pots. Tony est plus avancé dans l'art culinaire. Il a toujours à sa disposition un stock d'oignons et de tomates en sus des pots d'épices. Sa base favorite est le blanc de volaille, acheté au kilo pour la semaine, sans idée de son utilisation future. « Une escalope, tu peux la découper et en faire une fricassée. Chinois, mexicain, tout est possible. » La pression mentale est donc diminuée pour les courses puisque les repas ne sont pas programmés. « Pour les repas, on a décidé de prendre les basiques, et après, de les agrémenter. On a acheté du riz, des pâtes, des conserves de légumes. Un poulet. Des œufs. Des choses qu'on peut ensuite préparer sans dire : je prends tel truc pour tel jour, pour telle recette » (Juliette [1]). Selon les circonstances, le stock de bases

---

1. 22 ans, citée par Isabelle Garabuau-Moussaoui, 2002a, p. 172.

et d'agréments est utilisé dans une option d'alimentation
ultra-rapide, ou comme instrument d'une combinaison
originale. Les petites folies créatrices de l'adolescence ne
sont pas complètement oubliées. Le jeune chef, déjà
conforté par son expérience naissante et plus soucieux du
caractère mangeable de ses exploits, n'en reste pas moins
guidé par un idéal d'innovation. « Moi, je vais à l'aventure.
C'est de l'imagination, de l'innovation » (Christine [1]) ;
« Quand on quitte ses parents, on enlève un peu les
interdits » (David [2]) ; « Je cuisine bien, mais ce n'est pas
conventionnel » (Thierry [3]). Ce penchant à l'affirmation de
soi originale s'associe toutefois à un apprentissage plus
discret des fondements ordinaires. Des livres sont
consultés, des bilans échangés avec les copains. Parfois,
dans l'urgence, un coup de téléphone est même envoyé à la
maman (ou au papa). « Je ne savais pas faire cuire les pâtes,
rien du tout. J'ai appelé ma mère. Je posais des questions du
genre : "Les pâtes, les haricots verts, est-ce que c'est
meilleur à la poêle ou bien comment on les fait à l'eau ?"
Maintenant c'est plus pour des idées » (Marc [4]). Merveille
d'un lien de filiation culinaire, transmission que les parents
n'attendaient plus.

Mise en place

Quelques techniques de base s'installent, mais il manque
l'ensemble d'une organisation et un univers de référence.
Le jeune chef est encore pris par des impulsions qui le
lancent dans des modes passagères, dominées par une idée,
un principe, une éthique. « J'ai eu une période pizzas,
raconte Juliette. Il n'y a pas longtemps, j'ai eu une période
blinis-tarama [5]. » Variations encore très proches des
simples sautes d'envie du mangeur. Clémentine, elle,
évoque un autre niveau culinaire, où se succédèrent plutôt

1.   26 ans, citée par Isabelle Garabuau-Moussaoui, 2002a, p. 246.
2.   21 ans, cité par Isabelle Garabuau-Moussaoui, 2002a, p. 247.
3.   25 ans, *Idem.*
4.   22 ans, cité par Isabelle Garabuau-Moussaoui, 2002a, p. 195.
5.   22 ans, citée par Isabelle Garabuau-Moussaoui, 2002a, p. 173.

de véritables méthodologies d'organisation. « Pendant tout un moment, j'ai fait ce que je savais faire, c'est-à-dire pas grand-chose. J'ai vite tourné en rond. Ensuite, j'ai essayé de dépenser moins d'argent. Là, j'ai fait toutes les promotions des grands supermarchés en achetant tous les trucs à dix balles. J'ai rempli le congélateur pour un mois. Des trucs mangeables et des trucs dégueulasses. J'ai pas recommencé. Le mois suivant, j'ai sorti le petit livre de recettes que ma grand-mère m'avait filé quand je me suis mise en ménage. Je me suis plongée dans ce livre-là, et j'ai fait ma première liste de courses de "femme d'intérieur pleinement réalisée" (dit-elle d'une voix théâtrale signifiant la distance ironique). Sans trop compter par contre le temps que ça pourrait mettre à préparer, tout ça. » Ensuite (elle en est là aujourd'hui), elle a davantage pris le temps en compte, toujours armée du petit livre offert par sa grand-mère. Il est fréquent qu'un livre de recette soit fortement utilisé pendant un moment, en attendant que les acquis personnels soient incorporés. Candy se souvient de l'intensité scripturaire de cette séquence biographique. « Ah ! Ouais ! Des bouquins ! Des fiches ! ». Enfin, un authentique système, relativement stabilisé, finit pas se mettre en place. « C'est aussi une habitude à prendre. Quand t'as trouvé la façon de fonctionner qui te convienne à peu près, ça devient vivable » (Clémentine). Les coups de mains se font plus habituels, les enchaînements se fluidifient, l'ancien apprenti (et son éventuel convive) constate qu'un style s'est installé. Bien au-delà des petites improvisations folles de la prime jeunesse, c'est un authentique monde culinaire qui apparaît. Le marmiton est devenu un vrai chef.

Son regard peut alors à nouveau se tourner vers ses parents. Pas du tout comme lorsqu'il téléphonait dans l'urgence, demandant pourquoi ses œufs collaient dans la poêle. Mais pour retrouver quelque chose de plus affectif et secret, nouer volontairement un indéfinissable lien avec son passé. « C'est important d'apprendre à cuisiner. Après tu fais à partir de ce que tu as envie. Ou alors, c'est tel soir, j'ai envie de manger ça, je vais même téléphoner à ma mère pour qu'elle me dise » (Tony). Ainsi, quelques recettes, sauvées de la rupture de la transmission et investies d'un fort pouvoir symbolique, vont-elles fonctionner comme un « concentré d'identité » familiale traversant le temps [Attias-Donfut, Lapierre, Segalen, 2002, p. 257]. Et parfois porter à elles seules le souvenir et la gloire d'un ancêtre. La vieille madame Fargeau est sûre que sa fameuse tarte aux pommes, qui fait le délice de ses petites-filles (« Mais mamie c'est la meilleure, les tartes aux pommes ne sont bonnes que chez toi »), lui survivra longtemps dans la famille [*Idem*]. L'affectif et le relationnel jouent encore ensuite un rôle décisif dans l'évolution du système. Le chef a fait ses gammes culinaires, il possède les rudiments de la technique, mais l'avenir de ses manières de faire ne dépend plus uniquement de lui. Car la cuisine va désormais servir à fabriquer le couple et la famille. Tout dépend donc des réactions du conjoint et des enfants. Le couple par exemple cherche à découvrir quels sont ses goûts communs, pour densifier l'unicité conjugale par les repas et les plaisirs partagés. « Je cuisine les choses qu'on aime en commun » dit Tony. Hélas, des divergences subsistent. La cuisine se fait alors moins amoureuse, voire devient un peu guerrière pour procéder à l'unification. Sûr de son bon droit et appliquant Machiavel sans le savoir, le chef pense que la fin justifie les moyens. « On peut faire évoluer les gens dans leur goût. Au départ, il lui fallait sa viande à tous les repas, et presque des pommes de terre à tous les repas. Maintenant, ça va. On habitue les gens de sa famille à manger d'une certaine façon » (Suzette). À l'inverse, il arrive que le chef, piètre stratège ou affrontant une adversité trop puissante, soit vaincu par les convives affirmant leurs revendications gustatives. Ce fut la triste histoire d'Amandine avec ses garçons pizza-mayonnaise. Ce fut aussi celle de Maïté, qui fit des efforts méritoires au début pour être une cuisinière honnête. Il faut dire cependant que c'était plus par devoir que par véritable motivation. Or cet effort ne provoqua aucun signe de satisfaction chez les convives. Pire, il firent part de leurs récriminations, signalant ainsi la faible variété de leurs plaisirs gustatifs. « Les œufs, ils n'aiment pas trop, le poulet, non plus, les plats en sauce, pas du tout. » Maïté se sentit légitimée dans son mouvement de désertion. « Y a pas de demande non plus ! Y a pas de demande. » L'offre, le don de soi, ne peut que répondre à une demande ; il ne peut y avoir de générosité culinaire sans désirs exprimés. « La façon qu'on a de faire maintenant convient à tout le monde. » Maïté est devenue une mangeuse comme les autres dans la famille, se confectionnant son sandwich au jambon.

Le cas est bien sûr exceptionnel. Généralement, la période de mobilisation familiale autour des enfants densifie le système culinaire (parallèlement à la montée du rôle sociali-sateur de la table), avant qu'il ne s'atrophie parfois quelque peu après le départ des enfants. À travers ce mouvement gaussien, le chef continue à ajouter de nouvelles expé-riences, qui installent quelques repères cependant qu'il en oublie d'autres. Il arrive que des aventures culinaires très anciennes aient installé un groupe d'habitudes, dont le chef a oublié l'origine, et qui sont désormais intégrées à son système ordinaire. Une archéologie des gestes et des plats pourrait pourtant ressusciter toute une variété de souvenirs, moments forts ou plus anecdotiques, mais toujours fonda-teurs. Candy se dit « très cuisine française traditionnelle ». L'enquêteur l'interroge sur le lien avec sa spécialité préférée : la paella. Elle répond d'abord que « C'est un peu pareil que la cuisine française. » Avant de se souvenir que ce plat lui vient en fait d'une sorte d'autre vie, celle d'avant le divorce, quand son mari, adepte de la cuisine méditerra-néenne et exotique, l'entraînait dans la découverte piquante de goûts d'ailleurs. Il lui avait donc légué cela, pièce dans le puzzle de son existence d'aujourd'hui : la familiarité désormais très ordinaire avec la paella. Le système n'a que les apparences de l'homogénéité. Il résulte d'un collage issu de mille tranches de vie bigarrées.

Le partage des tâches

Les ratés dans la transmission des techniques culinaires depuis quelques générations n'empêchaient que le rôle domestique de la femme soit solidement reproduit. Sa place était irrémédiablement aux fourneaux, elle était l'indubitable cuisinière, assurant seule le devoir de nourriture de la famille. La seconde modernité individualiste a bouleversé cet immuable jeu de rôles hiérarchisé. Plusieurs processus croisés ont provoqué le changement. D'abord, bien sûr, la lutte des femmes elles-mêmes. Combats publics et plus modestes guérillas ménagères. Résistance à l'injonction maternelle poussant à endosser la fonction sacrificielle. « Non, non, non ! » avait dit Biscotte. Résistance au mari quand celui-ci souhaitait davantage. Mais cette lutte n'aurait pas connu les succès qui ont été les siens si elle ne s'était pas intégrée dans un mouvement plus vaste d'émancipation individuelle, particulièrement en ce qui concerne la cuisine. Le passage dans la vie adulte n'opère plus aujourd'hui par l'entrée dans des rôles, spécialement dans des rôles sexués. Les jeunes (garçons et filles) sont d'abord des personnes, qui apprennent à construire une existence autonome et tentent de convertir leurs rêves en projets. Ils ne commencent pas par copier des manières d'être imposées mais sont au contraire travaillés par l'envie de subversion des modèles et d'invention de soi. Pâtes au chocolat et piqueniques sur la moquette. Dans cette parenthèse biographique de légèreté fantasque, ils sont des mangeurs (picoreurs) avant d'être des cuisiniers, ce qui renforce l'autonomie des pratiques, donc l'égalité entre filles et garçons [1]. Puis, quand débutent les vraies expériences (qui déboucheront sur la mise en place du système ménager), le caractère ludique et créatif des combinaisons manipulatoires et des ajouts d'épices entraîne encore beaucoup de garçons. Ce n'est que plus tard, lorsque le système s'installera dans l'ordinaire et la durée, que les manières et méthodes deviendront plus régulières, qu'hommes et femmes, sans trop se l'avouer, s'engageront dans deux trajectoires divergentes. Les uns se

---

1. Elise Palomares (2002) en donne une illustration intéressante, à partir d'une enquête menée au Bénin, pays où les rôles sexués sont solidement constitués, au point où le simple fait pour une femme de faire la cuisine pour un homme a une forte portée symbolique et signe son accord pour un engagement matrimonial. « Les rôles d'épouse et de cuisinière sont indissociables » [p. 341]. Or les jeunes garçons (notamment les étudiants) se sentent incités à mettre la main à la pâte dans leurs premières expériences conjugales, avant que la cuisine ne soit vraiment organisée.

retirant sur la pointe de pieds vers des jeux plus amusants ; les autres retrouvant le sens du devoir, impulsé par la place laissée vide.

Le partage des tâches ménagères progresse. Mais lentement, très lentement. Certains gestes, parce qu'ils sont fondés sur une mémoire historique (stockée dans les schèmes infraconscients) particulièrement lourde et longue, conservent une propension forte à être appropriés par les femmes. C'est notamment le cas de tout ce qui touche au linge. Dans les pays d'Europe, les hommes (vivant en couple) effectuant le repassage comme acteur principal sont de 1 % à 3 %. La cuisine à l'inverse est l'activité où les taux de répartition entre hommes et femmes ont atteint les niveaux égalitaires les plus élevés. Dans environ 1 ménage sur 10 en Europe, c'est l'homme qui est désormais aux fourneaux, en tant que chef, assurant la cuisine ordinaire. Plus accessoirement, il met aussi très souvent la main à la pâte, je vais y revenir. L'analyse comparée du temps passé à faire (d'une manière ou d'une autre) la cuisine semble déboucher sur des conclusions encore plus prometteuses. Dans les pays scandinaves notamment, les femmes n'accordent qu'un peu plus du double du temps consacré par les hommes [EUROSTAT, 2004]. Hélas, l'analyse fine des données montre vite qu'au-delà des grandes moyennes statistiques un peu trompeuses, se maintient une inégalité tenace. Les progrès les plus importants (en Scandinavie) sont en effet obtenus dans les pays où le temps global passé à faire la cuisine a le plus diminué. Ils résultent bien davantage du développement de l'autonomisation individuelle (le mangeur-picoreur) et de la diffusion de produits assurant une cuisine rapide que d'une évolution égalitariste des rapports hommes/femmes dans le domaine ménager, notamment après la phase d'institutionnalisation conjugale. « La préparation des repas est une tâche typiquement féminine, spécialement dans les pays où beaucoup de temps est passé à cette activité » commente un rapport de la Commission Européenne [*Idem,* p. 49]. Dès que la famille s'installe dans ses meubles, et que le repas devient le cœur du foyer, le chef est encore très souvent aujourd'hui une cuisinière.

Round d'observation

Le partage des tâches ménagères a plus évolué dans les mentalités que dans les faits. Ce qui provoque de fréquentes erreurs d'appréciations. Chacun a dans son entourage quelques valeureux exemples d'hommes, héros domestiques modernes, tellement mythifiés qu'ils deviennent l'arbre masquant la forêt des inégalités persistantes. Il faut donc sans cesse retourner au réel, comprendre la dynamique complexe des résistances, et la subtilité des évolutions particulières. Car l'égalité n'est ni une petite affaire, ni une question technique. Elle ne se réduit pas non plus à un affrontement politique entre le groupe des hommes et le groupe des femmes. Elle met en jeu les profondeurs anthropologiques des individus engagés dans la reformulation de leurs identités.

Un panorama d'ensemble peut être très schématiquement dressé en séparant trois types d'hommes. Aux deux extrêmes, les « pieds-sous-la-table » et les héros modernes devenus chefs. Au centre, le marais immense des seconds couteaux. Les héros modernes seront vus au final, car telle est la place qui convient aux stars. Avant cela l'accent sera mis sur la catégorie la plus importante, les seconds couteaux. Mais il faut tout d'abord dire un mot des « pieds-sous-la-table ». C'est ainsi qu'Hortense qualifie son mari : « Lui il est du genre pieds-sous-la-table. » Le modèle des rôles sexués contrastés est encore fréquent dans les anciennes générations. À la femme, les soins du logis et les attentions au mari ; à celui-ci l'apport financier et les pieds sous la table. Hortense n'a d'ailleurs aucune acrimonie en soulignant la nullité des compétences maritales dans le domaine culinaire ; elle serait plutôt gentiment moqueuse. « Ah ! Non, en cuisine, lui c'est zéro, zéro, zéro. Juste un œuf à la coque… Ah ! Non… Même pas l'œuf à la coque ! ». Ce modèle sexuellement clivé n'a d'ailleurs pas tendance à s'éteindre de lui-même, comme par enchantement ; des îlots de résistance demeurent. Notamment dans les milieux populaires les plus modestes. Non pas sous l'effet d'une culture particulière à ces groupes, mais à cause de leur positionnement social. Hantés par le risque de glisser dans l'exclusion, ils sont condamnés à se raccrocher aux rôles les plus traditionnels pour se construire une légitimité : un vrai travail pour les hommes, une vraie famille pour les femmes [Schwartz, 1990]. Les femmes sont des mères et des cuisinières avant de pouvoir penser à s'émanciper individuellement. Mais il n'y a pas que les vieux et les pauvres. La tentation masculine des pieds sous la table est encore bien vivace, dans tous les milieux. Il semblerait même qu'elle connaisse actuellement une relative réactivation, en lien avec l'émergence d'un certain machisme assez à la mode, sous couvert d'affirmation d'une virilité fragilisée. Le copain de Laura n'a eu aucune mauvaise conscience à lui demander implicitement de se mettre aux fourneaux. « On est resté six mois ensemble, où je ne cuisinais pas. C'était des pâtes, du riz, des œufs sur le plat, du jambon, des pommes de terre à l'eau, du steak tout simple. Il en avait marre de manger que ça. Il m'a offert un livre de cuisine, c'est *Je sais cuisiner* » [1]. Il s'agissait sans doute de la demande de trop ; ils se sont séparés.

Car les femmes n'acceptent plus d'être enfermées d'emblée dans le rôle sacrificiel. Pourquoi serait-ce à elles, et à elles seules, de se donner corps et âme à l'époque de l'autonomie individuelle et de l'égalité proclamée ? Le partenaire masculin doit être pour le moins plus attentionné ; ou habile. Souvent aujourd'hui il arrive qu'il soit de lui-même pris par l'envie de jouer avec les manipulations combinatoires et la magie des assaisonnements. Les débuts du couple prennent donc la forme d'une joyeuse mêlée, où chacun expérimente ses sauces à qui mieux mieux. Mais assez vite, une différence de positions se fait jour et s'affirme ; l'un (généralement, la fille) a plus de compétences et d'envie, l'autre moins. Les observations croisées et les ajustements mutuels incitent le plus doué et passionné des deux à s'atteler davantage aux fourneaux. Des scènes minuscules s'enchaînant les unes aux autres interviennent pour fonder cette partition. Écoutez cette anecdote racontée par Aurélie. « Il m'a dit un truc l'autre

---

1. Laura, 25 ans, citée par Isabelle Garabuau-Moussaoui, 2002a, p. 195.

fois que je n'ai pas apprécié. Il m'a dit « Le feu est trop fort, ça va cramer. » Je lui ai dit : « Tu n'as qu'à finir le plat ! Puisque tu sais mieux faire, je te laisse ». Je suis allée fumer une cigarette dehors et je suis revenue un quart d'heure plus tard »[1]. Beaucoup de choses se jouent dans les quelques instants qui suivent un tel échange. La phrase d'agacement peut être prononcée sans attente d'un effet concret, uniquement pour rétablir un équilibre psychologique (cela semble être le cas d'Aurélie). La protagoniste s'enfonce alors dans son rôle, alors qu'elle pense un peu s'en dégager. Car elle indique que malgré la divergence elle accepte de se maintenir aux fourneaux. Tout dépend ensuite de la réaction du partenaire. Il peut ne pas s'empêcher de mettre la main à la pâte pour imposer ses idées, freinant ainsi la partition des rôles. Mais il peut aussi s'installer confortablement dans la fonction commode de critique extérieur à l'action. Aurélie est sans doute revenue pour finir le plat et non se mettre les pieds sous la table. Milles frottements anodins installent jour après jour le jeu de rôles qui sera plus tard au cœur du système. Alors que la figure du chef (ordinairement féminine) s'impose au premier plan, dans les coulisses ou par de brusques coups d'éclat se profile celle du second couteau.

Le second couteau

Les hommes ne se contentent plus aujourd'hui de se mettre les pieds sous la table, ils aident un peu. Leur position la plus fréquente est celle de seconds rôles, sortes d'apprentis plus ou moins habiles, et vaguement coupables de ne pas faire davantage. Ils n'interviennent pas n'importe comment. Leur première fonction est la subsidiarité ; ils sont des remplaçants, sachant cuisiner pour eux quand ils sont seuls, voire faire des choses simples aux enfants en l'absence du chef. « Il fait ses recettes en mon absence, mais il ne m'aide pas quand je suis là » (Anneth) ; « S'il a à manger tout seul, il va savoir se débrouiller, mais sinon, rien. Il considère que

---

1. 24 ans, citée par Isabelle Garabuau-Moussaoui, 2002a, p. 191.

c'est pas son truc » (Marjolaine). Les rôles anciens ne sont pas morts, les maris d'Anneth et de Marjolaine en jouent pour que leurs compétences ne les propulsent pas davantage à l'avant-scène. Inversement, il n'est pas rare que ce soit la femme qui défende pied à pied ses prérogatives de chef. Ainsi, alors que le mari de Madeleine assure une subsidiarité abondante (il est fils de restaurateur et ne refuserait sans doute pas de prendre davantage de responsabilités), elle n'évoque ses participations que lorsque l'enquêteur insiste.

Outre la subsidiarité, la fonction majeure du second couteau est de se mettre aux ordres du chef pour l'aider. Soit de façon régulière autour d'une activité précise qui lui est déléguée, soit en réponse à des demandes ponctuelles quand le chef ne parvient pas, seul, à faire face. Ou bien parce que ce dernier (cette dernière), écrasé(e) par la complexité de l'œuvre et le poids de la charge mentale, a besoin, à certains moments, d'un soutien d'ordre psychologique. Pour que son dévouement et son excellence soient considérés et reconnus, mais aussi parfois tout simplement pour se sentir moins seul(e). La simple présence physique du partenaire suffit alors pour aider. « Ce qui est le plus chiant, c'est d'être seule dans sa cuisine. Même s'il ne fait pas, qu'il est là, qu'il met la table par exemple, alors je me sens moins seule. Il ne faut pas que j'aie l'impression d'être la seule à faire un effort, même si ce n'est qu'une impression » (Clémentine). Elle a cherché d'autres gestes pouvant être délégués. Mais elle tient à ses propres manières de faire, et n'en a guère trouvé. La table est vite mise, elle a senti que son copain s'ennuyait à rester trop longtemps à ne rien faire dans sa fonction de soutien moral. C'est ainsi que le rituel du « petit apéro » s'est renforcé pendant les préparations culinaires. « J'aime bien prendre l'apéro avec lui en cuisinant. Alors là, ça devient sympa. »

Bien qu'elle soit peu disposée à lâcher les commandes, la cuisinière en chef est souvent agacée que son partenaire reste un peu trop enclin à se mettre les pieds sous la table. « Des fois, je dis à mon mari : tiens, tu me sors ceci ou cela. C'est pas une corvée mais j'aime bien qu'on m'aide » (Charlotte). Quand elle lance une demande officielle de soutien, c'est donc autant pour être déchargée que pour rappeler cette insatisfaction latente. « Même s'il fait, c'est toujours sur ma demande, y a pas d'initiative » (Clémentine). Et, ajoute Clémentine, « tout peut se faire, mais faut pas être pressée ! ». La manière de répondre aux ordres de la part du second couteau est en effet décisive pour la suite des événements. L'absence d'évolutions positives ne tient cependant pas seulement à la mauvaise volonté masculine ; parfois la cuisinière en chef a des exigences qui dépassent les compétences du marmiton, ou ne sait pas reconnaître sa manière de faire différente. Mais il faut bien dire que la faible motivation n'est pas rare non plus : à défaut de se mettre ses pieds sous la table, le second couteau les traîne. En charge de mettre le couvert, activité il faut en convenir bien modeste, l'ami de Clémentine n'a pas encore vraiment fait sienne l'habitude. « En général, il met la table… si je lui demande ! Non… c'est moi qui fais la vaisselle aussi. Parce que c'est énervant de dire toujours à quelqu'un : fais ci, fais ça. J'attends peut-être en vain, peut-être que ça viendra jamais. » Mais il y a pire encore, quand le partenaire développe des tactiques sournoises, par exemple en simulant sa bonne volonté tout en sachant ne pas se faire prendre. Le mari de Prune a trouvé une astuce. Il lance des grands « T'as pas besoin d'un coup de main ? », mais d'une manière étudiée : le caractère négatif de l'interrogation est appuyé, et il crie, loin de l'action, alors qu'il est ostensiblement occupé à faire autre chose. Prune ne peut que confirmer la réponse incluse dans la question. Et, bien qu'elle la formule d'un ton faible, son mari fait comme s'il n'avait pas compris le sens de cette petite voix. Prune n'a pas vraiment besoin d'aide (c'est pourquoi elle n'insiste pas davantage), car elle est une amoureuse inconditionnelle de la cuisine. Elle souhaiterait juste quelques gestes symboliques, qui lui donnent l'impression d'un partenariat. « Il faudrait que ça vienne de lui. » Tel est le rêve. La culpabilité latente ne suffit malheureusement pas pour déclencher des initiatives. Pour cela, le seul vrai moteur est la passion.

À la décharge du second couteau, il faut toutefois ajouter qu'il n'est pas toujours commode d'aider le chef. Car il a

des idées si arrêtées et des tournures de main tellement à lui,
qu'elles relèguent l'aide à des tâches d'exécution rébarba-
tives. Babette fait régulièrement éplucher ses légumes par
son mari. Et surtout, les désirs d'aide varient. Leur forte
composante en soutien moral les rendent difficiles à évaluer
par le marmiton. Soudain, le chef a une crise aiguë de solitude qu'il faut savoir deviner. « C'est à des moments que
j'aime bien qu'on m'aide » (Marjolaine). Mais un peu avant
ou un peu après, il peut être perturbé dans son organisation
par les initiatives ou les avis du second couteau. « Ah ! ça
j'aime pas, qu'il mette son nez. Des questions du genre :
oh ! ça c'est trop cuit » (Madeleine). Suzette estime
d'ailleurs préférable de ne pas être aidée. « Je demande pas
à quelqu'un de m'aider, je préfère être toute seule. »

La star entre en scène

Les diverses contraintes exercées sur le second couteau
(rappels à l'ordre, petites corvées, phrases d'agacement) ne
produisent que des effets limités malgré le fond de culpabilité qu'elles réactivent. Leur résultat est à la fois pénible
pour l'exécutant et insatisfaisant pour le chef. Si l'évolution
vers un meilleur partage des tâches culinaires ne tenait qu'à
elles, nous serions encore beaucoup plus éloignés de
l'égalité que nous ne le sommes aujourd'hui. L'essentiel
vient d'ailleurs : des envies, inscrites dans le second registre
(passionnel) de l'action, qui poussent les hommes à intervenir de leur plein gré [Miles, 2005]. Envies de toutes
sortes : d'excitantes créations originales, d'exploits publics
valorisants, mais aussi, tout bonnement, de plaisirs gustatifs. Garçons et filles font leurs premières armes culinaires
durant le long apprentissage autodidacte de la jeunesse, où
ils sont autant des mangeurs que des cuisiniers. Les garçons
en particulier, plus portés que les filles sur les plaisirs du
palais, plus avides de quantités, plus focalisés sur les repas.
C'est souvent ce besoin primaire qui les pousse à l'action.
Pour Clémentine par exemple, que nous avions laissée
désespérée face à son ami oubliant même de mettre la table,
il reste une lueur d'espoir. « Il m'aide un peu – c'est tout

nouveau – depuis que je fais des trucs un peu meilleurs. Ça
le motive ! ». L'intérêt pour la nourriture est cependant intimement lié au désir de réalisation de soi par un acte créatif,
si possible sous le regard admiratif d'un public élargi. Les
hommes tendent donc à réserver leur art pour les repas
d'exception. Leur entrée dans le monde culinaire ne se fait
pas par la petite porte, ils se propulsent immédiatement à
l'avant-scène, immodestement parés d'un prestige dont ils
sont convaincus. Les femmes sont les héritières d'un rôle
historique fondé sur la discrétion d'un don de soi irradiant
le sens du devoir ; et il en reste beaucoup de traces dans
leurs manières d'être d'aujourd'hui. Les hommes à l'inverse
débutent dans la carrière, et ils le font d'une manière totalement différente. Les implications masculines les plus
prononcées (allant au-delà des gestuelles marginales du
second couteau) s'inscrivent dans des modalités
caractéristiques ; liées au temps, à l'espace, et à la façon de
procéder. Les hommes s'emparant de la toque du chef ne se
mélangent pas à la cuisine ordinaire. Ils interviennent dans
des temps bien délimités (et en prenant tout leur temps),
dans des espaces précis (et en occupant largement l'espace).
Ils commentent abondamment leur activité, et sollicitent les
appréciations positives voire laudatives. Gilbert reconnaît
qu'il a tendance à s'imposer au centre de la pièce quand il
fait de la « vraie cuisine », environné de tous ses ustensiles
généreusement déployés. Sa femme, reléguée dans un coin,
« a de la difficulté à faire le gâteau quand je fais de la vraie
cuisine »[1]. En parlant de son mari, Suzette décrit bien
certaines des spécificités masculines, tout en précisant son
propre positionnement. Elle commence par une relative
condescendance, vis-à-vis d'un homme qui n'apparaît au
début que sous les traits d'un second couteau. « Il m'aide
parfois. Il va faire un dessert par exemple, ou de petites
préparations, pas très élaborées. » Mais, qu'elle le souhaite
ou non (elle n'apprécie en fait pas trop), son mari est bel et
bien travaillé par l'envie de faire davantage. Elle délimite
alors ses zones d'intervention : des activités précises, dans

---

1. Cité par Daniel Welzer-Lang et Jean-Paul Filiod, 1993, p. 267.

des espaces singuliers. « Ou alors des viandes à griller. Là, il va les préparer lui-même, les assaisonner, les griller dans la cheminée ou sur le barbecue. Il ne m'aide que pour des choses très très précises. » Dans les sociétés les plus anciennes, les hommes, chasseurs, avaient l'habitude de griller leur gibier sur la braise. C'était une des très rares tâches ménagères qu'ils effectuaient, une sorte d'exception. L'histoire enregistrée dans les profondeurs de l'infraconscient a pour certains gestes une mémoire extrêmement longue. C'est le cas de l'attachement des hommes au barbecue, qui pour cette raison n'est pas une activité culinaire comme les autres. La viande grillée est un cas à part. Dans de nombreux couples, elle peut donner l'impression d'une participation et d'une compétence masculines, sans que les prérogatives habituelles de la cuisinière en chef soient remises en cause. Le barbecue ne constitue donc pas un problème pour Suzette. Il en va tout autrement pour les desserts ; le crumble en particulier n'est pas loin de constituer une pomme de discorde. « Alors là, je le laisse, mais complètement ! S'il a décidé de faire un dessert… c'est le spécialiste du crumble à la maison… Son crumble, il ne m'a même pas donné la recette ! C'est son plaisir. Je lui laisse son plaisir de faire son crumble. » Suzette se retire de la cuisine et ne veut rien avoir affaire avec le crumble. Elle cloisonne les séquences culinaires de son existence ; le crumble est en dehors de la normalité des choses, une sorte de petit amusement, comme on laisse faire à un enfant. Mais simultanément, elle se sent troublée et irritée par la propension de son mari à accepter cette mise à l'isolement. Il s'enferme de lui-même dans son monde, il garde le secret de sa recette ! Et son agacement monte encore d'un cran au vu de son cabotinage de star d'opérette. « Comme il va bien sûr le faire quand il y a des invités en plus, il sera fier de dire que c'est lui qu'a fait le crumble. SON crumble ! ».

Il est vrai que les poses et forfanteries de l'homme réalisant ses exploits culinaires peuvent avoir quelque chose d'exaspérant pour la discrète cuisinière habituée au don de soi quotidien. Il convient toutefois de saisir que ces caractéristiques ne sont pas imputables à une supposée nature

masculine, universelle et éternelle, mais qu'elles résultent
d'une trajectoire historique et d'un positionnement social.
Les femmes depuis toujours ont fait la cuisine, par devoir ;
les hommes la découvrent à l'âge de l'autonomisation individuelle, par la passion, la créativité et les défis personnels.
Il n'est pas écrit que leur cabotinage doive durer sans cesse
dans leur évolution biographique ; ce n'est que leur manière
spécifique d'entrer dans le domaine. Ils peuvent très bien à
partir de là progresser vers la cuisine ordinaire et modeste,
devenir des chefs constamment au centre de l'organisation.
Deux conditions sont nécessaires. Qu'ils en aient le désir bien
sûr, que la cuisine ne soit pas pour eux qu'une façon de se
valoriser occasionnellement et à peu de frais. Mais aussi que
leur partenaire les aide dans cette progression. Or la passation
des pouvoirs culinaires est des plus problématiques ; les
cabotinages masculins sont souvent utilisés comme un
prétexte bien commode pour remettre le second couteau à sa
place. Prenez Clémentine. Elle s'était plainte qu'il oublie
même de mettre la table, qu'elle soit obligée de lui
demander ce geste si simple. Pourtant son ami, sans ressort
ni motivation quand il s'agit simplement d'aider, est parfois
pris par des rêves de grandeur qui le mettent spectaculaire-
ment en mouvement. « Il va avoir envie de faire un plat, un
truc. Et alors là, attention ! C'est le grand chef qui se met
aux fourneaux ! C'est tout un cérémonial. » Elle est
d'emblée critique, soucieuse surtout des retombées négatives
(ce sera à elle de faire le rangement et la vaisselle). Une éventuelle évolution vers un partage plus équitable est bloquée
dès le départ. « Et c'est bon ? » lui demande l'enquêteur.
« Bien, je devrais sans doute dire oui, mais c'est un novice
aussi. » Elle n'a guère envie de le soutenir dans ses efforts, et
préférerait qu'il fasse davantage en tant que second couteau,
s'en tenant strictement à ce rôle. Charlotte est plus hésitante.
Elle varie dans son appréciation des velléités d'excellence
culinaire de son mari. Dans un premier temps de l'entretien,
elle avait manifesté son enthousiasme admiratif. « Lui il est
spécialiste dans la daube, c'est SA recette. Je crois qu'il fait
la meilleure daube de l'Ouest. » Plusieurs fois elle réitérera
son intarissable éloge de la « meilleure daube de l'Ouest ».

Mais après avoir évoqué quelques aspects plus délicats de ses relations avec son mari, le ton changea. « C'est pas trop mauvais. Il la fait tous les six mois. Et il lui faut la cuisine pendant cinq ou six heures ! Et encore ! C'est moi qui lave la vaisselle ! ». Son mari est à la retraite alors qu'elle continue à travailler. Une daube deux fois par an sans assurer la vaisselle ne suffit pas à rétablir un semblant d'équité. Elle trouve parfois à cette daube un goût un peu amer ; ce n'est plus la meilleure de l'Ouest. Charlotte balance entre deux positions. Parfois, la cuisinière en chef utilise les travers masculins comme autant de prétextes pour ne pas lâcher son pouvoir. Mais parfois aussi le second couteau pris d'un épisodique coup de passion conserve tous les défauts du mode d'entrée dans la carrière culinaire sans être vraiment prêt à s'engager plus avant. Il ne s'agit alors pas de simples prétextes. Charlotte, qui serait sans doute bien disposée, ne peut faire des miracles pour aider son mari à aller au-delà de son exploit biannuel.

Quand l'homme devient chef

Il est très improbable que les coups de passion du second couteau parviennent à renverser le jeu de rôles institué une fois que le couple a commencé à prendre ses habitudes. C'est beaucoup trop tard pour Charlotte, et sans doute déjà joué pour Clémentine. L'installation durable des hommes dans la fonction de chef n'est en général vraiment possible que lorsqu'elle se dessine dès les premières interactions conjugales. Condition nécessaire mais d'ailleurs non suffisante, car il n'est pas rare que l'homme se retire peu à peu après des débuts prometteurs. Les probabilités sont plus grandes quand il s'est engagé de lui-même, bien avant, pris par des envies de faire et accumulant au travers de ses expériences des habiletés particulières. L'enfance et la jeunesse dans la famille d'origine d'une part, les séquences de vie en solo avant la mise en couple d'autre part, interviennent de façon décisive. Tony et Savarin, les deux chefs masculins parmi les personnes interrogées, ont connu de tels parcours ayant implanté depuis longtemps des rapports intimes avec la cuisine. « J'ai commencé à 14 ans, je faisais des gâteaux. Après, j'étais encore chez mes parents, j'ai commencé quatre ou cinq plats, pour le plaisir du ventre. » Savarin explique comment il a été emporté dans cette trajectoire culinaire par la conjonction de deux facteurs. « C'est le plaisir de bien manger. Et puis j'ai toujours été habitué à manger des trucs cuisinés, faits maison. » La nourriture, les repas et la cuisine occupaient une place de choix dans la culture familiale. Il aurait pu, comme d'autres adolescents, développer une posture oppositionnelle. Mais il aimait trop ça. Il ne tarda donc pas à mettre la main à la pâte pour réaliser ses premières expériences. Plus tard, seul dans son logement, il était déjà un chef accompli, loin des picorages de la majorité des célibataires. « Même quand j'arrivais à 9 heures-10 heures, je me cuisinais mon repas. » Il n'a le souvenir d'aucune variation biographique : il a toujours été aux commandes.

Les débuts du couple représentent un deuxième temps décisif. La copine de Savarin aurait pu être agacée par son style, qui reste encore aujourd'hui assez masculin par certains aspects démonstratifs (chaque plat est un petit événement, discuté et mis en scène longuement à l'avance). La copine de Tony aussi. Celle-ci n'a cependant jamais cherché à lui contester son autorité culinaire. L'important n'est pas dans l'une des deux trajectoires, masculine ou féminine, prise isolément, mais dans ce que provoque leur confrontation. Le débat aurait été beaucoup plus intense si Tony, par exemple, avait rencontré Prune (il est d'ailleurs difficile de deviner lequel des deux se serait imposé). Avec sa copine au contraire, tout a été clair dès le début. « Vu qu'elle sait pas cuisiner, et puis elle a peur d'essayer des trucs. Des fois elle a envie, mais… c'est plus des trucs simples. Alors elle va faire ce petit truc-là, parce qu'elle sait le faire. » Il ne l'aide manifestement pas à développer ses tentatives, la maintenant dans un rôle caractéristique de second couteau. Elle est préposée à la pluche des oignons et à la vaisselle. Plus, quelquefois, une tarte (c'est le fameux « petit truc »).

Comme pour Savarin, la première qualité culinaire de Tony n'est pas la modestie, et il accorde peut-être à la nour-

riture et aux repas plus d'importance que son amie secrètement ne le souhaite. Mais il représente aussi un véritable
exemple de passion masculine réalisée et s'installant dans la
durée. Quelle convive ne serait pas charmée par ses petites
fêtes organisées chaque soir, avec ambiance originale,
musique et jeux de lumières appropriés ? Les aspects tapa-
geurs de l'entrée en passion culinaire des hommes ont aussi
pour corollaire de produire parfois des sortes de merveilles.
Les femmes sont, par héritage historique, davantage
inscrites dans le sens du devoir que dans la passion, si l'on
réduit cette dernière à ses aspects strictement culinaires.
Mais la cuisine fabrique le couple et la famille par les repas,
et cet objectif (plus que la nourriture en elle-même) allume
les passions féminines. C'est pourquoi, au moment de la
mobilisation familiale intense autour des repas (dès que les
jeunes enfants viennent à table), les femmes peuvent
reprendre les commandes, y compris quand dans les débuts
du couple l'homme aimait à se mettre aux fourneaux. Rien
n'est donc encore gagné pour le partage des tâches tant que
cette phase cruciale n'est pas atteinte. Car la passion féminine pour la famille tend à réactiver le système de rôles
ancien et le sens du devoir. Tout ce qui renforce les spécificités féminines réactive d'ailleurs les archaïsmes inégali-
taires. Même sous la forme moderne des passions, même
sous la forme de revendications de droits spécifiques ou
d'affirmations communautaristes. Élisabeth Badinter [2003]
a raison de souligner que le féminisme fait fausse route
quand il exacerbe la différence entre les sexes. Car ce n'est
que par le jeu d'individus devenus plus autonomes que se
produisent les évolutions majeures. Dans le domaine du
partage des tâches culinaires, l'essentiel des progrès se
réalise dans la jeunesse, au moment de la vie où les individus sont le moins contraints par des stéréotypes de genre.

Du sacrifice au don

Les individus sont de moins en moins définis par des rôles
imposés, notamment des rôles sexuels ; ils sont des
personnes avant d'être hommes ou femmes. Il convient

donc de relativiser l'opposition entre comportements
masculins et féminins que je viens de brièvement décrire,
qui ne vaut que d'une façon globale ; chaque histoire
personnelle est particulière. Pourtant, après la phase où
l'autonomie inventive est la plus forte (à la jeunesse), le
poids du passé incorporé croisé au maintien de stéréotypes
finit par réinstaller un clivage vivace entre les sexes. Même
si la comparaison hommes/femmes a quelque chose de
schématique, elle continue donc à nous apprendre bien des
choses. Du côté des hommes, nous avons vu comment
s'expliquent leurs manières cabotines d'entrer dans le
monde de la cuisine. Les trajectoires féminines sont totalement différentes. Leur histoire est très longue. Elle s'enra-
cine dans des générations et des générations de cuisinières
inscrites dans des rôles encadrant leurs conduites.
L'adéquation à ces rôles rendait la vie acceptable sinon
toujours facile. Les compétences culinaires et des envies
diverses pouvaient parfois ajouter une dimension de plaisir
plus personnel. À l'inverse, la distance au rôle impliquait
que les cuisinières se remobilisent pour produire un effort
ressenti comme ingrat. Le sens du devoir prenait alors une
tonalité plus aiguë de morale du sacrifice.

Aujourd'hui, les rôles ne sont plus imposés (au moins
en théorie), mais il reste le sens (très féminin) du devoir
familial. Des conjonctures sacrificielles sont donc encore
fréquentes, quand la pénibilité et la solitude s'abattent de
tout leur poids ; face à une montagne de légumes à éplucher
ou au moment de « trouver l'idée ». Ou encore (c'est Daniel
Miller [1998] qui le souligne, lors de l'épisode spécialement problématique des courses. La cuisine est dans ces
tristes circonstances un don de soi absolu, qui s'exécute
dans la douleur et la peine. Comment s'établit le lien avec
des dons de soi plus joyeux fondés sur le plaisir personnel,
et attentifs au plaisir des autres ? Analysant le rapport liant
don et sacrifice, Alain Caillé [1995] note que le sacrifice est
une « amplification du don » [p. 288], mais qu'il est aussi sa
perversion. Même s'il confère plus d'intensité (au moins en
apparence), il le fait à sa manière, dépendante de la longue
histoire dont il est issu, marquée par les contraintes enser-

rant les hommes. La possibilité qui s'offre à nous aujourd'hui, sous forme d'un « désintéressement qui semblait tout d'abord presque inconcevable » [*Idem*], un don plus libre et gratuit, a le pouvoir de nous engager dans une humanité plus humaine. Le don joyeux et léger a plus de poids qu'il n'y paraît comparé au sacrifice douloureux ; il fabrique du lien social avec une efficacité remarquable. Les chefs le perçoivent intuitivement. Ils tentent de se défaire des logiques sacrificielles qui pourraient les entraîner, multipliant cuisines rapides ou incitations à utiliser le frigo. D'abord parce qu'ils n'ont pas la vocation de la souffrance. Mais aussi parce qu'ils sentent que de tels sacrifices ne produisent rien de très bon. La qualité du lien social est ressentie désormais comme essentielle par chacun. Il se façonne de moins en moins indistinctement. Or la souffrance y laisse trop souvent un goût mauvais. Maryse réagit de façon épidermique à l'idée d'un sacrifice. « Ah ! C'est pas se sacrifier. J'aime pas le mot sacrifier. C'est un grand mot, ça. Non, c'est faire plaisir, c'est tout. Tu fais les choses, c'est spontané, c'est en toi, c'est normal. » Elle hésite entre deux thématiques, faisant alterner banal sens du devoir (« c'est normal ») et don amoureux (« faire plaisir »). Elle n'ose pas s'engager plus avant dans cette logique passionnelle. Suzette franchit plus hardiment le pas. « Quand on cuisine, c'est pour faire plaisir aux autres quelque part. Le week-end par exemple, on a besoin de se dépasser. » Se dépasser. Se propulser hors de soi pour mieux rencontrer les autres. Comme on se dépasse par le sacrifice. Mais se dépasser de façon heureuse, par plaisir et pour créer du plaisir. « Je le fais pour les autres. Mais c'est un plaisir pour moi. C'est un plaisir pour moi de le faire pour les autres » (Savarin). Pour créer du plaisir par son propre plaisir.

L'amour qui s'engendre par les mains

L'élan passionnel n'est pas la base première de la cuisine, cela est impossible. Il faut en effet d'abord se battre contre le temps pour assurer, chaque jour, un simple devoir de nourriture. Les personnes interrogées ont clairement dit qu'elles séparaient la cuisine-plaisir de la cuisine ordinaire. Pourtant, celle-ci non plus ne peut être réduite aux tâches ménagères habituelles. Elle a quelque chose de différent. À cause de la table, cet architecte de la vie familiale. Spontanément, Charlotte et Hortense ont comparé la cuisine avec le ménage pour bien marquer la différence. Elles ont renvoyé aux mêmes images comme critères de distinction : la table, la famille autour de la table. « Le ménage, tout ça, c'est guère enthousiasmant. Tandis que la cuisine, tout le monde se retrouve autour de la table » (Charlotte) ; « Tout le reste, le ménage, tout ça, ça se voit pas. Tandis que là, quand j'amène à manger sur la table, et qu'on apprécie ce que j'ai fait… Et puis, c'est un moment qu'on se retrouve à table, c'est important » (Hortense). La cuisine a cet autre avantage que les utilisateurs remarquent le travail fourni (et apprécient éventuellement l'art du chef). Charlotte aussi l'avait remarqué : « Quand on a fait de bons petits plats, c'est très valorisant ». Mais comme Hortense, elle souhaitait ne pas trop insister sur cet aspect : le plus important est la famille réunie autour de la table. Prune nous offre une parfaite synthèse. « Pourquoi j'aime cuisiner ? Parce qu'on est une famille, et qu'on se retrouve autour de la table, et qu'on aime ce qu'on mange. » Elle emploie deux fois le verbe aimer, en le reliant à la cuisine et aux plaisirs gustatifs. Pourtant c'est bien aussi d'amour familial qu'il s'agit. Les plaisirs culinaires et gustatifs ajoutent une dimension d'intensité au syncrétisme tabulaire. La famille se vit plus fort par l'échange des plaisirs. Biscotte évoque avec nostalgie un passé pour elle hélas révolu. « J'avais une tablée qu'aimait bien les bonnes choses, je savais que j'allais leur faire plaisir, et en même temps je me faisais plaisir. »

Souvent, le chef ne sait pas exactement s'il cherche d'abord à se faire plaisir à lui-même (par ses exploits et pour son ventre), ou à faire plaisir aux autres. Il n'a pas besoin de le savoir. Une telle indistinction est d'ailleurs la garantie d'un engagement plus prononcé. Le mélange des plaisirs est au cœur du processus de la cuisine passionnelle. Un mélange des plaisirs pour le chef, mais aussi dans l'échange avec les convives. Il ne pourra aller très avant dans l'expérience s'il ne parvient pas à les construire comme « sujets de désir » [Miller, 1998, p. 149], anticipant et répondant à ses élans. Daniel Miller s'insurge contre la conception essentialisée de l'amour, qui le considère comme une entité abstraite, éthérée. Alors qu'il prend corps aussi dans l'ordinaire pragmatique de la vie de tous les jours. L'analyse de la « culture matérielle de l'amour » [*Idem,* p. 137] nous révélerait des rouages précis de ses mécanismes élémentaires. Il n'est évidemment pas question de réduire l'amour à la cuisine, d'oublier le lit, les mots doux et les caresses. Mais ce n'est pas un domaine à part, et ce qui s'y joue du point de vue amoureux est sans doute moins secondaire qu'il n'y paraît, que ce soit pour le couple ou pour la famille centrée sur les enfants. Par la magie de la cuisine préparant l'alchimie relationnelle et sensorielle des repas, l'amour se façonne parfois d'une façon très concrète, entre pelage des oignons et pétrissage de la pâte, avec les mains.

Un langage par défaut

L'amour évidemment est aussi fait, et même pour l'essentiel, de gestes plus directs manifestant le désir ou l'affection, d'expression de sentiments, d'échange de paroles. La cuisine cependant, y compris dans ces domaines des sentiments et de la communication, est souvent utilisée de façon détournée. Quand il y a engagement passionnel du chef, elle constitue en particulier un langage amoureux évident. D'abord dans ses formes les plus démonstratives, quand la sensualité des plaisirs gustatifs s'allie à la volupté de la séduction [Etchegoyen, 2002]. Mais aussi beaucoup plus discrètement, ordinairement, implicitement. Dire son amour en face n'est pas toujours aussi simple que dans les films, le silence trop souvent est d'or. Parfois à l'inverse, les mots trop abondants et répétés se sont figés en routines, c'est-à-dire le contraire de l'amour. L'univers des mots prononcés de vive voix est truffé d'obstacles et de pièges ; certains gestes disent davantage et ne trompent pas. Quand il est difficile de dire avec les lèvres, les mains s'affairant dans la cuisine peuvent lancer des messages, communiquer par l'excitation des désirs et l'échange de plaisirs. « Je cherche à faire plaisir, c'est un moyen de communiquer. » Marjolaine a été particulièrement claire sur cet aspect communicationnel de sa cuisine. La cuisine est un langage de substitution, un « plaisir du pauvre », lorsque celui-ci est privé d'autres moyens d'expression. « Préparer des repas pour faire plaisir aux autres, c'est un plaisir du pauvre. Si je pouvais m'en passer, je communiquerais sans doute d'une autre façon. » Étonnant langage amoureux en vérité. Car le chef est rarement tout entier emporté par le seul don de soi amoureux. Il est travaillé par bien d'autres préoccupations dissonantes (contrôle de sa dépense de temps, conjonctures de pénibilité, agacements divers, etc.), sans parler de sa nécessaire concentration sur son œuvre en cours. Il n'est donc pas toujours très disponible dans le feu de l'action. Prune par exemple s'avère d'une approche pour le moins délicate. « Il faut que personne tourne dans mes pattes, il faut que je sois toute seule. J'aime bien être tranquille, parce que sinon je sais plus où j'en suis, ça me prend la tête, je suis de mauvaise humeur. Des fois, je leur dis : foutez-moi le camp ! ». Elle est pourtant cette amoureuse inconditionnelle ne rêvant que de famille merveilleusement réalisée par la cuisine. Prune reconnaît par ailleurs que la communication n'est pas toujours aussi nourrie qu'elle le souhaiterait dans son couple, même si son mari « s'ouvre plus facilement autour d'une table que sur le canapé face à la télé ». La cuisine est donc pour elle, de façon tout à fait délibérée et massive, un langage amoureux de substitution. Qui prend des formes (solitaires et agressives) curieuses, peu conformes à l'idée que l'on se fait habituellement de l'amour.

Le don de soi par la cuisine n'est pas un bloc de vertu et de grâce. Il confectionne le lien social à venir par l'excitation des plaisirs et la scénarisation de la tablée. Mais il le fait rarement de façon pure. Le chef a bien d'autres idées en tête. « Tu fais ça pour les gens que t'aime. Quand tu fais la cuisine, tu mets un petit peu d'amour. » Prune est très sincère, elle agit bien par amour. Elle trouve d'ailleurs des

mots justes pour décrire le langage par défaut : le chef met
« un petit peu d'amour ». C'est-à-dire qu'il n'a qu'en partie
conscience de la composante amoureuse de son élan ; il
refuse de regarder en face l'ampleur du caractère relationnel
de la cuisine. Il ajoute simplement « un petit peu d'amour »
à une activité pragmatique et obligée. La cuisine est un
langage amoureux par défaut, qui de surcroît n'est pas ou
peu représenté comme tel. Ce refoulement relatif est
d'autant plus facile à opérer que le chef a aussi nombre de
pensées très différentes. Prune par exemple, fait d'abord la
cuisine pour elle-même avant de la faire pour les siens. « Ça
me déstresse, moi j'aime. » Il n'y a aucune incompatibilité,
car le plaisir personnel est le gage d'un élan plus fort vers
les autres. La compatibilité est moindre quand le plaisir
personnel résulte de la réalisation de soi par la créativité, qui
peut dériver quelque peu vers le narcissisme. Suzette hiérar-
chise. Si elle a « envie », c'est d'abord pour les siens,
« quand toute la famille est réunie ». Mais dans ce mouvement se nichent des satisfactions plus personnelles, liées à
la conception de ses œuvres : la cuisine comme loisir artistique. Enfin, le tout (don de soi pour les autres et activité de
réalisation personnelle) doit rester inscrit dans certaines
limites très contrôlées. « Je cherche quand même des préparations rapides. » Le don est calculé. Le chef s'engageant
dans la passion reste soucieux de ne pas être dévoré par
cette dernière, qui pourrait le transformer en esclave
ménager. L'image ancienne de la cuisinière attachée par
devoir à ses fourneaux lui fait horreur. Il ne veut plus de
cette époque de contraintes obligatoires, et ne rêve que de
liberté, de légèreté individuelle. L'art suprême est donc
dans la maîtrise de la passion, le savant dosage du don de
soi, à la fois sincère dans l'instant et toujours maintenu sous
surveillance. Anneth a des images de tablées radieuses
autour de « plats bien présentés et avec un bon goût ». La
cuisine n'est pas une corvée, « parce que c'est pour cette
finalité ». Selon les moments de l'entretien, ce même mot
de « finalité » désigne sur ses lèvres le plat parfaitement
abouti (technique culinaire) ou la tablée radieuse (dynamique familiale), car tout est mélangé dans ses pensées. Il

est par contre très clair que cette « finalité » ne doit pas devenir trop envahissante. « Si je pouvais avoir une préparation plus rapide et une finalité meilleure, je choisirais cette solution. »

Nourritures et liens électifs

Les élans sont freinés. Par crainte d'un assujettissement ménager, par les sensations de pénibilité liées au temps qui s'enfuit, par les risques sanitaires d'une alimentation trop riche. Mais aussi par les réactions des convives, qui ne manifestent pas leurs désirs dans les formes idéalement imaginées par le chef. Ils peuvent rester froids, indifférents. « Y a pas de demande non plus ! Y a pas de demande », s'était écriée Maïté. Ils peuvent se faire critiques, lancer des remarques désagréables, apprécier l'exploit du chef mais contester ses choix. Et surtout, ils peuvent se contredire : plus la tablée est grande, moins les avis sont unanimes. Comment dès lors concevoir une œuvre susceptible de cristalliser la communion commensale ? Comment Amandine pourrait-elle réaliser ses rêves de famille par la cuisine entre la pizza-mayonnaise et le régime crétois ? Prune elle-même est partagée. « Mon fils est hyper difficile. En général, je fais souvent le menu pour lui. Il adore ce qui est à base de tomate ; je fais un maximum de tomates. Mon mari, il aime pas trop la tomate, j'évite de lui faire. Donc, c'est compliqué. » Son mari « adore bouffer ». L'amour par la cuisine serait une fête s'il n'y avait ce problème. Car « il va gueuler pour ça, qu'il y ait trente-six menus ». Il n'accepte ni la déstructuration individuelle, ni la centralité de la tomate qui le relègue en personnage de second rang. Le plus dur en effet pour Prune est qu'elle doive choisir. Dans notre société où les goûts s'individualisent, les nourritures familiales se font électives [Muxel 1996]. Derrière la moindre tomate, c'est toujours d'une option relationnelle qu'il s'agit. Les choix faits par le chef traduisent l'état de ses engagements affectifs. Ce ne sont pas seulement les nourritures mais les liens eux-mêmes qui se révèlent électifs ; par les choix alimentaires du chef. Et de ce point de vue, il est rare que le conjoint passe avant les enfants.

Dans la famille dès que l'enfant paraît, la hiérarchie des liens est réaménagée : le couple conjugal s'efface derrière la parentalité. La nourriture le dit aussitôt.

Le chef ne peut répondre à tous les désirs de façon égale, il doit arbitrer, privilégier les goûts de certains convives au détriment de ceux des autres. Et, officiellement, presque toujours au détriment des siens. « On pense d'abord aux autres, c'est normal » (Anneth). Ce qui n'est d'ailleurs guère surprenant dans la mesure où l'engagement passionnel prend sur ce point exactement la suite de l'ancien sens du devoir porteur d'une logique sacrificielle. La mère, depuis des générations, donnait le meilleur à ses enfants ; la femme à son mari. La hiérarchie des portions et des goûts était institutionnelle. Bien qu'elle parte davantage du libre choix du chef aujourd'hui, le résultat est le même : les goûts des autres passent avant les siens, la cuisinière refoule ses envies, mangeant de la viande quand elle préférerait du poisson [Montagne, 2004]. Dans son observation ethnographique des supermarchés, Daniel Miller [1998] a remarqué combien les acheteuses étaient soucieuses de se mettre à la place des futurs convives, cherchant à deviner leurs désirs. Il en conclut que l'« amour s'élabore en faisant les courses » [p. 32], par le dépassement de soi. Ce constat, vrai dans son ensemble, mérite toutefois d'être détaillé. Car le chef, tiraillé par d'autres idées, sait aussi parfois se faire calculateur voire manipulateur, pour diplomatiquement imposer ses vues personnelles. Attitude pour le moins logique à l'époque de l'autonomisation individuelle. Il n'y a pas antagonisme entre altruisme et égoïsme, l'un diminuant l'autre et vice-versa, mais plutôt combinaison subtile. Il est intéressant d'étudier certains de ses mécanismes.

Consensus familial et pédagogie du projet

La cuisine est un combat permanent. Le chef est un stratège qui souvent hélas agit moins par envie de faire plaisir que par réaction à des indifférences et des mécontentements. Chaque repas est une nouvelle expérience, qui lui permet de rectifier un peu le tir, d'abandonner des aliments rejetés par certains convives, d'imaginer des compromis. « Un enfant doit apprendre à manger de tout, mais on va pas lui faire exprès chaque jour quelque chose qu'il aime pas. Quand je faisais des choux-fleurs, je mettais toujours quelques pommes de terre avec » (Hortense). C'est ainsi que peu à peu une culture alimentaire spécifique s'installe dans chaque famille, au travers de minuscules mais innombrables passes d'armes autour de la table. Tony a bien compris le processus. Le couple (comme la famille) est une entité vivante, qui se construit jour après jour par la fabrication d'une culture commune. « Ce n'est pas qu'on aime les mêmes choses, c'est que je cuisine les choses qu'on aime en commun. » Le chef mitonne quotidiennement ce qui unit, et unit par ce qu'il mitonne. Évidemment, le consensus qui en découle n'est pas très équilibré ; le chef a des affinités électives. Clémentine par exemple craque pour les pâtisseries au chocolat, et craque de même pour sa petite fille. Or, miracle de l'alchimie culinaire, les deux élans peuvent être fusionnés. « Alors là, pour elle, je me lâche ! Je fais des gâteaux marrants, je fais pleins de trucs comme ça, avec du chocolat. » Clémentine se lâche beaucoup moins pour son copain, cherchant souvent des recettes vite faites dans le livre de sa grand-mère. Deux poids, deux mesures. Le chef n'a plus la vocation du sacrifice héroïque. Emporté par une logique de plaisirs, il serait inconcevable qu'il cuisine des choses que lui-même déteste manger. Tout en étant attentif aux goûts du conjoint et surtout des enfants, il va donc désormais s'introduire lui-même en convive comme les autres dans les arbitrages. Mû par la générosité, il refuse néanmoins d'être une victime. Il est donc contraint d'effectuer de savants dosages. « J'ai horreur de l'ail mais mon mari l'aime bien, alors j'en mets un peu de temps en temps. Mais je ne pousserais pas l'héroïsme jusqu'à en mettre dans le gigot ! » (Paule-Dauphine). Le chef est-il objectif dans ses arbitrages quand il se considère simple mangeur parmi les autres ? Il le croit souvent ; ce n'est pas si sûr. Écoutez ce que dit Eugénie. Elle développe d'abord d'une façon claire la théorie du consensus équitable. « S'il préfère certaines choses, je vais de préférence le faire. Mais on n'a pas forcément les mêmes goûts lui et moi. Alors, bon… j'équilibre quoi, pour que tout le monde soit content. » Les exemples qu'elle donne ensuite semblent toutefois infirmer la belle équité proclamée. Sans qu'elle s'en aperçoive, elle opère ses choix à partir d'une idée très personnelle de la vérité alimentaire, soulignant de plus que son mari n'oppose guère de résistance. « Enfin, il faut dire qu'il n'est pas difficile. » Il accepte par exemple les artichauts récurrents que pourtant il déteste. « Il va en manger quand même. Une fois qu'il l'a dans son assiette, il le mange. Même si c'est pas sa tasse de thé. Lui, il préfère les patates. » Eugénie est représentative d'un comportement fréquent, le chef imposant malgré lui ses options, arbitrant à partir de ses goûts quand il croit d'abord être attentif à ceux des autres. Cet aveuglement inconscient part d'un bon sentiment : il veut faire découvrir et partager ses plaisirs. « C'est pas pour moi, je veux qu'ils découvrent » (Anneth). Il souhaite enrichir la culture familiale commune à partir de ce qu'il connaît, dans une sorte de pédagogie du bonheur. D'ailleurs, il réussit parfois, et les convives lui en savent gré, doublement : de les avoir initié à ce à quoi ils résistaient, et d'avoir renouvelé et renforcé l'unification de la famille par ces aventures du goût. « Je fais ce qui est bon pour la famille, mais c'est en partant de mes goûts aussi » (Suzette).

La pédagogie du bonheur dérive aisément vers la pédagogie tout court. Le chef, plongé dans la masse d'informations contemporaines sur la santé alimentaire (cf. première partie) s'en empare évidemment pour légitimer ses choix. Ce n'est plus pour la découverte des plaisirs mais pour la santé de la famille qu'il mène son combat. Objectif supérieur, transformant le combat en croisade, et coupant court aux critiques des convives ; le chef devient encore moins équitable dans le partage entre le goût des autres et les siens. Comment par exemple serait-il possible de contester Marjolaine, qui a décidé de diminuer les doses de gras et de sucre ? Décision parfaitement correcte du point de vue nutritionnel. Elle a remarqué, autre intérêt de cette discipline restrictive, que ces nouvelles habitudes transformaient leurs goûts. « J'apprécie plus, on apprécie mieux le goût des aliments. » Le plaisir rejoint la santé. Toutefois, ne s'agit-il pas surtout des ses goûts à elle, ne profite-t-elle pas des arguments sanitaires pour faire évoluer la famille dans le sens de ses propres inclinations ? « Peut-être, oui, sans doute, mais c'est pour des questions de santé aussi ! ».

Les tactiques manipulatoires

La discrète manipulation du chef à son profit est souvent plus précise. Il a face à lui une variété infinie de produits et opère ses choix à partir de gammes de critères multiples (goûts contradictoires des convives, structuration de la suite des repas, prix, qualité, aspects nutritionnels, écologiques, etc.). En d'autres termes, il est affronté à une complexité inouïe, aucun choix ne pouvant d'ailleurs être pleinement satisfaisant. Nous verrons bientôt comment il résout cette difficulté en réduisant soudainement la complexité par une option fulgurante, quel que soit le critère qui se dégage. Il est donc extrêmement tentant pour lui, à ce moment, de mettre en avant un aliment qui, tout simplement, lui fait envie. Parce qu'il est bon à penser, parce qu'il apparaît délicieux à manger. C'est ainsi que Suzette a imposé l'huile d'olive (qu'elle adore désormais). « L'huile d'olive, j'ai beaucoup de mal parce que dans la famille on n'aime pas. Moi si. Je m'habitue à tout ce qu'on peut trouver qui est bon pour la santé. C'est pas facile de les mettre à l'huile d'olive. » Ce n'est pas facile non plus pour Melba de mettre sa famille à la morue. Elle est très contente des dernières informations scientifiques (à propos des Oméga 3) qui remettent le poisson encore plus à la hausse dans la hiérarchie sanitaire des aliments. Car la morue est pour elle un régal. Au début de l'entretien, elle avait repris la théorie de l'abnégation du chef, oubliant ses propres désirs, surtout vis-à-vis des enfants. « Je pense que toutes les mamans sont comme ça. » Précisant aussitôt qu'il y avait quand même des limites, et que les parents ne devaient pas abandonner l'idée d'un projet éducatif à travers l'alimentation. « Quand j'estime que c'est bon pour

eux, j'en refais quand même, même si ça leur plaît pas. »
Qu'est-ce qui est bon pour eux (et pour le mari) ? La morue,
bien sûr. La morue qui justement ne leur plaît pas. Son mari
s'est fâché tout rouge il y a quelques jours. « Ah ! c'est pas
possible ! On va pas encore remanger de ce machin-là !! ».
Elle était pourtant sûre d'elle, ayant mélangé la morue à une
sauce qui devait pensait-elle la rendre indétectable. « Je ne
voulais pas rester sur un échec. » Elle devra trouver une
autre astuce. Hortense est exactement dans la même position, à propos de toute une série d'aliments. Elle tente des
coups, enregistre les réactions de l'adversaire, opère un
repli passager, avant de dresser les plans d'une nouvelle
attaque. « C'est juste pour un temps. Et après je fais attention à la manière de représenter ça. »

Le chef associe deux tactiques majeures pour imposer ses
idées. La croisade pédagogique au nom d'intérêts supé-
rieurs, et l'écoute sélective des désirs. Il est, très sincèrement, attentif aux goûts des siens. Mais ces derniers sont
multiples. Ils sont contradictoires entre les divers convives.
Et ils sont infinis pour chacun de ces derniers. Parmi les très
nombreux aliments et les façons de les préparer, les
convives expriment des préférences. Or ces préférences
sont plus ou moins consonantes ou dissonantes avec les
goûts du chef. S'il est habile, il peut donc parvenir à isoler
ce qui lui plaît dans ce qui plaît aux autres, forgeant ainsi la
culture alimentaire commune autour d'une logique apparemment consensuelle et dominée par le plaisir, mais
faisant la part belle à ses propres goûts. Certains chefs réussissent à imposer massivement leurs idées personnelles en
étant continuellement à l'écoute des autres. Ils trient dans
les goûts. Et ils choisissent aussi dans les diverses aspirations pour régler le degré et les modalités de leur engagement. Maryse a remarqué que son mari n'aimait pas trop les
plats en sauce. « C'est tant mieux pour moi. » Elle a
supprimé toute une série de mets longs à préparer, à
commencer par ceux qui lui causaient des problèmes. Maïté
aussi a très bien su utiliser le désir des autres. Elle avait
regretté le manque de « demande », qui l'avait empêchée de
s'impliquer davantage. Mais c'était surtout pour faire bonne

figure face à l'enquêteur. Sur le fond, cette faiblesse de la demande a en réalité fait ses affaires et elle a très bien su l'exploiter. « Les gamins, quand tu leur fais à manger, c'est pas la peine de leur faire des trucs compliqués, qu'ils n'aiment pas. Moi j'ai toujours dit : j'aime mieux leur faire ce qu'ils aiment. Les trucs compliqués, ils n'aiment pas. » Ils préfèrent les sandwichs au jambon.

Clémentine a été une des rares à avouer son intérêt personnel, consciente des privilèges que procure la position de chef. « Moi, le midi, je ne mange pas, alors je me sens très peu concernée par l'estomac des autres. Pense d'abord à toi ma fille ! Donc le midi, s'il y a des restes, je vais peut-être ajouter un petit truc quand même. » Le soir est très différent. Tout dépend de sa forme et de ses sensations du moment, la poussant du côté de la cuisine rapide ou d'un engagement plus passionnel. L'usage du livre de la grand-mère ne sera pas le même selon l'option choisie. Les critères dominants étant l'argent et la facilité d'exécution pour la cuisine rapide, le goût pour la cuisine-passion. « Mon goût à moi, hein ! Je me suis dit, après tout, c'est moi qui fais les courses, c'est moi qui me tape la liste, c'est moi qui fais la cuisine ; je fais à mon goût. Au moins, j'aurai plaisir à manger. » Souvenez-vous, Clémentine s'était plainte des quelques tentatives du second couteau. « Il va avoir envie de faire un plat, un truc. Et alors là, attention ! C'est le grand chef qui se met aux fourneaux ! C'est tout un cérémonial. » Elle apprécie d'autant moins qu'à chaque fois, il cuisine du poisson. « Alors que moi, j'aime pas le poisson ! Moi le poisson, ça passe pas. Si j'ai un peu trop faim après, je vais aller grignoter dans le frigo. » Ils ont encore beaucoup de réglages à effectuer pour définir leur culture alimentaire commune.

Des compliments mais pas trop

Excepté dans quelques cas comme celui de Clémentine, le chef n'a pas vraiment conscience d'imposer ses goûts ; au contraire, il croit très sincèrement privilégier ceux des autres. Et il est effectivement très attentif à leurs avis (pour

développer ses tactiques sélectives). De son point de vue, il
n'y a aucun doute : l'altruisme dépasse toujours et largement les quelques manifestations d'égoïsme qu'il s'autorise. Que ce soit par devoir ou par passion, la cuisine est un
dépassement, un don de soi généreux, pour les autres. La
preuve de son désintéressement sans narcissisme ? Il aime
bien recevoir quelques compliments, mais pas trop.

Il aime bien en recevoir un peu, rien de plus normal.
Seule Maïté, assez logiquement, n'en attend aucun. « Qu'il
y ait des compliments ou pas, ça m'est égal. J'ai fait ma
B.A., fallait le faire, je l'ai fait, terminé ! ». Un minimum
d'effort est évidemment nécessaire pour pouvoir prétendre
à des compliments. « Si on me dit "c'est bon", c'est une
petite récompense, c'est agréable. Si on ne me le dit pas, ça
m'est égal » (Candy). Quand elle dit que cela lui est égal, il
faut bien saisir le sens des mots. Elle préfère bien sûr la
« petite récompense ». Mais c'est l'objectif de son action
qui reste égal : nourrir la famille de son mieux ; qu'il y ait
ou non une « petite récompense ». Les compliments sont
davantage attendus quand le chef vient de se dépasser plus
que d'ordinaire. Il attend une réaction signalant que les
convives on noté son effort. « Quand j'ai fait un bon petit
plat mijoté qui m'a demandé du temps, si on me dit pas que
c'est bon, je demande : « Alors, qu'est-ce que vous en
pensez ? ». En général, j'ai la réponse : « C'est bon » »
(Bélangère). Le chef qui s'est engagé fortement dans la
logique du don de soi espère être « reconnu comme celui
qui donne plus que l'autre » [Caillé, 2004, p. 21]. Et pour
cela, il lui faut un signe, même minuscule, mais clair. « Ah !
Quand j'entends rien !..Je dis "Alors, c'est bon ou c'est
mauvais ?". Pas à chaque fois, hein, de temps en temps. Ils
me répondent :

– Si on te dit rien, c'est que c'est bon.

– Ah oui ? Mais de temps en temps, vous pourriez le dire,
alors, que c'est bon ! » (Hortense).

L'opinion des convives intéresse d'une autre manière :
pour savoir, tout simplement, si le plat est vraiment bon. Car
l'incertitude est amplifiée et les risques techniques multi-
pliés dès que le chef sort de sa cuisine habituelle. Les

louanges le rassurent. « Les compliments, c'est pas pour la fierté, mais ça veut dire que mon plat est vraiment réussi, je le prends comme ça » (Candy). Les chefs spécialement angoissés ou incertains de leur art sont plus que d'autres impatients de recueillir les appréciations. Madeleine par exemple, qui n'est jamais parvenue de sa vie à doser régulièrement le sel. « Je passe d'un extrême à l'autre », les convives naviguant entre fadeur drastique et concentré salin. « J'ai toujours peur de ne pas réussir. » Elle ne demande pas de compliments, juste la confirmation qu'il n'y a pas de problèmes.

Les éloges doivent cependant rester mesurés. Les personnes interrogées ont été fermes sur ce point. Charlotte ne cesse de refroidir les enthousiasmes verbaux de son mari. « J'aime bien les compliments, mais pas trop. Mon mari raconte tout le temps partout : "Ah ! Qu'est-ce qu'elle fait bien la cuisine !" ». Je lui dis : "Arrête ! Ça m'agace !" ». Charlotte est très consciente du décalage existant entre la cuisine de rêve qu'elle serait susceptible de faire et ce qu'elle produit réellement. Les dithyrambes de son mari lui paraissent faux par leur exagération, réactivant sa mauvaise conscience, l'incitant à faire davantage quand elle préférerait une cuisine rapide. Les compliments doivent être exactement ajustés à la situation. Mais si le chef souhaite leur fixer une limite, c'est aussi pour une autre raison. Trop d'encensement flattant son ego briserait la logique du don, en révélant un individu faisant la cuisine par calcul ou narcissisme. Toute la dynamique de la construction de la famille par l'échange des plaisirs serait grippée dès le départ. Paule-Dauphine explique clairement comment elle « aime bien entendre » un compliment, mais sans expressément l'attendre : il doit venir spontanément des convives. Il ne s'agit pas de politesse ou de modestie de la part du chef. Les compliments qu'il « aime bien entendre » ne sont que secondairement égocentriques. Au contraire, les signes qu'il guette (et dont ils témoignent), sont tournés vers les convives, indiquant qu'ils ont éprouvé du plaisir. « C'est pas pour entendre des compliments, mais c'est pour faire plaisir » (Tony). « Ça vous flatte ? » demande l'enquêteur à

Babette. « Non ! C'est parce que je suis contente qu'ils aient aimé. » Eugénie semble poursuivre la même phrase : « Quand ils ont aimé, alors ça fait plaisir, je suis contente. » Elles sont heureuses avant tout de la circulation des plaisirs qui fonde le lien. Les meilleurs compliments viennent donc des réactions spontanées du mangeur face à son assiette, des phrases qui sortent du ventre. « Ah c'est bon ! Tu nous en referas ! ». Les louanges parfaites prennent même parfois la forme du silence, uniquement troublé par les bruits de la mastication affairée ; il existe des silences qui parlent très fort. « Quand tout le monde engloutit ça et qu'on n'entend rien... je sais pas, ça encourage, c'est un remerciement de la préparation qu'on a fait. Je suis sensible à ça » dit Madeleine, qui aime bien cependant entendre aussi quelquefois des manifestations de satisfaction plus explicites.

Le chef ne fait pas la cuisine pour entendre des compliments. « Si on ne me fait pas de compliments, je vais rien dire » (Prune). Il la fait même parfois, comme Prune, par envie, se faisant d'abord plaisir à lui-même en faisant plaisir aux autres. « En premier lieu, je la fais pour moi, moi je suis contente de ce que je fais. » Mais la circulation du plaisir fonctionne aussi dans l'autre sens. « Maintenant, si les autres sont contents, je suis heureuse. » En se donnant sans calcul, le chef finit aussi par en recueillir personnellement les fruits.

Faim de famille

Tout part de l'envie du chef. Parfois bien sûr il n'en a guère, et se force à agir, simplement par devoir. « C'est parce que c'est nécessaire, c'est tout. Parce qu'il faut manger, qu'il faut le faire. Il faut que quelqu'un le fasse. » Maïté n'est cependant pas trop écrasée par ce sens du devoir. « Même si j'avais du temps je ne cuisinerais pas plus. Du moment qu'ils ont leur platée de pâtes, c'est tout ce qu'ils veulent. » Elle n'a pas de motivation, pas de désir, pas d'envie. « J'ai pas envie, j'ai pas envie, c'est tout ! J'ai pas envie. »

Quelle est cette envie qui met en mouvement, envie de quoi exactement ? Le chef a du mal à préciser. Tony multiplie les raisons. « C'est pour me détendre. C'est aussi pour mon corps, pour bien manger, pour être équilibré. Et puis c'est une recherche. » Marjolaine n'en donne d'abord qu'une, mais très abstraite. « C'est ma façon de m'exprimer. » L'envie est complexe, multiple, changeante. Des éléments divers peuvent concourir à pousser le chef à l'action. Le souffle de la créativité (le chef est un artiste), le désir de gloire (le chef joue à la star), le besoin plus prosaïque de se relaxer (le chef, tel un enfant, joue avec ses mains). Des éléments qui peuvent même être encore plus indéfinissables. Une envie pure. Qui saisit Clémentine quand elle se sent bien. « Tu vois, si je suis contente, j'ai fait un truc qui me convient, j'ai passé une bonne journée, je vais préparer un petit apéro, un petit truc, et de là, une bouffe un peu meilleure. » Tous ces désirs fragmentaires fusionnent en un seul élan, et sont enveloppés, fédérés, dynamisés, par la motivation et la mobilisation familiale. « Ne serait-ce qu'un enfant ou deux, je vais m'y mettre. Même les gâteaux que je n'aime pas, je les fais avec plaisir. » Biscotte a besoin d'être « entraînée », pour cuisiner, mais aussi, pour manger. « Je ne suis pas une grosse mangeuse. Toute seule je ne mange pas. Je ne suis pas entraînée, donc j'ai pas faim, donc je ne fais pas de cuisine. » Sans famille, elle n'a pas faim. « Avant, quand on était en famille, je mangeais autant qu'eux, comme eux. Je ne forçais pas, j'aimais bien. Maintenant, mon estomac… J'ai pas faim. » La famille donne faim.

Emporté par l'élan familial, le chef a faim. Physiquement faim. Cette faim au ventre augmente encore l'envie, la rendant plus charnelle et urgente. « J'ai les papilles qui salivent » (Savarin). Lorsque les papilles ne salivent pas, l'envie de cuisine (et de famille) diminue. « Quand j'ai pas d'appétit, là ça devient vraiment une corvée, je vais faire un plat rapide, le repas est vite expédié » (Marjolaine). Heureusement, Marjolaine a très souvent « une envie de manger moi-même qui me donne envie ». Le chef, à ce moment, se demande s'il ne bascule pas un peu du côté de l'égoïsme, tant il se voit déjà en mangeur savourant ses propres exploits. « Préparer et manger c'est le même plaisir, c'est un enchaînement, c'est le final. J'éprouve énormément de plaisir à manger » (Savarin). Mais il devine au fond de lui-même que la démarche n'a rien d'égoïste, au contraire. La dynamique relationnelle a creusé sa faim. Cette faim cependant est aussi une faim d'autre chose, qu'il ressent : l'envie de faire plaisir, de répondre au désir des autres. « C'est l'envie de manger moi-même qui me donne envie. Peut-être aussi l'envie de faire pour les autres. Je cherche à faire plaisir » (Marjolaine).

Faire les courses

Hélas, faire la cuisine présuppose aussi de traverser des moments difficiles, qui gâchent un peu cette belle harmonie de la circulation des plaisirs. Des séquences de pénibilité sont inévitables. La pire – le chœur éploré est unanime – ce sont les courses. « Ce qui m'énerve, c'est de faire les courses » (Hortense). Le chef, transformé pour l'occasion en responsable des achats, ne parvient pas trop à comprendre pourquoi. Il est même régulièrement surpris par la charge mentale qui s'abat sur lui dans le magasin. Car les courses sont le grand moment de vérité. Celui où il devrait ne pas pouvoir se cacher que sa fonction est d'une complexité inouïe, qu'il doit arbitrer entre des options alimentaires, gustatives, sanitaires, économiques divergentes, imaginer une architecture future des liens sociaux, moduler son propre engagement culinaire. Tout cela en quelques instants, alors qu'il ne parvient pas à ordonner ses idées, poussant son caddie entre des alignements d'objets aguicheurs qui le sollicitent. Personne ne lui avait dit que faire la cuisine était un tel travail intellectuel. Il se sent seul. Fatigué. « Le plus pénible, c'est de savoir ce que tu vas acheter, de savoir ce que tu vas manger, le lundi, mardi, mercredi… » (Clémentine). L'unique recours pour vaincre la pénibilité est alors l'antique sens du devoir, voire l'éthique sacrificielle : se donner aux autres à travers l'épreuve de la souffrance [Miller, 1988 ; Devault, 1991].

Mais sans trop se la représenter ainsi. Au contraire, le responsable des achats se persuade que cette fatigue mentale est une aberration, une brusque faiblesse personnelle sans véritables causes. Il cherche d'autant à la faire disparaître au plus vite.

Comment diminuer cette pénibilité agaçante, comment la chasser de son esprit ? Le chef tente la mise au point de tactiques. Clémentine, encore en phase d'expérimentation ménagère, a testé diverses fréquences pour ses achats. Après les courses mensuelles, qui se sont révélées produire des résultats particulièrement lamentables, elle a radicalement changé d'option et essayé tous les deux ou trois jours. Conclusion : « C'est la galère » ; à peine les courses sont-elles terminées qu'il faut déjà penser aux prochaines. Elle a donc décrété un nouveau rythme ; désormais ce sera tous les quinze jours. Elle risque d'être désagréablement surprise, car trop diminuer la fréquence est souvent un piège. Il s'agit certes d'un réflexe logique. « Ah c'est ce qu'il y a de plus pénible, les courses ! J'essaie d'en faire le moins possible » (Melba). Hélas, la répétition moindre de la corvée se paie très cher, en amplification de la pression mentale lors des courses regroupées. De la pénibilité moins souvent mais plus forte. Deux critères interviennent dans l'intensification de la pression mentale à l'origine de la pénibilité : la structure du ménage et le rapport au temps. Plus la famille est importante, plus le travail est intellectuellement complexe. « Les courses quand on est nombreux, c'est la corvée » (Olivia). Madeleine se souvient de son épuisement à essayer de tout prévoir quand les enfants étaient à la maison. Aujourd'hui, c'est plus facile avec son mari, d'autant qu'elle a tout son temps. Elle multiplie donc les « petites courses », qui sont aussi des promenades dans le quartier, des occasions de pouvoir discuter ; la pénibilité a presque disparu. Sauf quand elle s'y prend « à la dernière minute ». Elle est alors étonnée de retrouver cette pénibilité qu'elle pensait rangée au rayon des mauvais souvenirs. « Ça c'est le plus pénible, ça remplit la tête. » Il n'y a pourtant rien de surprenant. La désagréable pression mentale résulte du rapport direct entre la complexité intellectuelle des problèmes à résoudre (notamment pour une grande famille) et le temps réservé à cet effet. « Les courses faut que ce soit fait, mais vite fait » (Maïté). Plus le chef croit pouvoir se débarrasser de ses courses, plus il est saisi par une pénibilité s'abattant à l'improviste. Les femmes investies dans leur travail et en charge de l'essentiel des tâches domestiques, en sont évidemment les premières victimes. Seul le luxe du temps long diminue le stress des courses voire les transforme en plaisir. Quelques personnes ont même (longuement) décrit de façon très idéalisée de véritables scènes de bonheur sur les marchés. Elles préféraient oublier les autres courses, celles de la vie ordinaire.

La liste

Le chef manquant de temps doit donc imaginer des tactiques plus subtiles. La première qui lui apparaît est la rédaction d'une liste d'achat. Il en existe de très différentes. Par exemple, l'inscription (sur une ardoise, un carnet dans un tiroir) des produits de base qui viennent à manquer, pour ne pas les oublier le jour fatidique. Ou bien, les plus intéressantes, des listes prévisionnelles. Des petites et des très longues, des approximatives et des tatillonnes, des régulières et des exceptionnelles à l'occasion d'un grand repas. Mais toutes fonctionnent sur le même principe : le transfert de la pression mentale par un décalage temporel. Pour éviter une trop désagréable intensité dans le magasin, le chef prépare le travail intellectuel avant. « Sans ça, on se retrouve dans le magasin… j'aime pas » (Amandine). La liste peut même séparer les divers produits par rayons pour rationaliser les déplacements avec le caddie [Lahire, 1998]. Certains n'hésitent pas (s'ils ont la disponibilité suffisante) à se consacrer de façon importante et organisée à cette activité de programmation. « J'aime bien être organisée, j'aime pas après, dans les courses : ah ! j'ai oublié ci, ah ! j'ai oublié ça. Dès le matin, je me lève, je commence à penser à ce que je vais faire à manger le midi. » (Maryse). Même Maïté préfère y passer un peu de temps, pour diminuer la pénibilité dans le magasin malgré la simplicité régulière de ses achats. « Je fais ma liste le vendredi, je marque ce qu'on va manger le samedi, le dimanche. » Malheureusement, un nouvel écueil guette. Le chef qui s'adonne exagérément à la programmation exacerbe la difficulté à « trouver l'idée », en développant avec trop de précision, trop longtemps à l'avance. Il croyait se débarrasser d'une pénibilité et il en active une autre. D'autant que la rédaction des listes est fondée sur une illusion très répandue. Celle tendant à croire que tout est programmable, que la pauvre énumération sur le petit papier puisse dire tout. Or elle n'esquisse que des bribes infimes. N'oublions pas que le chef doit construire toute une architecture familiale ; la liste n'évoque qu'une série (souvent très incomplète) de produits. C'est pourquoi souvent, il imagine en réalité deux listes. La plus visible, écrite en bonne et due forme sur le petit papier, notant en priorité les produits de base à ne pas oublier. Et la liste « dans la tête ». « Je fais une liste dans ma tête : tiens je vais faire… » (Maryse). La liste dans la tête est à la fois plus flottante et plus ambitieuse, balayant un spectre beaucoup plus large, intégrant des images familiales et des scénarios de vie possible. Excepté pour les grands repas précisément prévus, elle n'est généralement qu'une ébauche évitant d'arriver trop démuni dans le magasin, et ne demandant qu'à être démentie par des idées meilleures. « J'ai toujours mes idées. Bon, ça m'arrive que dans le magasin je me dise : tiens ! non ! je ne vais pas faire ça, contrairement à ce que j'avais pensé. Oui ça m'arrive de changer d'idée selon ce que je vois dans la magasin » (Hortense).

Plus ou moins bien préparé, armé ou non d'une liste écrite, le chef transformé en responsables des achats arrive dans le magasin. Au début, sa liste est un atout précieux. Il se dirige vers des produits à l'allure rassurante de simples objets. Même sans liste, il commence souvent par naviguer dans les rayons sans trop de désagrément. Un univers chatoyant d'aliments et de marques le bombarde de mille idées nouvelles ; des existences insoupçonnées sont à portée de main. Trop, trop d'idées, trop d'autres vies. La charge mentale commence à peser de tout son poids. Son objectif de l'heure n'est plus de rêver mais au contraire de limiter les possibles. Il doit construire, élaborer une architecture de l'avenir (cohérente et solide), écarter les risques (nutritionnels et relationnels). Parmi l'immensité des possibles, il doit décider.

Promotions et rationalité

Or il ne peut le faire de façon rationnelle tant les choix sont contradictoires et leur gamme étendue. La réflexivité allant au-delà de séquences brèves et bien définies deviendrait à l'inverse ici une ennemie, aggravant la charge mentale sans donner de solution. Le chef doit mettre au point une méthode. Bien qu'il n'en ait pas conscience, celle-ci est très sophistiquée. Il n'en pas conscience car sa première règle est de réduire la complexité, de l'effacer de ses pensées. (C'est pourquoi il est toujours surpris par la pénibilité des courses et ne peut la regarder en face.) Il fait comme si tout cela n'était qu'un mauvais moment à passer, mais un moment sans importance. Alors qu'une part notable de l'avenir familial se joue à travers ses décisions. Il se convainc qu'il ne s'agit que d'une liste de produits et de presque rien d'autre. Il lui suffit, lui semble-t-il, de s'appuyer sur ses repères habituels (préférences pour certaines marques, principe de variation, menus type, etc.), et de se laisser guider par des impulsions d'achat complétant la liste.

Hélas, il ne peut aller trop loin dans cet oubli de la complexité sous-jacente aux courses, car cela l'entraînerait à acheter sans ligne directrice. Il se divise donc en deux. Une partie de lui-même reste l'architecte de la vie familiale par les repas, croisant continuellement visionnages fictionnels (où se mélangent évocations imagées et sensations renforçant certaines images) et bribes de réflexivité. Ses pensées circulent entre des visions travaillées par les désirs des siens, et des calculs beaucoup plus opératoires (bilan de ce qui est dans son caddie, redondances, oublis, cohérence des choix). L'imaginaire et les calculs pragmatiques doivent évidemment finir par se rejoindre, de même que l'alimentaire doit rejoindre le relationnel. Le chef a sa famille dans la tête, inventant son avenir à travers yaourts et petits pois. Paradoxalement, la présence à ses côtés d'un conjoint ou de ses enfants ne l'aide d'aucune manière [1]. Au contraire, elle crée des perturbations. Car l'expression directe des envies dans le magasin et les marchandages qui s'ensuivent, accaparent les pensées et s'intègrent mal dans le plan d'ensemble en cours d'élaboration. Le chef doit être tout entier à sa construction secrète des scénarios du futur. Dut-il pour cela s'énerver contre les demandes perturbatrices et ne pas être disponible pour ses proches, au nom desquels pourtant il produit un tel effort. Immense travail cognitif en vérité ; la pénibilité vient de nulle part ailleurs. Mais le chef refuse de plonger trop profond dans cette moitié de lui-même dont il sent qu'elle s'enfonce dans un abîme de complexité. Il tente de jouer son rôle d'architecte de la façon la plus simple et légère. En se propulsant, autant que faire se peut, dans son autre moitié, l'individu impulsif qui se donne par ses sens au peuple bigarré des objets du magasin.

Le lieu de vente est un univers de stimuli, qui déclenche chez l'acheteur des images personnalisées en forme de scénarios existentiels. Le produit devient l'organisateur virtuel d'une séquence biographique. Certains stimuli puissamment mis en scène n'ont aucun impact, car ils n'entrent pas en résonance avec les registres incorporés du possible, d'autres parce que le chef avait tout bonnement les idées ailleurs à ce moment-là. Quand la consonance opère, le chef se sent soudainement délivré. L'évidence de l'impulsion a, d'un seul mouvement, fondé le choix et réduit la complexité. Les supermarchés sont des lieux où se vivent des petits coups de foudre, pour un camembert ou pour un gigot. Dès qu'il est emporté par un de ces élans minuscules, le chef s'évertue à le conforter et fait en sorte que le produit élu se transforme en organisateur, structurant la suite des courses et les repas à venir. « Il y a des choses très attirantes.

---

1. La consultation à distance à l'aide d'un téléphone portable, qui se développe aujourd'hui dans les magasins, est de nature différente. Elle est plutôt le fait du second couteau délégué aux courses, et qui, dans le doute, prend ses ordres auprès du chef. Quand il s'agit (plus rarement) du chef lui-même, la consultation reste très ponctuelle et contrôlée, ne provoquant pas de perturbation et faisant plutôt baisser la pression mentale.

Des fois, on voit un chou, un beau chou. On se dit : oh ! je pourrais faire un beau chou farci ! » (Clémentine). Les coups de foudre alimentaires de Clémentine sont souvent plus modestes, surtout quand elle ne cherche pas à programmer vraiment les repas. « Je prends un peu au pif. Tiens v'là du veau ! Il est beau, j'prends du veau ! ». À l'inverse, certains responsables des achats se rendent dans les magasins, sans listes, pour être emportés par leurs émotions. « Je ne sais pas du tout ce que je vais faire. Et puis je vois des choses » (Paule-Dauphine). Ils déambulent dans les allées en attendant que leur regard soit accroché, dans l'espoir d'être séduits. Rien n'est plus puissant que les sensations pour sauver des affres stériles de la complexité réflexive [Damasio, 1995]. Une fois séduit par un aliment, il ne reste plus au chef qu'à broder autour un menu. « Je ne vais pas avec une idée de menu dans le magasin. C'est en parcourant les rayons que je me dis : tiens ça serait bien. Parce que je vois un produit qui me plaît bien. Et hop ! Ca trotte le menu ! Un menu me vient en tête : tiens je mettrai aussi ça et ça » (Madeleine). Abandonnant les listes, Anneth en a fait son nouveau principe. « C'est dans le magasin que je décide de mes repas les plus fréquents. »

Le magasin bien sûr n'est pas un terrain neutre. De l'autre côté du rideau, de savantes mises en scène des produits sont conçues pour attirer le chaland [Cochoy, 2002]. Bien des têtes de gondole décident de la tournure que prendront les interactions familiales. Et puis il y a, aussi et surtout, les promotions. Incroyablement attirantes. Rien de très surprenant pourrait-on dire. Sauf qu'elles ne sont pas attirantes (du moins pas principalement) pour les raisons que l'on croit. Leur succès est souvent donné comme exemple de l'affirmation d'un consommateur calculateur illustrant la rationalité de l'individu. Or même si cette dimension est bien réelle, c'est aussi exactement du contraire qu'il s'agit. L'économie affichée est utilisée comme un merveilleux prétexte pour ne pas se poser de questions, loin donc de la rationalité réflexive. La promotion est la star des mises en scène, provoquant une séduction automatique. Dont l'acheteur est une victime très consentante. Sa fonction première est de réduire de façon particulièrement simple la complexité, et d'imposer ainsi un produit organisateur de la suite des achats. Plusieurs personnes ont même dit qu'elles achetaient systématiquement les promotions bien qu'elles ne fassent pas trop attention aux prix. « S'il y a une promotion, je vais en prendre, mais je regarde pas trop les prix » (Tony) ; « Je ne fais pas attention aux prix, mais je suis quand même les promotions » (Anneth). Car leur vertu est surtout de diminuer la réflexion, donc d'atténuer la pénibilité. « Je vois une promo, je me dis : tiens ça c'est pas mauvais, je prends » (Candy). Le contrôle réflexif est minimal (vérifier seulement que « c'est pas mauvais »). Et la disposition d'esprit passive, en attente de la séduction. « C'est plutôt les promotions qui viennent à moi » (Candy). Hélas, les promotions sont de plus en plus nombreuses, concurrentes entre elles et donc confuses. Le bonheur reposant qu'elles procuraient n'aura duré qu'un temps.

CONCLUSION

Pour le meilleur et pour le pire, le mangeur est entré dans le monde moderne de la liberté et de l'incertitude. Il picore tel un oiseau, ne sachant plus où donner du bec, inquiet cependant du risque sanitaire de ses excès. Il dispose pour conjurer ceux-ci de la masse (inflationniste) des informations nutritionnelles, qui le mettent en garde et lui permettent de se forger une opinion. Hélas, une opinion ne suffit pas en ce domaine. Même une opinion scientifiquement correcte. Car manger est aussi une affaire de culture et d'affectivité. On ne mange pas avec son cerveau. Manger en compagnie familière tisse le lien qui attache ensemble. Comme au temps des premières sociétés, la parenté se construit encore par la bouillie, en partageant la nourriture, jour après jour. L'histoire des repas a été étonnamment agitée. Depuis le moment fort des exaltations sacrées autour des autels de sacrifice, qui unissait avec les dieux autant qu'avec les hommes, jusqu'aux manières de table tatillonnes et rigides du XIXe siècle, qui développèrent un modèle de mœurs, centré sur l'idée d'une famille à restaurer par l'ordre des corps. En face à face, autour de la table. Puis les corps fatiguèrent de cette raideur sans âme. Quant aux âmes justement, elles avaient des désirs nouveaux. Elles voulaient vibrer à l'unisson, ou à défaut, communier au moins un peu dans une intimité réconfortante. Par la parole, malheureusement pas toujours facile à manier. Et par les sensations ; la nourriture devint un instrument existentiel. Contre ce beau programme familial cependant, le libre individu de la modernité, surtout à la jeunesse, peut à tout instant préférer ses picorages d'oiseau sans attache, léger comme l'air. La famille doit s'ingénier à le retenir.

La famille, ou plus exactement le responsable des opérations culinaires : le chef (qui généralement reste encore aujourd'hui une femme). La famille se contente en effet de se mettre les pieds sous la table et de découvrir les particularités nutritionnelles de la scène qui va se jouer entre tintement des verres et cliquetis des fourchettes. Scène essentielle, cœur de la vie familiale, d'autant plus fondatrice qu'elle se fait rare dans les ménages où chacun mange souvent de son côté. Il ne faut donc pas la rater. Les convives jouent leur rôle, à l'intérieur de gammes imposées, tentés par la fuite quand la pression du groupe se fait trop pesante, dévorés par la télévision quand le face à face ne trouve plus ses mots. Autrefois des anges passaient, aujourd'hui la télé les remplace. Ne plus avoir rien à se dire n'est pas le pire qui puisse arriver ; c'est de ne plus rien ressentir ensemble. Manger pour manger dans un monde sans saveur, dans un monde autistique fermé aux émois ordinaires des convives attablés. C'est pourquoi la nourriture n'est pas anodine. Elle est désormais une arme décisive pour fabriquer la famille, dans ce qu'elle a de plus intime et vivant. Notamment quand un cuisinier y investit son temps, son savoir, ses émotions, pour produire une œuvre qui fera beaucoup plus que planter le décor de la scène.

Tout repose donc sur les épaules du chef. Il doit d'abord opérer des choix très complexes et difficiles. Arbitrer entre les goûts des uns, des autres, et les siens propres. Prendre des options alimentaires, entre dépense et économie, abondance et auto-contrôle, plaisirs et diététique. Contraindre par une pédagogie collective ou laisser chacun se débrouiller avec le frigo. Dans le secret de ses pensées, éperdu de solitude parfois dans le magasin, il pressent qu'il est le chef d'orchestre clandestin de ce qui va se tramer par la suite. Et il lui reste encore la décision la plus problématique : le degré de son engagement culinaire. Car cette responsabilité écrasante lui tombe dessus à contre-courant de l'histoire : au moment même où il tentait de fuir la cuisine. Ici le masculin générique n'est plus de mise : « il » en l'occurrence, c'est « elle », l'antique cuisinière, rivée par obligation à ses fourneaux, pour la vie, qu'elle y éprouve du plaisir ou de la peine. Une telle assignation à un rôle imposé est devenue tout à fait insupportable aujourd'hui. Les femmes veulent s'inventer, individus libres et autonomes, égales aux hommes et à l'égal des hommes. Ces derniers ne se mettent cependant encore que rarement aux fourneaux pour assurer la cuisine ordinaire. Heureusement une solution se présente, grâce à des produits de plus nombreux et variés permettant d'effectuer une cuisine rapide. Voire de laisser chaque membre de la famille se débrouiller avec des aliments individualisés prêts-à-manger. Le chef se coule alors dans le mouvement général d'individualisation, abandonnant d'ailleurs une bonne part de sa fonction, pour devenir un mangeur comme les autres. Le frigo devient roi. Un nouveau modèle alimentaire s'installe, qui diminue les tensions en même temps que le lien se délite. La vie devient plus fluide, à l'image des nourritures faciles à avaler.

Tel est le modèle de base, qui se développe inexorablement. Mais plus il élargit son emprise, plus un contre-modèle émerge, par saccades, par flambées, mis en mouvement par les émotions. Des envies. Multiples et indéfinissables. Une passion. Où se mêlent des désirs de créativité esthétique et une quête des plaisirs du palais et du ventre, une faim d'intensité conjugale et de vie familiale plus vivante. Une soif de vibrations indicibles, un langage amoureux par défaut. L'amour n'est pas qu'un sentiment abstrait, hors du monde ordinaire. Il se façonne aussi au quotidien, parfois même avec les mains. Il y a dans les mains du chef des sensations très particulières. Elles sont le contraire de sa tête, qui lui donne beaucoup de soucis. Car il n'arrive pas à effacer le fait que la cuisine est une activité extraordinairement complexe. Sa tête le fatigue. Ses mains, elles, le délivrent de cette pression mentale. Il se regroupe, corps et âme autour d'elles, fusionne tout entier dans leurs manipulations. Le chef se sent rempli d'évidence et de concret, tout en devinant l'ampleur relationnelle et affective de ce qu'il est en train d'accomplir. L'amour peut naître des petits plats.

Hélas, rien n'est simple dans le monde alimentaire contemporain, fondé sur des contradictions insolubles. Il est donc impossible de conclure cette histoire comme se terminent les contes de fée. Pour mille raisons (chef calculant ses élans, convives se chamaillant ou désertant la table au lieu d'être émerveillés), les carrosses ne cessent de redevenir citrouilles. Cette raison parmi d'autres : trop d'amour par les petits plats peut hélas produire des kilos surnuméraires, et nuire à la santé. Il est d'ailleurs bien connu que les passions sont toujours dangereuses et qu'elles peuvent mener aux excès. L'individu réflexif qui sommeillait dans un coin de la tête du chef refait alors surface et refroidit ses élans. Il se met au régime, et rêve de légèreté. L'alimentation d'aujourd'hui est un mouvement perpétuel.

À PROPOS DE LA MÉTHODE

L'enquête auprès des 22 personnes interrogées a été menée selon la méthode de l'entretien compréhensif [Kaufmann, 1996]. Esther Esnault et Cédric Touquet ont su y investir toute leur finesse d'ethnologues attentifs au moindre détail et respectueux des mots les plus simples. Selon qui pose les questions et comment, le matériau recueilli a toujours une saveur particulière. Ici il a celle de l'humanité ; je leur en suis infiniment reconnaissant.

Le chercheur qui s'engage sur un nouveau terrain doit gérer au mieux une contradiction. Il lui faut en effet cadrer l'enquête (au risque sinon de s'éparpiller), mais savoir en même temps ne pas la cadrer trop pour rester disponible à la découverte. Il est parfois entraîné là où il ne pensait guère, et c'est ainsi que se révèlent souvent les résultats les plus intéressants. J'avais prévu de mener ce travail sur la cuisine domestique. Je m'attendais à trouver la richesse contradictoire (entre cuisine rapide et passion) que nous avons vue à l'œuvre dans la tête du chef. Mais je ne m'imaginais pas à quel point la cuisine pouvait concrètement fabriquer la famille. Seules quelques questions avaient donc été prévues sur les repas. En phase de dépouillement, mes données s'avéraient un peu trop légères sur ce point.

J'aurais pu relancer une seconde campagne d'entretiens, plus ponctuelle. Une alternative qui me sembla préférable se présenta. J'étais plongé dans le travail bibliographique et je découvrais en effet toute une série de passionnantes enquêtes traitant directement ou indirectement des repas, à base d'entretiens qualitatifs. Le matériau était superbement riche et diversifié. Il aurait été inconcevable de les ignorer. Il aurait été inconcevable aussi de ne les citer qu'allusivement, sans restituer un peu de leur chair la plus concrète et vivante. C'est donc ce que j'ai fait, et je remercie notamment Julie Janet Chauffier, Karim Gacem, Isabelle Garabuau-Moussaoui, Mathilde Perrot, Elsa Ramos et François de Singly pour la qualité de leur travail.

Une mauvaise chose (un oubli dans mon enquête) s'était transformée en son contraire. Certes j'avais été aidé par la chance, car on ne trouve pas toujours une série groupée de si belles enquêtes au moment précis où on en a besoin. Mais ce qui en résultait était largement supérieur à ce qu'aurait donné un complément d'enquête mené par mes soins. Chaque méthode a ses qualités et ses défauts. L'entretien compréhensif, comme son nom l'indique, est incomparable pour comprendre, notamment quand il s'agit de mettre en évidence des processus sociaux. Une telle productivité ne s'obtient que s'il est utilisé avec une grande souplesse. Il y a alors un risque (c'est le point faible de la méthode) ; que les idées *a priori* du chercheur orientent les conclusions. La principale garantie contre cette dérive est son propre auto-contrôle, pas toujours facile à imposer quand les idées s'enflamment. Il peut donc être salutaire parfois de confronter avec d'autres sources sur le même sujet. Il n'existe pas deux chercheurs qui traitent leur matériau exactement de la même manière et dans la même optique. Croiser les regards s'avère très précieux.

Nous avons beaucoup trop la conception étroite selon laquelle l'analyse des données doit se mener comme on vide un sac. Une enquête = un résultat. C'est une vue de l'esprit, qui répond aux besoins de l'administration bureaucratique des gens et des choses. Car le sac est en réalité sans fond, la richesse du matériau infinie ; on peut toujours lui faire dire autre chose. Je suis de plus en plus partisan de ne pas vider les sacs à la va-vite, en perdant à chaque fois leur richesse inouïe. Mieux vaut moins d'enquêtes, beaucoup moins, mais un vrai traitement de leur densité anthropologique. J'essaie désormais personnellement de revenir sur d'anciens travaux pour les retravailler au corps. Faire ceci à plusieurs est encore mieux, et c'est ce qui involontairement m'a été donné ici. Heureusement que j'avais insuffisamment pensé aux repas dans mes questions.

DONNÉES BIOGRAPHIQUES

ANNETH
49 ans
Préparatrice en pharmacie
Mariée, un enfant vivant régulièrement à la maison

Grande cuisine aménagée et bien équipée, ouverte sur la salle et sa table de réception. La table de la cuisine permet cependant aussi d'y prendre les repas

Anneth fait la cuisine sans déplaisir, ne connaissant guère ce qu'est la pénibilité (sauf peut-être un peu pour le nettoyage des ustensiles). Mais quand on lui demande de rêver à ce qu'elle ferait si elle avait tous les moyens imaginables, elle répond qu'elle embaucherait une personne pour préparer les repas. Le charme culinaire a donc quand même ses limites. Il provient en réalité de l'imaginaire dans lequel s'inscrit l'action : la cuisine prépare le repas, qui est perçu comme un moment agréable et un temps très fort de la vie de famille. C'est cet objectif qui entraîne et sublime les gestes culinaires, effaçant la pénibilité.

Elle ne se sent pas douée pour l'improvisation, et préfère s'appuyer sur des recettes quand elle cherche à innover, ce qu'elle fait régulièrement. Elle dresse alors une liste précise des produits à acheter. Mais le plus souvent au contraire (quand elle ne se lance pas dans une innovation), elle se rend dans le super-marché sans idées préconçues, attendant les suggestions que lui procure sa cueillette d'images venant des aliments exposés. Les repas, ces temps forts qui structureront la famille, prennent alors forme en quelques instants, à partir des sollicitations les plus diverses. Ainsi, alors qu'elle ne fait pas trop habituellement attention aux prix, une promotion peut soudainement l'attirer vers un produit, autour duquel d'autres achats devront suivre pour composer des harmonies gustatives et relationnelles. Les courses sont un art difficile.

AMANDINE
    45 ans
    Au foyer
    Mariée, trois enfants vivant à la maison

Petite cuisine bien équipée, ouverte sur la salle et sans table. Mais la table de la salle est si proche de l'entrée largement ouverte qu'elle fait presque partie de la cuisine.

« Quand les enfants étaient plus jeunes, on s'énervait un petit peu. Maintenant non, après tant d'années… S'il veut pas manger ça, il va voir dans le frigidaire et puis c'est tout ». Malgré son amour de la cuisine, elle a fini par baisser les bras, et prépare un menu spécial pour ses deux garçons (l'aîné a 20 ans). « C'est toujours les mêmes choses qui reviennent, en fait ça va être très peu de choses différentes, ça va être du poisson pané, le hamburger, les pizzas et les frites. Avec toujours, à chaque fois, de la mayonnaise ». Heureusement pour elle, sa fille n'a pas été emportée par ce vent de macdonaldisation domestique. Elle reste son alliée fidèle, partageant la plupart de ses goûts. Contre ses garçons. Et contre son mari aussi, qui lui se toque régulièrement de nouvelles idées sophistiquées dans lesquelles il voudrait l'entraîner. « Mon mari depuis quelque temps il s'intéresse beaucoup au régime crétois. C'est nouveau, ça va pas durer. C'est à base d'huile d'olive, poisson, beaucoup de légumes, et normalement des escargots. Faut qu'ils soient frais. Bon ben je vais peut-être pas aller ramasser des escargots quand même ! ».
    Confectionner trois menus différents rallonge donc le temps de préparation d'une cuisine qu'elle voudrait pourtant rapide dans la semaine. Le week-end au contraire, Amandine souhaite prendre tout son temps pour réaliser ses rêves culinaires. Mais pour qui ? L'éclatement des goûts dans la famille rend l'opération pour le moins délicate. Alors, elle invite des amis pour vivre sa passion, vibrant de discrètes émotions tout au long des préparatifs, la gorge serrée par l'angoisse, stressée à l'idée de faire des erreurs. Avec son mari, ils n'ont découvert le vin que tardivement. « Oh un grand vin, c'est délicieux, c'est superbe ! ». Ce partage conjugal des plaisirs œnologiques compense à l'évidence ce qui ne parvient pas à opérer pour l'ensemble des repas. Emportée par son élan, elle n'a d'ailleurs pas hésité à initier sa fille de 13 ans. « Oh elle adore ça ! ».

BABETTE
    52 ans
    Employée du secteur public (mari retraité)
    Un enfant vivant régulièrement à la maison

Cuisine assez petite remplie d'appareils (lave-vaisselle, lave-linge), ne laissant la place qu'à une demi table collée au mur, mais ouverte sur une véranda donnant sur le jardin.

« Je crois que c'est venu de l'envie de donner à mes enfants ce que moi je n'ai pas eu ». Babette garde le souvenir amer d'un manque intime lorsqu'elle était petite fille ; elle interprète les repas approximatifs et bâclés sous l'angle de la déficience affective. Sa vie, décida-t-elle, serait donc à l'opposé. Elle donnerait sans compter l'amour qu'elle n'avait pas eu (ou qu'elle pense ne pas avoir eu) par des repas délicieux, en s'engageant corps et âme dans la cuisine. C'est pourquoi rien ou presque n'est pénible pour elle en ce domaine. Une heure, deux heures ou plus ; elle ne voit pas le temps passer. Seul moment vraiment délicat : trouver une idée pour le prochain repas. Alors, elle demande à son mari : « Qu'est-ce que tu veux manger ? ». Il lui répond invariablement : « Ce que tu veux ». Ce qui a le don de prodigieusement l'agacer. L'épluchage des légumes n'est pas non plus ce qu'elle préfère. Le mari est donc commis d'office à cette tâche, ce qui a pour vertu d'effacer son petit agacement. La suite n'est par contre que montée du plaisir. Elle adore particulièrement les touches finales décoratives, avec des micro-inventions de dernière minute. Le repas enfin, mélange les plaisirs de la parole et du palais. Même en semaine, seule avec son mari, et malgré les exigences nouvelles de santé qui impliquent de suivre un peu un régime. Babette tente de faire aussi bon avec une cuisine plus légère.

Mais quand des amis sont invités ou quand ses enfants reviennent le week-end, le régime est aussitôt et totalement oublié. Le sucre, l'huile, le beurre et la crème sont comme autrefois employés avec générosité. Car l'unique fin désormais est le plaisir à donner. Les enfants sont ravis. « Ils trouvent toujours ça bon quand ils reviennent ». Surtout quand ressurgit (proustienne petite madeleine) une saveur mêlée de souvenirs que l'on croyait perdus. « L'autre jour j'ai fait une purée, une vraie hein ! Oh ma fille m'a dit : « Oh là là ! ça faisait longtemps que t'avais pas fait ! Elle s'est régalée. »

BÉLANGÈRE
44 ans
Employée
Mariée, deux enfants vivant régulièrement à la maison

Petite cuisine organisée autour d'une table centrale, avec un buffet en stratifié comme meuble de rangement, et un hamster dans sa cage comme animal de compagnie.

La cuisine, déclare-t-elle, est un vrai plaisir, qui monte *crescendo* à mesure que les plats prennent forme, sorte de préliminaires d'un délice annoncé. Plongée dans les odeurs et n'hésitant pas à grignoter dans les phases terminales sous prétexte de tester les préparations, son appétit est hélas retombé lorsqu'elle passe à table. Le plaisir est dans l'attente d'un plaisir plus fort encore, qui malheureusement se dérobe sans cesse. Il ressemble à une illusion.

La fuite du plaisir est encore pire dans la semaine, car elle doit courir après le temps. Le plus dur est de trouver une « idée ». Bélangère y pense chaque soir pour le lendemain. Et parfois c'est l'échec, le « trou » affolant et mentalement fatiguant. Alors, elle demande à son mari ou aux enfants. « Ah ils m'aident pas vraiment ! Dès fois j'ai un trou : qu'est-ce que je vais faire à manger ? Je leur demande : « Ah je sais pas moi ! » ». Elle n'attend pas de réponse, qui pourrait d'ailleurs encore plus compliquer sa décision. Il s'agit surtout de se libérer d'un poids en montrant à tous la complexité de ce qu'elle fait.

Bélangère interroge aussi les convives pendant le repas, « quand j'ai fait un bon petit plat mijoté qui m'a demandé du temps ». Rien n'est plus terrible en effet qu'un mari ou des enfants qui ne remarquent pas cet effort. Non pas qu'elle souhaite des marques de reconnaissance ou de remerciement. Mais le petit plat avait pour raison de créer du plaisir dans le groupe familial. Il faut qu'elle sache s'il en a bien été ainsi.

À propos de ce plaisir dont elle parle continuellement, il semble manifeste qu'il soit plus contradictoire que déclaré, et peu intense. Une sorte de plaisir banalisé et sans surprise, qui explique sans doute son ton monocorde et presque triste pour le décrire. D'ailleurs, quand l'enquêteur lui propose d'imaginer sa cuisine idéale, elle révèle d'un coup cette faible intensité émotionnelle : elle se débarrasserait de tout, « pour avoir le temps de faire autre chose ». Secret cri du cœur de l'individu déchiré, un peu trop étouffé par son activisme familial. Car à travers la cuisine, c'est à l'évidence de famille qu'elle nous parle.

BISCOTTE
53 ans
Au foyer
Divorcée

Grande cuisine équipée de nombreux éléments, et surtout d'une table imposante en son milieu.

Sa mère avait rêvé de la former à ce qu'elle imaginait devoir être son rôle futur de parfaite ménagère : « Fais de la cuisine, fais de la cuisine ! Quand tu te marieras, tu ne sauras rien faire ». Mais elle résistait passivement, se contentant d'observer, sans passer à l'acte culinaire ; elle n'était pas pressée d'endosser ce rôle traditionnellement féminin, à une époque où commençait à souffler le vent de l'autonomie personnelle. Dès le lendemain de son mariage, l'apprentissage se fit donc dans l'urgence. Biscotte convoqua à sa mémoire tout ce qu'elle avait vu, et se plongea dans des livres de recettes pour compléter. Elle parvint rapidement à se débrouiller pour assurer une cuisine honnête autour de laquelle s'animaient de joyeuses tablées familiales, dont elle garde un souvenir nostalgique.

Car la suite de son histoire est beaucoup plus tourmentée. Se retrouvant soudainement seule avec ses enfants en bas âge, elle fut prise d'une véritable folie culinaire, en forme de thérapie, cherchant par le mouvement de ses mains à s'interdire de penser. Alors qu'elle n'apprécie guère les pâtisseries, elle ne cessait d'inventer de nouveaux gâteaux merveilleux pour faire plaisir aux enfants.

L'élan se brisa quand ceux-ci partirent du foyer. Elle essaya une fois de se faire un bon petit plat. « Lorsque j'ai été face à l'assiette, toute seule, c'est pas passé ». Elle préfère donc grignoter sur le pouce ; un morceau de fromage, un yaourt ou un fruit. Et découvre qu'en réalité elle a ordinairement très peu faim. Non seulement cuisiner n'a plus d'intérêt et se mettre à table provoque un blocage, mais elle n'est pas poussée par l'appétit. Le contraste est saisissant avec les scènes qui lui reviennent en mémoire. « J'avais une tablée qu'aimait bien les bonnes choses, je savais que j'allais leur faire plaisir. Et en même temps, je me faisais plaisir ». Elle avait le plaisir de donner du plaisir. Mais aussi le plaisir tout simple et plus personnel de manger. Plongée dans ses souvenirs, elle prononce une phrase étrange par l'emploi du présent : « J'aime bien les bonnes choses ». Alors qu'elle se contente de grignoter et n'a plus de goût à manger. Les contextes familiaux peuvent profondément bouleverser les repères gustatifs.

CANDY
42 ans
Agent administratif
Divorcée, deux enfants vivant régulièrement à la maison

Petite cuisine pleine de casseroles, lave-vaisselle, lave-linge. Petite table face à la télévision.

Sa vie culinaire (entre semaine et week-end) est totalement et radicalement coupée en deux,. Pour la semaine, elle refuse même d'employer le mot « cuisine », achetant des plats préparés et se débarrassant de cette corvée au plus vite. « Je travaille, je n'ai pas le temps ». Le week-end au contraire, elle prend longuement ce temps qui lui manque dans la semaine. « Je pourrais faire autre chose de mes journées, mais la cuisine j'aime bien, ça me détend ». La semaine elle fait ses courses à la va-vite, se laissant guider par les promotions dans les magasins (à la condition que cela n'entraîne pas un travail de préparation), le critère financier étant central. Le week-end au contraire elle imagine dès le vendredi tout un plan très précis, et n'achète que ce qui correspond aux recettes programmées, n'hésitant pas sur les bons produits.

Le repas est pour elle un moment précieux, le seul où elle sente vivre ainsi sa petite famille. Elle essaie d'éviter la télévision pour privilégier la conversation, et se bat pour que les enfants restent un minimum de temps à table. Mais ceux-ci parviennent quand même régulièrement à s'échapper. Pourtant, il y a déjà longtemps qu'elle a cédé à propos de leurs goûts alimentaires, et qu'elle cuisine surtout ce qui leur fait plaisir.

CANNELLE
23 ans
Animatrice
En couple

Kitchenette de jeune couple, avec étagères ouvertes pour poser la vaisselle. Mini table pour des dînettes serrées dans les cinq mètres carrés.

Cannelle se voit en artiste des fourneaux. Elle réalise une œuvre. « C'est plus fort que toi, c'est l'art ça, je rigole pas hein ! T'as envie, tu sens un truc, il faut que tu fasses. Pas le David de Michel-Ange, hein ! C'est peut-être qu'un cornichon que tu vas couper en lamelles sur le jambon ». Il suffit d'un cornichon en lamelles pour que cela lui monte à la tête. Il faut dire que ses progrès sont fulgurants depuis ses débuts (récents), où elle ne savait pas qu'il fallait mettre du beurre dans la poêle pour cuire une omelette. Son point d'appui est simple et fondé sur ce qu'elle aime le plus au monde, les pommes de terre. « Patates, patates. C'est pas compliqué, ça me remplit de bonheur, tout bête ». À partir de cette base cependant, elle libère son énergie créatrice, jonglant sans aucune censure avec les épices. « Je suis la reine de la folie avec mes poudres magiques ».

Les repas sont moins éclatants. Elle a beau rajouter du piment dans sa cuisine, tout se passe comme si le jeune couple était en train de s'affadir doucement. Et même de sombrer parfois dans le silence. Un silence intolérable pour Cannelle, et qui lui pose beaucoup de questions. « Tu te retrouves comme deux cons quand il y un silence qui tombe. Tu te dis : on n'est pas des petits vieux quand même ! Tu te vois, à table, comme deux petits vieux ». Heureusement, la fièvre du samedi soir fait oublier ces instants de doute. Cannelle se dépasse, avec une attention particulière à la décoration des plats. Le samedi soir est une vraie fête. Et l'alcool coule à flot. Ils parlent à n'en plus finir. Ils se sentent proches comme aux premiers temps, ils communient.

CHARLOTTE
62 ans
Cadre de l'Éducation nationale (mari retraité)

Cuisine bien remplie, avec deux plans de travail et une table d'appoint, des plantes sur les appareils, une litière et des gamelles pour le chat.

Pressée par le temps, sa cuisine de la semaine est vite expédiée. « Il faut dire que je ne suis plus que seule avec mon mari. On se contente d'un potage, du pain et du fromage, un yaourt, et puis c'est fait ». Ce temps qui lui manque, Charlotte le trouve pourtant pour préparer en idées, tout au long de la semaine, les plats beaucoup plus élaborés du week-end. Elle lit des recettes dans des magazines, ils en discutent régulièrement tous les deux (« dans la semaine, on se demande ce qu'on va faire le dimanche, on se donne nos impressions »), échafaudant des projets divers, et elle prépare sa liste de courses deux jours à l'avance. Le moment venu toutefois, il n'est pas rare, lorsqu'ils ne sont que tous les deux, qu'elle se contente d'une boîte de conserve. Pas n'importe laquelle, « quelque chose qu'on a acheté dans un pays où on était en vacances ». Mais le décalage entre ses rêves culinaires (elle ne parle de cuisine qu'avec des mots d'amour) et la réalité habituelle peut alors créer un léger malaise, réactivé par des compliments perçus comme abusifs. « J'aime bien les compliments, mais pas trop. Mon mari raconte tout le temps partout : "Ah ! qu'est-ce qu'elle fait bien la cuisine ! ". Je lui dis : "Arrête ! Ça m'agace" ».

Son mari (désormais à la retraite alors qu'elle continue à être très prise par son travail) est un amateur de bonne chère, qui « aime bien venir mettre son nez dans mes gamelles ». Il lui arrive aussi de participer. Dans un élan d'enthousiasme, Charlotte s'émerveille : « Lui, il est spécialiste dans la daube, c'est SA recette. Je crois qu'il fait la meilleure daube de l'Ouest ». Quelques instants plus tard, sa version est toutefois un peu différente : « C'est pas mauvais. Il la fait tous les six mois. Et il lui faut la cuisine pendant cinq ou six heures. Et encore, c'est moi qui lave la vaisselle ! ».

CLÉMENTINE
29 ans
Artiste peintre
En couple, un enfant vivant régulièrement à la maison

Cuisine faiblement équipée, avec un vieux four de mauvaise qualité, mais superbement décorée : frigo peint, table en mosaïque, belle vaisselle qui tranche avec la modestie des casseroles.

Sa trajectoire culinaire a subi de grandes transformations depuis peu. Célibataire, elle grignotait sans horaires, sur le pouce, jouissant de cette liberté. Les premiers temps du couple n'introduisirent guère d'évolutions majeures : ils mangeaient assez souvent ensemble, mais à des heures très variables, de façon improvisée. C'est la naissance de sa fille qui la propulsa dans le monde des repas réguliers et de l'organisation culinaire. Étant donné ses faibles connaissances en ce domaine, Clémentine multiplia des expérimentations très diverses (par exemple, les courses effectuées une fois par mois), pour mettre peu à peu en place son système personnel. Actuellement, elle fait un usage très particulier d'un livre de recettes offert par sa grand-mère, qui joue un rôle central dans ce qui la pousse à agir et à innover, pour « attirer mon petit monde avec moi dans ma cuisine ».

Hélas la fête n'est pas toujours au rendez-vous. Son plaisir est notamment gâché par l'attitude de son conjoint, qui, s'il est un convive agréable, ne fait que de très rares et maigres efforts pour l'aider dans son travail. Ou bien cuisine du poisson, qu'elle déteste. Clémentine se venge en secret en préparant les plats qu'elle préfère. Sauf quand l'ambiance conjugale devient plus favorable, que la secrète insatisfaction s'efface devant le bonheur de l'instant partagé (un petit apéro pendant qu'elle prépare le dîner). Alors, l'abominable corvée change miraculeusement de nature.

EUGÉNIE
62 ans
Retraitée
Mariée

Cuisine organisée autour d'une petite table. Anciennement aménagée de façon intégrée, la conception a été revue de façon plus classique. Un grand four, et un mini-four pour les repas ordinaires.

« Faire simple », « ne pas se compliquer l'existence » : ces termes ne cessent de revenir dans ses propos, martelant le principe éthique commandant son action. Son existence n'est pourtant guère compliquée, et, désormais retraitée, Eugénie aurait largement le temps de faire une cuisine plus élaborée si elle le désirait. Mais elle n'éprouve pas le besoin de changer ses habitudes (« je fais des choses que je sais que je sais faire ») ni de remplir son temps ainsi. De même qu'elle ne rêve pas non plus, inversement, de l'alléger des tâches culinaires. « Si tu ne fais plus de cuisine, si tu ne fais plus de ménage, qu'est-ce que tu fais alors ? ». Elle se contente de faire ce qui doit être fait, dans la continuité de ce qu'elle a toujours fait, déroulant sa vie comme on lit un livre page après page : les repas succèdent aux repas. Quand parfois son corps devient plus rétif, il lui suffit de se rappeler son devoir familial pour le relancer dans l'action. « Par moment, c'est vraiment un devoir familial. On se dit : bon, faut que je fasse à manger, pour le mari, pour tout ça ».

Cette inscription sans trop d'états d'âme dans une socialisation balisant l'existence lui a permis d'atténuer le choc du départ des enfants. Certes les repas ne sont plus tout à fait ce qu'ils étaient. Ils se préoccupent tous deux de leur santé, et leurs activités ayant considérablement diminué, leurs besoins alimentaires ont également baissé. Ils mangent donc moins. Et elle cuisine de façon encore plus simple et rapide. Mais ils ont l'impression de se mettre à table comme ils l'ont toujours fait… ou presque. Car il est vrai que certains plats ont disparu de leur tête-à-tête. Est-ce le désir d'y goûter à nouveau, ou l'envie plus profonde de famille : les enfants sont alors conviés. « On fait un pot-au-feu samedi midi, vous venez ? ». Ils viennent, et la table retrouve une tout autre animation. « Ils aiment ça, ils aiment ça ! ».

HORTENSE
   62 ans
   Retraitée
   Mariée

Elle avait autrefois une grande cuisine (et un grand jardin). Celle d'aujourd'hui n'est plus qu'un espace-laboratoire, sans table, mais cependant bien équipé.

Pour elle cuisiner est avant tout un devoir familial. « Ça fait partie de la vie, c'est normal ». Hortense s'est donc toujours exécutée sans difficultés, sauf parfois pour faire ses courses quotidiennes, quand les indécisions farcissent trop la tête. Depuis que les enfants sont partis de la maison, elle se rend compte cependant que ce devoir dépend beaucoup des formes familiales. L'allant n'est plus le même. « Maintenant, ce qui me décide pour un plat, c'est la simplicité ». Cet affaiblissement de la motivation culinaire a toutefois été doublement compensé. Par l'établissement d'un rituel d'apéritif le week-end. « C'est un temps qu'on prend tous les deux, c'est un temps différent ». Et par une réflexion nouvelle sur la diététique et la santé. L'attention aux repas en tant qu'institution familiale a été remplacée par une attention aux aliments.
   Son discours à ce propos est devenu assez radical. Hortense s'insurge contre « toutes les saloperies qu'il y a maintenant, les OGM et tout ça », et cuisine des légumes verts, qu'elle achète dans des magasins bio. Elle achète le moins possible en grandes surface, refusant les plats préparés et les surgelés (sauf le poisson), ces trois éléments représentant pour elle ce qui est le plus condamnable. Elle est plus gênée pour parler des conserves. « Les conserves, ah ben si ! Il y a de très bons haricots verts, y a de bonnes conserves. Les conserves en général sont bien faites. Surtout les bocaux ». Elle avait un grand potager autrefois, où elle cultivait d'énormes quantités d'haricots verts, qu'elle mettait en bocaux. Bien que cette époque soit lointaine, elle a toujours conservé le goût pour les haricots en conserve et l'habitude de les consommer ainsi. Les discours, même les plus radicaux, doivent parvenir à rendre compte des comportements alimentaires concrets.

MADELEINE
   60 ans
   Retraitée
   Mariée

Cuisine à l'ancienne, avec des appareils et des meubles disparates. Une table réservée au petit-déjeuner.

Elle parle d'un ton monocorde, décrivant sa cuisine et ses repas très simples, qui ne lui prennent guère la tête depuis que les enfants ont quitté la maison. « C'est cool, maintenant ». En fait, pas si cool que cela. Car la petite fatigue mentale du choix à opérer semble encore de trop si l'on considère la chute de son énergie culinaire.

Soudain Madeleine bifurque vers le passé pour répondre aux questions pourtant posées au présent. Et sa voix change, se faisant pétillante ; son débit s'accélère. C'était le temps des tablées familiales, bruissantes de conversations en tous sens (alors qu'enfant elle n'avait pas le droit à la parole à la table de ses parents). La télé était même interdite, pour favoriser cette expression communautaire. Le dimanche était le jour des plats longuement mijotés et encore plus longuement rêvés à l'avance, bien que la recette ne fut pas un mystère : ils lui venaient de sa mère. La course contre le temps, qui l'obligeait alors à grouper ses courses pour trois jours, était résolue comme bien d'autres difficultés. Elle n'a que des souvenirs heureux. La cuisine n'avait jamais été un problème.

Paradoxalement, c'est aujourd'hui où tout est pourtant plus « cool » qu'une discrète mais lancinante pénibilité pourrait poindre. « Maintenant que le cercle de famille diminue, nous on commence à devenir un peu plus routiniers, c'est incontestable ». La télé est là, midi et soir. Madeleine innove moins en cuisine, invite moins, vit « sur les acquis ». Cette diminution de l'intensité ne la satisfait guère. Car elle s'avoue très gourmande, et éprouve un vif plaisir à table. Or les repas ont indubitablement perdu de leur éclat. Elle se dit qu'à leur âge il faut davantage faire attention. Pourquoi alors ne pas apprendre de nouvelles recettes de cuisine légère, qu'elle apprécie beaucoup au restaurant ? Il lui manque l'énergie innovatrice, bien difficile à réactiver quand les repas ne sont plus liés à une mobilisation familiale.

MAÏTÉ
50 ans
Employée du privé
Mariée, un enfant vivant régulièrement à la maison

Cuisine intégrée avec tout l'équipement nécessaire, grand frigo, table-bar permettant une alimentation rapide.

Sa mère était une « excellente cuisinière », elle se souvient d'une farandole de petits plats. Mais elle-même n'éprouve aucun plaisir spécial à manger. Cette inclination personnelle a sans doute été déterminante dans l'enchaînement de facteurs qui a débouché sur la mise en place de leur commensalité actuelle, pour le moins particulière. Au début du couple et après la naissance des enfants, malgré son peu d'envie (ni pour manger ni pour faire la cuisine), Maïté s'était sentie pourtant obligée de tenter quelques petits plats, en réponse à une hypothétique demande familiale non formulée. Ces efforts (d'autant plus problématiques que leurs horaires de travail étaient décalés) tombèrent au mieux dans l'indifférence générale, quand ils ne provoquèrent pas des récriminations. Elle décida donc de faire « ce qu'ils aiment » et de laisser « chacun se débrouiller », organisant la mise en place d'un système très déstructuré fondé sur quelques aliments répétitifs et des repas en commun réservés au seul week-end. « La façon de faire qu'on a convient à tout le monde »

L'objet central du système est non pas la table ou la cuisinière mais le réfrigérateur, rempli une fois par semaine. Du lundi au vendredi, pour les trois membres du ménage (Maïté, son mari et son fils de 17 ans), « c'est sandwich ». Chacun ouvre la porte du frigo à son heure (« c'est échelonné ») et choisit dans le stock disponible pour farcir son pain, mangeant souvent debout. « Chez nous, c'est… du jambon… beaucoup de jambon… beaucoup de jambon ». Le week-end par contre, la famille se trouve réunie au grand complet (avec les enfants partis du domicile parental). Et elle cuisine, mais « que des choses rapides », et toujours les mêmes : steaks-frites, escalopes avec des pâtes. « Ils ne critiquent pas, il n'y a jamais une remarque : ils mangent ce qu'il y a ».

MARJOLAINE
52 ans
Cadre dans l'administration (mari retraité)
Mariée, un enfant vivant régulièrement à la maison

Cuisine assez petite et bien remplie avec le lave-vaisselle et le lave-linge. Il ne reste donc la place que pour une table minuscule collée au mur.

« Je ne veux pas être l'esclave de service, mais je veux faire les choses bien. Je suis pour l'évolution du statut de la femme, mais par contre je tiens à ces repas de famille ». Marjolaine est continuellement tiraillée entre ces deux aspirations contraires, maintenant un regard critique sur ce qu'elle fait pour définir le juste milieu : « Je fais attention à doser cela ». En semaine cependant, il n'est pas rare que de soudaines envies de cuisine inventive l'emportent au-delà de ce qu'elle aurait souhaité. « Je me dis : « Oh là là ! t'es encore en train de te donner trop de mal ! » »

La vraie difficulté cependant vient du week-end. Car, contrairement à beaucoup d'autres personnes, son rapport à la cuisine va paradoxalement se dégrader à cette occasion. Certes, Marjolaine apprécie beaucoup, elle aussi, les grandes tablées familiales (ses enfants reviennent à cette occasion). Ce désir de famille est toutefois insuffisant pour compenser la charge de travail. Elle n'est pas du tout aidée par son mari (pourtant en retraite) et peu par ses enfants. Seule face aux prouesses qu'elle doit hebdomadairement accomplir, la pénibilité l'écrase de son poids de plomb dès les premiers gestes de préparation des légumes. « Là où ça me pèse, c'est quand on est nombreux, qu'il y a beaucoup de pluches, des choses comme ça. C'est vrai que c'est quand même une corvée d'avoir beaucoup de monde ».

Heureusement, malgré ces montagnes d'adversité ménagère, elle trouve presque toujours le moyen de reconstituer sa motivation, à partir de l'extrême plaisir qu'elle a à manger, et surtout à manger en famille. « Pour moi le repas, ça a toujours été lié à l'idée de plaisir et de fête. C'est d'abord le plaisir de manger. Et on a du plaisir ensemble, c'est important ».

Maryse
48 ans
Sans emploi
Mariée, un enfant vivant régulièrement à la maison

Petite cuisine bien pleine et rangée selon un ordre souple. Une table mais serrée dans un espace restreint, entre le lave-linge, la télé et la cage de l'oiseau.

Elle regarde régulièrement une émission culinaire à la télévision, et « découpe beaucoup de recettes dans les journaux ». Il faut dire que pour elle, les plaisirs de la table ne sont pas un vain mot. « Quand c'est bon, ah ! (là je vais dire un grand mot) c'est… une jouissance. Et là t'apprécie la vie… tu prends ton pied quoi ». Il est pourtant très rare que l'une de ces recettes lues ou regardées soit un jour concrétisée. À quoi bon innover en effet ? Ne prend-on pas des risques inutiles ? Quant à la cuisine ordinaire, elle mangerait bien « du hachis Parmentier trois fois par semaine » tant elle aime cela, si elle vivait seule. Mais tel n'est pas le cas. « Quand t'es deux, tu t'obliges à faire à manger ». Et surtout à varier les menus. Varier les menus, tout en restant dans une tradition familiale limitant le nombre de plats possibles. Les mêmes reviennent donc chaque semaine, mais, seul élément de surprise, dans un enchaînement qui diffère. Ce simple changement dans l'ordre de succession lui occupe néanmoins fortement les pensées dès le matin au réveil : que va-t-elle faire ce midi ?

En pensée et en action, la cuisine lui occupe beaucoup de son temps. Elle ne s'en plaint pas. « C'est agréable, j'aime bien prendre mon temps ». Elle aurait même préféré vivre dans la années 1950 pour cette raison. « On prenait son temps à cette époque là ». Car aujourd'hui, où l'on vit « à 180 à l'heure », où la multiplication des produits tout préparés incite à la paresse, il est parfois bien difficile de résister à un petit laisser-aller. Il suffit par exemple d'une « envie de regarder un film à la télé » (ou une émission culinaire !) pour que la cuisine, pourtant nullement rébarbative, soit délaissée. D'autant que l'injonction conjugale reste en réalité très relative. « Quand t'es que deux et que tu sais qu'il est pas compliqué, tu va pas t'embêter non plus ».

MELBA
45 ans
Comptable
Mariée, deux enfants vivant régulièrement à la maison

Cuisine aménagée et ouverte sur la salle, mais une table a été ajoutée pour prendre les repas.

« Le soir, en fin de journée comme ça, je n'ai pas du tout envie de faire la cuisine. Trouver des idées, tout ça, raz le bol de faire les courses ! ». Plus elle essaie de diminuer le temps de préparation, plus le temps lui file encore davantage entre les doigts, créant une pénibilité spécialement fatigante et agaçante. Heureusement sa fille, très gourmande, s'empresse de venir regarder dans les casseroles dès qu'elle arrive le soir, ce qui la motive d'une façon plus plaisante. Sinon, Melba n'a que le sens du devoir familial pour relancer son corps dans l'action culinaire. « C'est pénible, souvent c'est pénible : on s'oblige à préparer ». Et lorsqu'ils ne sont que tous les deux, sans les enfants, « ça sera des trucs plus simples ».

Le repas n'en est pas moins pour elle un moment très important. « Même si ce n'est qu'une demi-heure, ça permet de se retrouver. Tous ensemble ». Les vrais repas qui amènent une conjonction familiale plus intense sont incontestablement ceux du week-end. La cuisine, alors, devient l'exact contraire de ce qu'elle était dans la semaine. « Autant elle peut être ce qu'il y a de plus barbant, autant elle peut devenir ce qui est le plus agréable ». Melba feuillette sans fin des recettes (dans l'espoir de trouver l'idée lui permettant de « changer de l'ordinaire »), rêve longuement aux merveilles possibles, et s'installe avec bonheur dans sa cuisine, de la musique en fond sonore. Le décor n'est plus le même, et le temps a miraculeusement stoppé sa course. Par la magie des petits plats du dimanche, elle qui n'a pas une seconde à elle dans la semaine, « prend le temps ». Et le temps se laisse prendre.

OLIVIA
47 ans
Employée
Mariée

Grande cuisine fermée et aménagée, organisée autour d'une table centrale où ils prennent leur repas, même le dimanche.

Bien que ses souvenirs soient vagues, elle est catégorique : sa mère « ne cuisinait rien », et ne lui a strictement rien appris. Olivia se retrouva donc bien démunie lorsqu'elle se maria, très jeune, à 19 ans. Parmi les cadeaux, un gros livre de cuisine, qui n'était pas là par hasard. Car c'était désormais son rôle d'être une cuisinière, et elle devait l'apprendre. Elle commença par divers tâtonnements, procédant par essais et erreurs. « Oh! je me souviens d'un rôti que j'avais cramé! ». Mais très vite, les premiers tours de main acquis lui révélaient l'intense plaisir qu'elle éprouvait à cuisiner, en consonance parfaite avec un autre plaisir, celui de manger. Contrainte par le rôle social qu'elle devait occuper, elle découvrait non sans ravissement une concordance avec des dispositions profondes, qui allaient orienter durablement sa trajectoire biographique : la cuisine et l'alimentation occuperaient une place centrale dans sa vie.

Olivia est une des rares personnes interrogées à ne ressentir presque jamais de pénibilité à l'exercice de la cuisine (à l'exception des « grosses courses »). Ceci surtout grâce à sa capacité de gestion du temps. Elle s'organise en effet de telle manière que le plat à réaliser soit parfaitement adapté à la séquence de temps disponible, pour pouvoir, toujours, « prendre le temps », même quand elle ne dispose que de dix minutes. Elle dispose en réalité très souvent de beaucoup plus, et ne compte pas les heures passées à inventer, goûter, décorer. Le temps n'est jamais long quand il est vécu comme un plaisir.

Il lui arrive fréquemment d'être seule le midi. Contrairement à beaucoup d'autres femmes, elle n'en profite pas alors pour grignoter et manger plus léger. Au contraire, Olivia se mitonne de succulents petits plats, n'hésitant ni sur la qualité ni sur le dosage des produits les plus riches. Elle peut se le permettre, car elle a une santé solide et n'est pas sujette à l'obésité. C'est moins évident pour son mari qui est entré en surpoids et a dû consulter un médecin, qui lui a immédiatement imposé un régime sévère. Sous l'injonction médicale, il a longtemps respecté le régime (cependant qu'elle continuait à mettre pour elle-même un morceau de viande bien grasse dans le pot-au-feu allégé). Ayant aujourd'hui retrouvé un poids acceptable, son mari vient de lui faire part de son désir pour le lendemain : des crevettes à la crème flambées au whisky. Il est dur de sortir d'un cadre d'existence dominé par le plaisir.

PAULE-DAUPHINE
59 ans
Au foyer
Mariée

Grande cuisine aménagée avec en angle une table entourée de banquettes et pouvant recevoir jusqu'à dix personnes.

« Oh oui dès fois je me dis : qu'est-ce que je vais faire le midi, mais qu'est-ce que je vais faire ? ». Ces moments d'absence d'idées sont (avec le stress intense pour les repas de réception) les seuls véritablement pénibles qu'elle ressent en cuisine. Il est si confortable de laisser venir les idées, que Paule-Dauphine se sent désemparée quand elles ne viennent pas. La question n'est pas d'inventer de nouveaux plats compliqués (elle réserve cela justement aux repas de réception, en s'aidant de ses recettes, parfaitement archivées), mais simplement d'alterner pour qu'il n'y ait pas trop de répétitions. Quand elle se retrouve ainsi démunie, elle se retourne vers son mari, lui proposant des esquisses de repas, qu'elle sait peu convaincantes. Il fait part de ses critiques en bougonnant gentiment. « Alors donne-moi une autre idée ! » rétorque-t-elle. Ce à quoi il répond de faire comme elle l'entend. « Moi j'ai déjà passé du temps à chercher, alors il y a un moment ça suffit, hein ! ». L'effort personnel pour créer de la surprise conjugale et un surplus de plaisir a ses limites quand il est peu payé en retour.

Pour cadrer sa pratique et limiter ces fatigantes hésitations, Paule-Dauphine sélectionne les aliments à partir de principes simples (du poisson trois fois par semaine ; des œufs achetés chez les vendeurs qui n'en n'ont pas en grande quantité) et d'un système d'interdits : « pas trop de féculents, pas de surgelés ». Elle a pourtant un congélateur. Car l'énonciation du principe est plus importante que son application concrète. La cuisine, c'est bien connu, est un art des arrangements.

PRUNE
33 ans
Congé parental d'éducation
Mariée, deux enfants vivant régulièrement à la maison

Petite cuisine à l'ancienne avec peu d'équipements ménagers. Une table ronde au milieu.

Prune a construit un véritable bloc idéologique sur lequel rien n'a de prise, structurant à la fois son identité personnelle et sa vie de famille. Elle mène son petit monde d'une main de fer sous un gant de velours : la présence commune à tous les repas est obligatoire, et il n'est pas question de regarder la télé. Car la discussion familiale, en ce moment privilégié, est sacrée.

Comme est sacré le type de cuisine qu'elle réalise. À l'origine, il y a le souvenir des tablées familiales de son enfance et des plats longuement mijotés. Le rapport au temps est essentiel. Étant pour le moment à la maison, elle en dispose en quantité, et c'est lui qui pour elle confère mystérieusement aux plats mijotés leur goût particulier et très personnel, par le simple don de soi. « Un ragoût, c'est toi qui mets le goût ».

Fortement inscrite dans l'idée de la transmission familiale et de la défense des traditions culinaires, Prune semble mener un combat perdu d'avance, contre tous les aspects de la modernité. Elle rêve de poules et de lapins en liberté dans un jardin, de faire elle-même son fromage à l'ancienne. Elle refuse les plats congelés ou différents appareils (elle préfère sa vieille cocotte en fonte à un autocuiseur), et critique en termes choisis les nouvelles aspirations diététiques. Certes, elle reconnaît que sa cuisine (sauces épaisses, beurre et lard abondants) est peut-être un peu trop riche, mais au moins elle est « naturelle ». Même les saucisses sont « naturelles » puisqu'elles viennent directement de son boucher.

Son argumentation est si refermée sur elle-même qu'elle représente une sorte de modèle total d'un rôle social presque disparu aujourd'hui. Il y a cependant une faille, en forme de paradoxe, dans cette vie culinaire trop parfaite. Le week-end, son rapport au temps change brusquement : il se réduit à mesure qu'elle veut être disponible pour les membres de la famille, plus présents que dans la semaine. La cuisine est donc vite expédiée, Prune ne peut plus faire ses petits plats.

SAVARIN
29 ans
Technicien informatique
En couple, un enfant vivant régulièrement à la maison

Cuisine totalement ouverte sur la salle, avec une table en partie dans une pièce et en partie dans l'autre, aquarium-bar, deux éviers.

Il a commencé très jeune à s'intéresser à la cuisine. Dès 14 ans, il confectionnait ses premiers gâteaux. Mais il n'aimait pas trop les pâtisseries, et ne les aime toujours guère. Alors qu'il éprouve un plaisir intense, une véritable jouissance, à déguster toutes sortes de plats non sucrés. Savarin s'essaya donc rapidement à d'autres choses plus consistantes ; et devint un vrai cuisinier avant même d'avoir quitté le domicile parental. Depuis, il a continué de progresser, sans à-coups, dans sa trajectoire d'excellence culinaire. Il ne souvient pas d'un changement notable de sa manière de faire lorsqu'il se mit en couple. Un éventuel partage des tâches ne fut même pas évoqué ; il semblait naturel à tous deux qu'il continue à faire ce qu'il savait si bien faire.

Et surtout, qu'il savait faire sans éprouver de pénibilité. Car pour lui la cuisine est profondément un plaisir, presque toujours. Un plaisir intimement mêlé à l'idée d'un autre plaisir à venir, gustatif. À peine lancé dans ses manipulations en effet, Savarin a « les papilles qui salivent ». Cette délectation très charnelle est le facteur clé de son engagement, qui agrège d'autres attraits davantage liés à l'exercice pratique de la cuisine (la créativité, la satisfaction de la réussite). Et, plus largement, à l'idée de faire tout cela pour sa petite famille. « Je le fais pour les autres. Mais c'est un plaisir pour moi. C'est un plaisir pour moi de le faire pour les autres ». Tous les plaisirs fusionnent et se nourrissent mutuellement.

Comme beaucoup d'autres, Savarin sépare la cuisine du week-end et celle plus rapide de la semaine. Pris par le temps, il lui arrive donc de faire une pizza surgelée ou un plat de pâtes. Mais alors des pâtes fraîches. « J'adore ça aussi les pâtes fraîches ». L'idée du régal à venir lui enlève tout regret de n'avoir pu réaliser une cuisine plus élaborée.

SUZETTE
53 ans
Institutrice
Mariée, un enfant le midi

Grande cuisine aménagée, avec une table pour prendre ses repas et une petite télévision. Nombreux ustensiles.

Suzette se souvient avec étonnement d'autrefois, quand elle faisait la cuisine avec élan, sans se poser de questions, sans jamais compter son temps. Et puis un jour la belle mécanique d'action ménagère se grippa. Elle voulait penser à elle, entreprendre des activités plus personnelles. Hélas, à mesure qu'elle y parvenait, tout devint plus compliqué pour la cuisine, les gestes se faisant plus lourds et incertains, ses compétences diminuant à mesure qu'elle perdait ses automatismes et que la mémoire de son âge d'or culinaire s'estompait.

Pendant plusieurs années, ses fils ayant quitté la maison et son mari restant sur son lieu de travail, elle mangea seule le midi. Ou plutôt grignota. Savourant le plaisir de cette légèreté existentielle : peu ou pas du tout de préparation, des rythmes choisis à sa seule convenance. Suzette avait trouvé un nouvel accord avec elle-même. Puis l'un de ses fils annonça qu'il reviendrait manger le midi. Elle fut d'abord désappointée (comment allait-elle faire ?), déçue, et coupable d'être déçue. Mais le réflexe familial la délivra de ces pensées mauvaises : dès le premier repas, elle eut envie de faire un bon petit plat. Depuis, chaque jour, la passion s'allume un peu à nouveau. Pour son fils, pour qu'il se régale, ses mains se mettent en action presque aussi facilement qu'autrefois.

Le soir est plus problématique. Son mari rentre très tard. Suzette aimerait bien manger à son heure, rêvant parfois avec nostalgie à ses déjeuners solitaires. Lui sans doute n'y serait d'ailleurs pas opposé. Fervent téléspectateur, il s'accommoderait très bien d'un plateau-repas devant le poste. Elle résiste cependant à ces deux attractions fissionnelles. Ayant intuitivement conscience que le repas du soir est un des derniers remparts qui maintient leur couple un peu vivant. « C'est mieux qu'on soit tous les deux… même si on n'échange pas beaucoup de paroles, il y a quand même toujours quelque chose à dire au cours d'un repas ».

TONY
25 ans
Emploi-jeune
En couple

Cuisine rudimentaire mais correctement équipée, vaisselle disparate mais nombreuse. Une table sur tréteaux servant à la fois à cuisiner et à manger.

Pour Tony, la cuisine, ce n'est que du plaisir. Après son travail, le soir, elle est ce qui lui permet de se détendre (« c'est mon anti-stress »), longuement. Il ne calcule jamais son temps. Le dîner n'a donc pas d'horaire fixe, et peut être très tardif. « On préfère ça plutôt que regarder un film ». Chaque soir, il cherche à créer une « atmosphère », avec légère décoration de la table, musique d'ambiance, et surtout des plats qui les font voyager, par les saveurs, sur les cinq continents, avec une prédilection pour l'exotisme coloré. Le repas est régulièrement précédé d'un « petit apéro », qui plante le décor de la fête et de l'échange intime. Sans le savoir, le jeune couple cristallise en réalité son inscription domestique par ce nouveau rituel agréable.

Les courses sont effectuées le lundi, pour toute la semaine. La programmation des achats reste pourtant souple, à partir de simples esquisses de repas, fondées sur des « bases » passe-partout (filets de volaille), un principe de variation des aliments, et des interdits (jamais de surgelés). Chaque soir, Tony improvise à partir des stocks disponibles. Sa méthode pour sélectionner dans les stocks est basée sur l'état des légumes frais (un peu moins frais à la fin de la semaine), ce qui lui permet de se convaincre que sa cuisine est « pure » et que son « corps va apprécier ». Arguments un peu rapides, plus pour se convaincre magiquement lui-même que scientifiquement réfléchis. Qu'importe, il se sent en harmonie totale entre cette conviction sanitaire et les plaisirs festifs quotidiens de la soirée. Mais si un jour trop de fêtes finissaient par nuire à la santé ?

BIBLIOGRAPHIE

ANDLAUER J. (1997), « Les Saintes tables. Préparer et manger le repas chez les contemplatives », *Ethnologie française,* n° XXVII.

ARON J.-P. (1973), *Le Mangeur du XIXe siècle,* Paris, Robert Laffont.

ATTIAS-DONFUT C., SEGALEN M. (1998), *Grands-parents. La famille à travers les générations,* Paris, Odile Jacob.

ATTIAS-DONDUT C., LAPIERRE N., SEGALEN M. (2002), *Le nouvel esprit de famille,* Paris, Odile Jacob.

BADINTER É. (2003), *Fausse route,* Paris, Odile Jacob.

BADOT O. (2002), « Esquisse de la fonction sociale de McDonalds à partir d'une étude ethnographique : modernisme et "transgression ordinaire" », dans GARABUAU-MOUSSAOUI I., PALOMARES E., DESJEUX D., *Alimentations contemporaines,* Paris, L'Harmattan.

BAHLOUL J. (1983), *Le Culte de la Table dressée. Rites et traditions de la table juive algérienne,* Paris, Métailié.

BASTARD B., CARDIA-VONÈCHE L. (1986), « Normes culturelles, fonctionnement familial et préoccupations diététiques », *Dialogue,* n° 93.

BAUMAN Z. (2004), *L'Amour liquide. De la fragilité des liens entre les hommes,* Le Rouergue - Chambon, Rodez.

BECKER H. (1985, 1re éd. 1963), *Outsiders. Études de sociologie de la deviance,* Paris, Métailié.

BIDART C. (1997), *L'Amitié, un lien social,* Paris, La Découverte.

BOUDAN C. (2004), *Géopolitique du goût, La guerre culinaire,* Paris, PUF.

BOURDIEU P. (1979), *La Distinction. Critique sociale du jugement,* Paris, Minuit.

BRENOT P. (2001), *Inventer le couple,* Paris, Odile Jacob.

BROMBERGER C. (1998) (éd.), *Passions ordinaires : du match de football au concours de dictée,* Paris, Bayard.

BUCHER A.-L. (1998), « Engendrer, nourrir, dévorer : les fonctions symboliques de la féminité », *Religiologiques,* n° 17.

BURGOYNE J., CLARKE D. (1986), « Dis-moi ce que tu manges… Repas, divorce et remariage », *Dialogue,* n° 93.

CAILLÉ A. (1995), « Sacrifice, don et utilitarisme ; notes sur la théorie du sacrifice », *La revue du MAUSS.,* n° 5.

CAILLÉ A. (2004), « Présentation », *La revue du MAUSS.,* n° 23.

CARADEC V. (2004), *Vieillir près la retraite. Approche sociologique du vieillissement,* Paris, PUF.

CHAMOUX M.-N. (1997), « La cuisine de la Toussaint chez les Aztèques de la Sierra de Puebla (Mexique) », *Internationale de l'imaginaire,* n° 7.

CHARLES N., KERR M. (1988), *Women, food and families,* Manchester, Manchester University Press.

CHÂTELET N. (1977), *Le Corps à corps culinaire,* Paris, Seuil.

CICCHELLI-PUGEAULT C., CICCHELLI V. (1998), *Les Théories sociologiques de la famille,* Paris, La Découverte.

CINGOLANI P. (2005), *La Précarité,* Paris, PUF.

CIOSI-HOUCKEL L., PAVAGEAU C., PIERRE M., GARABUAU-MOUSSAOUI I., DESJEUX D., « Trajectoires de vie et alimentation. Les pratiques culinaires et alimentaires révélatrices des constructions identitaires familiales et personnelles », dans GARABUAU-MOUSSAOUI I., PALOMARES E., DESJEUX D., *Alimentations contemporaines,* Paris, L'Harmattan.

COCHOY F. (2002), *Une sociologie du packaging, ou l'âne de Buridan face au marché,* Paris, PUF.

COLLIGNON B., STASZAK J.-F., éds (2004), *Espaces domestiques. Construire, habiter, représenter,* Paris, Bréal.

CONEIN B., JACOPIN E. (1993), « Les objets dans l'espace. La planification dans l'action », *Raisons pratiques,* n° 4.

CORBEAU J.-P. (1989), « Lien sociaux, individualismes et pratiques alimentaires », *Le Lien social,* Actes du XIIIᵉ colloque de l'AISLF, tome 2, Université de Genève.

CORBEAU J.-P. (1992), « Rituels alimentaires et mutations sociales », *Cahiers internationaux de Sociologie,* vol. XCII.

CORBEAU J.-P. (2002), « Itinéraires de mangeurs », dans CORBEAU J.-P., POULAIN J.-P., *Penser l'alimentation, Entre imaginaire et rationalité,* Toulouse, Privat.

CORBIN A. (1982), *Le Miasme et la jonquille. L'odorat et l'imaginaire social, XVIIIᵉ-XIXᵉ siècles,* Paris, Aubier, coll. « Champs ».

CORBIN A. (1987), « Le secret de l'individu », dans DUBY G, PERROT M., *Histoire de la vie privée.* Tome IV, *De la révolution à la grande guerre,* sous la direction de Perrot M., Paris, Seuil.

COSSON M.-E. (1990), *Représentation et évaluation du mariage des enfants par les mères,* mémoire de maîtrise de sociologie, sous la direction de François de Singly, Rennes, Université Rennes 2.

COTT N.F. (1992), « La femme moderne. Le style américain des années vingt » », dans DUBY G., PERROT M., *Histoire de la vie privée.* Tome 5, *Le XXᵉ siècle,* sous la direction de THÉBAUD F., Paris, Seuil.

COVENEY J. (2000), *Food, Morals and Meaning : The Pleasure and Anxiety of Eating,* Londres, Routledge.

CSERGO J. (2004), « Entre faim légitime et frénésie de la table au XIXᵉ siècle : la constitution de la science alimentaire au siècle de la gastronomie », www.lemangeur-ocha.com, 2004.

DAMASIO A. (1995), *L'Erreur de Descartes. La raison des émotions,* Paris, Odile Jacob.

DEFRANCE A. (1994), « To eat or not to eat. 25 ans de discours alimentaires dans la presse », *Les cahiers de l'OCHA,* n° 4.

DESBIOLLES M. (1998), *La Seiche,* Paris, Points-Seuil.

DESJEUX D. (2002), « Préface », dans GARABUAU-MOUSSAOUI I., PALOMARES E., DESJEUX D., *Alimentations contemporaines,* Paris, L'Harmattan.

DESJEUX D., ALAMI S., TAPONIER S. (1998), « Les pratiques d'organisation du travail domestique : une structure d'attente spécifique », dans BONNET M., BERNARD Y., *Services de proximité et vie quotidienne,* Paris, P.U.F.

DESJEUX D., ZHENG L., BOISARD A.-S., YANG X.M. (2002), « Ethnographie des itinéraires de la consommation alimentaire à Guangzhou », dans GARABUAU-MOUSSAOUI I., PALOMARES E., DESJEUX D., *Alimentations contemporaines,* Paris, L'Harmattan.

DEVAULT M. (1991), *Feeding the Family,* Chicago, University of Chicago Press.

DIASIO N. (2002), « Le rien manger. Repas informels des enfants de 7 à 10 ans à Paris et à Rome », dans GARABUAU-MOUSSAOUI I., PALOMARES E., DESJEUX D., *Alimentations contemporaines,* Paris, L'Harmattan.

DIBIE P. (2002), « Les périls de la table avant, pendant, après », *Internationale de l'imaginaire,* n° 7.

DARMON M. (2003), *Devenir anorexique. Une approche sociologique,* Paris, La Découverte.

DETIENNE M., VERNANT J.-P. (1979), *La Cuisine du sacrifice en pays grec,* Paris, Gallimard.

DOUGLAS M. (1979), « Les structures du culinaire », *Communications,* n° 31.

DOUGLAS M. (1992), *De la souillure, Essai sur les notions de pollution et de tabou,* Paris, La Découverte.

DOUGLAS M. (2004), *L'Anthropologue et la Bible,* Paris, Bayard.

DUBET F. (1994), *Sociologie de l'expérience*, Paris, Seuil.

DUBET F. (2002), *Le Déclin de l'institution,* Paris, Seuil.

DURAND J.-L. (1979), « Bêtes grecques. Proposition pour une topologie des bêtes à manger », dans DETIENNE M., VERNANT J.-P., *La Cuisine du sacrifice en pays grec,* Paris, Gallimard.

DURET P. (2005), « Body-building, affirmation de soi et théories de la légitimité », dans BROMBERGER. C., DURET P., KAUFMANN J.-C., LE BRETON D., de SINGLY F., VIGARELLO G., *Un corps pour soi,* Paris, PUF.

DURET P., ROUSSEL P. (2003), *Le Corps et ses sociologies,* Paris, A. Colin.

DURKHEIM E. (1994, première édition 1912), *Les formes élémentaires de la vie religieuse,* Paris, PUF, coll. « Quadrige ».

DURKHEIM E. (1995, première édition 1897), *Le Suicide,* Paris, PUF.

EHRENBERG A., (1995), *L'Individu incertain,* Paris, Calmann-Lévy.

EHRENBERG A., (1998), *La Fatigue d'être soi. Dépression et société,* Paris, Odile Jacob.

ELIAS N. (1976, 1re éd ; 1939), *La civilisation des mœurs,* Paris, Pocket.

ETCHEGOYEN A. (2002), *Nourrir,* Paris, Anne Carrière.

EUROSTAT (2004), *How Europeans spend their time. Everyday life of women and men,* Bruxelles, Pocketbooks.

FEHR B. (2003), « What has Dionysos with the symposion, », *Pallas,* vol. 61.

FAGNANI J. (2000), *Un travail et des enfants. Petits arbitrages et grands dilemmes,* Paris, Bayard.

FISCHLER C. (1993a), *L'Homnivore. Le goût, la cuisine et le corps,* Paris, Odile Jacob.

FISCHLER C. (1993b), « Les aventures de la douceur », *Autrement,* coll. « Mutations/Mangeurs », n° 138.

FISCHLER C. (1994), « Magie, charmes et aliments », *Autrement,* coll. « Mutations/Mangeurs », n° 149.

FISCHLER C. (1996), « Le repas familial vu par les 10-11 ans », *Cahiers de l'OCHA,* n° 6.

FISCHLER C. (2003), « Le paradoxe de l'abondance », *Sciences Humaines,* n° 135.

FLANDRIN J.-L. (1986), « Pour une histoire du goût », dans FERNIOT J., LE GOFF J., *La Cuisine et la table, 5 000 ans de gastronomie,* Paris, Seuil.

FLANDRIN J.-L. (1992), *Chronique de Platine. Pour une gastronomie historique,* Paris, Odile Jacob.

FOURIER C. (1967), *Le Nouveau Monde amoureux,* Paris, Anthropos.

FRAIN I. (2004), *Le Bonheur de faire l'amour dans sa cuisine et vice-versa,* Paris, Fayard.

FURST P. (1974), *La Chair des dieux,* Paris, Seuil.

GARABUAU-MOUSSAOUI I. (2002a), *Cuisine et indépendance. Jeunesse et alimentation,* Paris, L'Harmattan.

GARABUAU-MOUSSAOUI I. (2002b), « L'exotique est-il quotidien ? Dynamiques de l'exotique et générations », dans GARABUAU-MOUSSAOUI I., PALOMARES E., DESJEUX D., *Alimentations contemporaines,* Paris, L'Harmattan.

GACEM K. (1997), *Les Repas domestiques : deux familles, deux systèmes, deux logiques,* DEA. de Sciences sociales, sous la direction de François de Singly, Université Paris Descartes.

GACEM K. (1999), « Le succès du fast-food auprès des familles. Une pratique récréative », *Dialogue,* n° 144.

GACEM K. (2001), « La pesanteur des choses et des habitudes : l'exemple des repas familiaux », dans SINGLY F. de, *Être soi parmi les autres, Famille et individualisation,* Tome 1, Paris, L'Harmattan.

GACEM K. (2002), « Monographie d'une famille recomposée à table. Construire un équilibre entre libertés individuelles et cohésion du groupe », », dans GARABUAU-MOUSSAOUI I., PALOMARES E., DESJEUX D., *Alimentations contemporaines,* Paris, L'Harmattan.

GARDAZ M. (1998), « Le sacrifice de la chair et la nourriture des dieux hindous », *Religiologiques,* n° 17.

GAUCHET M. (1985), *Le Désenchantement du monde. Une histoire politique de la religion,* Paris, Gallimard.

GAULEJAC V. de (2005), *La Société malade de la gestion. Idéologie gestionnaire, pouvoir managérial et harcèlement social,* Paris, Seuil.

GESTIN A. (1997), *L'Investissement des étudiantes dans leur logement,* mémoire de maîtrise de sociologie, sous la direction de François de Singly, université Paris Descartes.

GIARD L. (1994, première édition 1980), « Faire-la-cuisine », dans CERTEAU M. de, GIARD L., MAYOL P., *L'Invention du quotidien. 2. Habiter, cuisiner,* Paris,,Gallimard, coll. « Folio-essais ».

Giddens A. (1987), *La Constitution de la société. Eléments de la théorie de la structuration,* Paris, PUF.

GOUDINEAU C. (2002), *Par Toutatis ! Que reste-t-il de la Gaule ?* Paris, Seuil.

GUILBERT P., PERRIN-ESCALON H., éds (2004), *Baromètre Santé Nutrition 2002 : Photographie et évolutions des comportements alimentaires des français,* Institut national de Prévention et d'Éducation pour la Santé.

GUITTARD C. (2003), « Les Saturnales à Rome : du Mythe de l'âge d'or au banquet de décembre », *Pallas,* vol. 61.

GUSDORF G. (1948), *L'Expérience humaine du sacrifice,* Paris, PUF.

HEILBRUNN B. (2004), « Les pouvoirs de l'enfant-consommateur », SINGLY F. de, éd. (2004), *Enfants-adultes. Vers une égalité des statuts ?* Paris, Encyclopaedia Universalis.

HERPIN N. (1988), « Les repas comme institution. Compte rendu d'une enquête exploratoire », *Revue française de sociologie,* n° 29, vol. 3.

HUBERT A. (2000), « Alimentation et santé : la science et l'imaginaire », *Cahiers de nutrition et de diététique,* n° 35, vol. 5.

HUBERT A. (2004), Introduction à « Corps de femmes sous influence. Questionner les normes », *Les Cahiers de l'OCHA,* n° 10.

HUBERT H., MAUSS M. (1904), « Esquisse d'une théorie générale de la magie », *L'Année sociologique (1902-1903),* n° 7.

HUBERT H., MAUSS M. (1929, 1ʳᵉ édition 1899), « Essai sur la nature et la fonction du sacrifice », dans *Mélanges d'histoires des religions,* Paris, Librairie Félix Alcan. Consultable dans la collection Internet « Les classiques des sciences sociales », www.uqac.uqebec.ca

JARVIN M. (2002), « Les représentations du « sain » et du « malsain » dans la consommation alimentaire quotidienne suédoise », dans GARABAUA-MOUSSAOUI I., PALOMARES E., DESJEUX D., *Alimentations contemporaines,* Paris, L'Harmattan.

JAVEAU C. (1984), « Le manger et le vivre : aspects sociaux de l'appétit », *Actions et recherches sociales,* n° 000.

JOHNS T. (1999), « The Chemical Ecology of Human Ingestive Behaviors », *Annual Review of Anthropology,* vol. 28.

JOHNSON S., BOSWELL J. (1984), *A Journey to the Western Islands of Scotland/the Journal of a Tour to the Hebrides,* Londres, Penguin Books.

JOLIVET M. (2002), *Homo japonicus,* Arles, Philippe Picquier.

KAPLAN S. (1996), *Le Meilleur pain du monde. Les boulangers de Paris au XVIIIᵉ siècle,* Paris, Fayard.

KAUFMANN J.- C. (1996), *L'Entretien compréhensif,* Paris, Nathan, Paris, Armand Colin, 2005.

KAUFMANN J.- C. (1997), *Le Cœur à l'ouvrage. Théorie de l'action ménagère,* Paris, Nathan.

KAUFMANN J.-C. (1999), *La Femme seule et le Prince charmant. Enquête sur la vie en solo,* Paris, Nathan, Paris, Armand Colin, 2005.

KAUFMANN J.- C. (2001), *Ego. Pour une sociologie de l'individu,* Paris, Nathan.

KAUFMANN J.- C. (2002a), *Premier matin. Comment naît une histoire d'amour,* Paris, Armand Colin.

KAUFMANN J.-C. (2002b), « Secrets d'albums », introduction à *Un siècle de photos de famille,* Paris, Textuel.

KAUFMANN J.-C. (2004), *L'Invention de soi. Une théorie de l'identité,* Paris, Armand Colin.

KNIBIELHER Y. FOUQUET C. (1982), *Histoire des mères, du Moyen Âge à nos jours,* Paris, Hachette-Pluriel.

LABARRE M. de (2001), « Les trois dimensions de l'expérience alimentaire du mangeur : l'exemple su sud-ouest français », *Anthropology of food,* Special Issue 1, www.aofood.org

LAFORTUNE-MARTEL A. (1984), *Fête noble en Bourgogne au XVᵉ siècle. Le banquet du Faisan (1454) : aspects politiques, sociaux et culturels,* Montréal/Paris, Bellarmin/Vrin.

LAHIRE B. (1998), *L'Homme pluriel. Les ressorts de l'action,* Paris, Nathan, Armand Colin, 2005.

LAMBERT C. (1998), « Rites eucharistiques dans les us et coutumes alimentaires au bas Moyen Âge », *Religiologiques,* n° 17.

LATOUR B. (1989), *La Science en action,* Paris, La Découverte.

LÉGER J.-M. (1990), *Derniers domiciles connus. Enquête sur les nouveaux logements, 1970-1990,* Paris, Créaphis.

LEHUÉDÉ F. (2004), « Symboles d'un modèle alimentaire en déclin, les fruits frais n'ont plus la cote », *Consommation et modes de vie,* Credoc, n° 178.

LEHUÉDÉ F., LOISEL J.-P. (2004), *La Convivialité et les arts de la table,* Credoc, Étude réalisée pour le Comité des Arts de la Table.

LEMARCHANT C. (1999), *Belles-filles. Avec les beaux-parents, trouver la bonne distance,* Rennes, Presses Universitaires de Rennes.

LEROI-GOURHAN A. (1965), *Le Geste et la parole. II. La mémoire et les rythmes,* Paris, Albin Michel.

LÉVI-MAKARIUS L. (1974), *Le Sacré et la violation des interdits,* Paris, Payot. Consultable dans la collection Internet « Les classiques des sciences sociales », www.uqac.uqebec.ca

LÉVI-STRAUSS C. (1962), *Le Totémisme aujourd'hui,* Paris, PUF.

MAÎTRE J. (2000), *Anorexies religieuses, anorexie mentale. Essai de psychanalyse sociohistorique,* Paris, Cerf.

MARKUS H., NURIUS P. (1986), « Possible selves », *American Psychologist,* vol. 21, n° 9.

MAKARIUS R., LÉVI-MAKARIUS L. (1974, 1ʳᵉ édition 1961), *L'Origine de l'exogamie et du totémisme,* Paris, Gallimard. Consultable dans la collection Internet « Les classiques des sciences sociales », www.uqac.uqebec.ca

MAKARIUS R. (1974), « Préface » à LÉVI-MAKARIUS L., *Le sacré et la violation des interdits,* Paris, Payot. Consultable dans la collection Internet « Les classiques des sciences sociales », www.uqac.uqebec.ca

MARENCO C. (1992), *Manières de table, modèle de mœurs. XVIIe-XXe siècle,* Cachan, Éditions de l'ENS.

MARTIN-FUGIER A. (1987), « Les rites de la vie privée bourgeoise », dans DUBY G., PERROT M., *Histoire de la vie privée.* Tome IV, *De la révolution.*

MEISSONIER J. (2002), « Stratégies d'optimisation des temps quotidiens. Le temps du repas », dans GARABAU-MOUSSAOUI I., PALOMARES E., DESJEUX D., *Alimentations contemporaines,* Paris, L'Harmattan.

MENNEL S. (1985), *All manners of food : Eating and taste in England and France from the Middle Ages to the present,* Oxford, Basil Blackwell.

MILES A. (2005), *Ces hommes qui cuisinent*, Paris, Agnès Viénot.

MILLER D. (1998), *A Theory of Shopping,* New York, Cornell University Press.

MINTZ S. (1991), *Sucre blanc, misère noire, Le goût et le pouvoir,* Paris, Nathan.

MODAK M. (1986), « Note sur les conversations de table en famille » *Dialogue,* n° 93.

MONTAGNE K. (2004), « Adaptation de l'épouse cuisinière aux goûts alimentaires de son mangeur de mari : étude anthropologique du quotidien », communication au XVIIe congrès de L'Association internationale des Sociologues de Langue française, Tours.

MOTTA R. (1998), « Le sacrifice, la table et la fête. Les aspects « néo-antiques » de la liturgie du *candomblé* brésilien », *Religiologiques,* n° 17.

MUCHEMBLED R. (1988), *L'invention de l'homme moderne. Sensibilités, mœurs, et comportements collectifs sous l'Ancien Régime,* Paris, Fayard.

MUXEL A. (1996), *Individu et mémoire familiale,* Paris, Nathan.

NOURRISSON D. (1998), « Le buveur à travers les âges », dans *Comprendre le consommateur,* Auxerre, Sciences Humaines.

PALOMARES E. (2002), « La pâte et la sauce. Cuisine, formation du couple et inégalités de genre à Cotonou », dans GARABAU-MOUSSAOUI I., PALOMARES E., DESJEUX D., *Alimentations contemporaines,* Paris, L'Harmattan.

PELLIZER E ; (2003), « Forme di Eros a simposio », *Pallas,* vol. 61.

PÉRON R. (2004), *Les Boîtes, Les grandes surfaces dans la ville,* Nantes, L'Atalante.

PERROT MATHILDE (2000), *Présenter son conjoint : l'épreuve du repas de famille,* DEA. de sociologie, IEP. de Paris, sous la direction de Jean-Hugues Déchaux.

PERROT MICHELLE. (2000), « Femmes et Nourriture » dans *Histoire et nourritures terrestres, Les rendez-vous de l'Histoire, Blois 1999,* Nantes, Pleins Feux.

PÉTONNET C. (1968), *Ces gens-là,* Paris, Maspero.

PEZEU-MASSABUAU J. (1983), *La Maison, espace social,* Paris, PUF.

PICARD D. (1995), *Les Rituels du savoir-vivre,* Paris, Seuil.

PITTE J.-R. (2004), *Le Vin et le divin,* Paris, Fayard.

PFIRSCH J.-V. (1997), *La Saveur des sociétés. Sociologie des goûts alimentaires en France et en Allemagne,* Rennes, Presses Universitaires de Rennes.

POREL L. (2003), *Courir sous les arbres,* Paris, Éditions Société des Écrivains.

POULAIN J.-P. (1997), « La nourriture de l'autre : entre délices et dégoûts », *Internationale de l'imaginaire,* n° 7.

POULAIN J.-P. (1998), « Les jeunes seniors et leur alimentation », *Les Cahiers de l'OCHA,* n° 9.

POULAIN J.-P. (2002a), *Sociologies de l'alimentation. Les mangeurs et l'espace social alimentaire,* Paris, PUF.

POULAIN J.-P. (2002b), « La décision alimentaire », dans CORBEAU J.-P., POULAIN J.-P., *Penser l'alimentation, Entre imaginaire et rationalité,* Toulouse, Privat.

QUEIROZ J.-M. de (2004), « L'enfant "au centre" ? », dans SINGLY F. de, *Enfants-adultes. Vers une égalité des statuts ?* Paris, Encyclopaedia Universalis.

RAWLS J. (1997), *Théorie de la justice,* Paris, Seuil.

RÉGNIER F. (2004), *L'Exotisme culinaire. Essai sur les saveurs de l'Autre,* Paris, PUF.

RICHARDS A. (2003, 1ʳᵉ édition 1932), *Hunger and Work in a Savage Tribe,* Londres, Routledge.

RIVIÈRE C. (1995), *Les Rites profanes,* Paris, PUF.

ROCHE D. (1997), *Histoire des choses banales. Naissance de la consommation dans les sociétés traditionnelles (XVIIᵉ-XIXᵉ siècle),* Paris, Fayard.

ROZIN P., KABNICK K., PETE E., FISCHLER C., SCHIELDS C. (2003), « The ecology of eating. Smaller portion sizes in France than in the United States help explain the French paradox », *Psychological Science,* vol. XIV, n° 5.

ROWLEY A. (1997, éd.), *Les Français à table. Atlas historique de la gastronomie française,* Paris, Hachette.

SABBAN F. (1993), « Suivre les temps du ciel : économie ménagère et gestion du temps dans la Chine du VIᵉ siècle », dans AYMARD M., GRIGNON C., SABBAN F., *Le Temps de manger.*

Alimentation, emplois du temps et rythmes sociaux, Paris, Éditions MSH-INRA.

SABBAN F. (1996), « Art et culture contre science et technique. Les enjeux culturels et identitaires de la gastronomie chinoise face à l'Occident », *L'Homme,* n° 137.

SANTICH B. (1999), « Reflections on References to Lévi-Strauss », Research Center for the History of Food & Drink, University of Adelaide.

SAVAGEOT A. (2003), *L'Épreuve des sens. De l'action sociale à la réalité virtuelle,* Paris, PUF.

SCHMITT J.-C. (1990), *La Raison des gestes dans l'Occident médiéval,* Paris, Gallimard.

SCHWARTZ O. (1990), *Le Monde privé des ouvriers. Hommes et femmes du Nord,* Paris, PUF.

SEGALEN M. (2003), *Éloge du mariage,* Paris, Gallimard, coll. « Découvertes ».

SERFATY-GARZON P. (2003), *Chez soi. Les territoires de l'intimité,* Paris, Armand Colin.

SHORTER E. (1984), *Le corps des femmes,* Paris, Seuil.

SIMMEL G. (1997, première édition 1910), « Sociology of the meal », dans FRISBY D., FEATHERSTONE M., *Simmel on Culture. Selected writings,* Londres, Sage.

SINGLY F. de (1996), *Le Soi, le couple et la famille,* Paris, Nathan, Paris, Armand Colin, 2005.

SINGLY F. de (2000), *Libres ensemble. L'individualisme dans la vie commune,* Paris, Nathan, Paris, Armand Colin, 2005.

SINGLY F. de, éd. (2004a), *Enfants-adultes. Vers une égalité des statuts ?* Paris, Encyclopaedia Universalis.

SINGLY F. de (2004b), « La spécificité de la jeunesse dans les sociétés individualisées », *Comprendre,* n° 5.

SJÖGREN A. (1986), « Le repas comme architecte de la vie familiale », *Dialogue,* n° 93.

STEVENS H. (1996), *Les couples et la politique. Double je ou double jeu ?* mémoire de licence de sociologie, sour la dir. D'A. QUÉMIN, Université de Versailles-Saint-Quentin-en-Yvelines.

SYMONS M. (2004), *A History of Cooks and Cooking,* Champaign, University of Illinois Press.

TCHERNIA A. (2000), « Qu'est-ce qu'un grand vin au temps des Romains ? », dans *Histoire et nourritures terrestres, Les rendez-vous de l'Histoire, Blois 1999,* Nantes, Pleins Feux.

THUILLIER G. (1977), *Pour une histoire du quotidien au XIXe siècle en Nivernais,* Paris-La Haye, Mouton,

TISSERON S. (1996), *Le Bonheur dans l'image,* Le Plessis-Robinson, Les empêcheurs de penser en rond.

TODOROV T. (2003), *La Vie commune. Essai d'anthropologie générale,* Paris, Seuil, coll. « Points ».

TONNAC J.-P. de (2005), *Anorexia. Enquête sur l'expérience de la faim,* Paris, Albin Michel.

TOUVENOT C. (1997), « La soupe dans l'histoire », *Internationale de l'imaginaire,* n° 7.

URVOY D., URVOY M.-T. (2004), *Les Mots de l'islam,* Toulouse, Presses Universitaires du Mirail.

VALLEUR M., MATYSIAK J.-C. (2002), *Les Addictions. Dépendances, toxicomanies : repenser la souffrance psychique,* Paris, Armand Colin.

VANHOUTTE J.-M. (1982), *La Relation formation-emploi dans la restauration. Travail salarié féminin, fin des chefs cuisiniers et nouvelles pratiques alimentaires,* Thèse de 3ᵉ cycle de sociologie, sous la direction de Henri Mendras, Université Paris X – Nanterre.

VERDIER Y. (1979), *Façons de dire, façons de faire. La laveuse, la couturière, la cuisinière,* Paris, Gallimard.

VERDON J. (2002), *Les Plaisirs au Moyen Âge,* Paris, Hachette Littératures, coll. « Pluriel ».

VIGARELLO G. (1993), *Le Sain et le malsain,* Paris Seuil.

VIGARELLO G. (2004), *Histoire de la beauté. Le corps et l'art d'embellir de la Renaissance à nos jours,* Paris, Seuil.

WAYSFELD B. (2003), *Le Poids et le Moi,* Paris, Armand Colin.

WEBER M. (1964) (Première édition 1920), *L'Éthique protestante et l'esprit du capitalisme,* Paris, Plon.

WEBER M. (1971) (Première édition 1922), *Économie et société,* Paris, Plon.

WELZER-LANG D., FILIOD J.-P. (1993), *Les hommes à la conquête de l'espace... domestique. Du propre et du rangé,* Montréal, VLB Éditeur.

WITHERINGTON B. (2003), *Histoire du nouveau testament et de son siècle,* Cléon d'Andran, Excelsis.

WOLFF E. (1991), *Quartiers de vie. Approche ethnologique des populations défavorisées de l'île de la Réunion,* Paris, Méridiens-Klincksieck.

INDEX

TABLE DES MATIÈRES

DEUXIÈME PARTIE :

À TABLE !

TROISIÈME PARTIE

AUX FOURNEAUX